rororo

Niels Boeing, geboren 1967 in Bochum, studierte Physik und Philosophie und arbeitet heute als freier Journalist, u. a. für Die Zeit, Geo und Freitag.

Dorothee Wolter, geboren 1968 in Minden/Westfalen, arbeitete für Werbeagenturen und Filmproduktionen und ist heute TV-Producer.

Sie leben in Hamburg, St. Pauli. Ihr Motto lautet: «Let's burn.»

NIELS BOEING DOROTHEE WOLTER

21 000 Kilometer

ODER DIE KUNST, SITZEN ZU LERNEN

Eine Reise von Hamburg nach Kapstadt
mit Bus, Bahn und Boot

Rowohlt Taschenbuch Verlag

Originalausgabe Veröffentlicht im Rowohlt Taschenbuch Verlag, Reinbek bei Hamburg, Juni 2007 Umschlaggestaltung any.way, Wiebke Jakobs **(Abbildung: mauritius images / Richard Mayer)** Satz Dolly PostScript (InDesign) bei Pinkuin Satz und Datentechnik, Berlin **Druck und Bindung Druckerei C. H. Beck, Nördlingen** Printed in Germany **ISBN 978 3 499 24507 7**

21 000 Kilometer

ODER DIE KUNST, SITZEN ZU LERNEN

Fotomaterial zu unserer Reise finden Sie unter www.21000kilometer.de

Prolog Was ist Reisen?

Es ist halb vier nachts im Bosporus-Express zwischen Bukarest und Istanbul, und an Schlaf ist nicht zu denken. Anderthalb Stunden haben wir Pässe vorgezeigt, sind vor Grenzschaltern angetreten, nur um im Zug erneut unsere Pässe zu zeigen, als wir gerade wegdämmerten. Aus dem Gang ertönt das nicht enden wollende Gespräch zweier nimmermüder Rumäninnen und befördert uns in diesen Zustand nervöser, kraftloser Schlaflosigkeit. Das Bett des Schlafwagens ist in Ordnung, der Rest eine Farce: die Abteile mit ihren blindgeschrubbten Fenstern und dem abgesprungenen Furnier an den Wänden sind nur Transportzellen, die Klos verdreckte Latrinen …

Das ist so ein Augenblick, in dem einem die Frage durch den Kopf schießt: Warum machen wir das eigentlich? Ist es die perverse Lust eines Wohlstandseuropäers an Komplikationen, Chaos und Schmuddel? «Back to the roots» kann man den Bosporus-Express nicht nennen. Jeder Anfang des Eisenbahnwesens war besser, und Schlafwagen in Indien sind ein Luxus gegen das, was die rumänische Eisenbahngesellschaft CFR heute Nacht zu bieten hat. Warum hat es uns in dieses Abteil verschlagen?

Wir sind im Laufe der Jahre oft unterwegs gewesen, sind wie viele andere auch hierhin und dorthin geflogen, um neue Weltgegenden kennenzulernen oder einfach nur auszuspannen. Sind irgendwo gelandet, haben uns in dem fremden Land Orte herausgepickt und dort umgesehen, versucht, uns der Kultur anzunähern, sie «mit allen Sinnen», wie es in Reiseführern immer heißt, aufzunehmen. Aber letztlich waren das nur Ausflüge aus dem Alltag, denen etwas fehlte: die Freiheit, immer weiterzufahren.

Denn das ist die Essenz des Reisens: das «Erfahren» der Welt im ursprünglichen Sinne dieses Wortes. Eine unaufhörliche Bewegung, die uns herausfordert. Die uns als Reisenden einen Rhythmus aufzwingt aus Bergen, Flüssen, Grenzen, politischen Komplikationen, schlechten Bahnverbindungen, Essen, Krankheiten ... Wir wissen nicht, wo wir in einer Woche sein werden, immer weiter tasten wir uns vor, ohne uns zurückziehen zu können. Wir werden zur Schnecke, schutzlos, nur mit einer Tasche als Gehäuse, das wir überallhin mitschleppen, um nicht ganz nackt zu sein. Plötzlich gibt es nur zwei Hosen und ein paar T-Shirts, die für Monate genügen. Der ganze Kleiderschrank zu Hause ist nur ein Fundus, um von Zeit zu Zeit Rollen in der Gesellschaft spielen zu können. Auf solch einer Reise haben wir nur eine Rolle bis zum Ende des Stückes: einfach wir selbst zu sein, dabei wacher und gewitzter als sonst, weil nichts mehr vertraut ist. Ganz allmählich schärfen sich die Sinne, mehr als es auf einem schlichten Ausflug in die Ferne mit dem Rückflugticket im Gepäck je geschieht, geschweige denn im Alltag zu Hause.

Aber handelt es sich hierbei um einen Egotrip oder gar um eine Flucht? Und was ist mit den fremden Kulturen – geht es nicht vor allem darum, sie kennenzulernen? Diese Fragen haben uns manche Freunde gestellt, gerade jene, die selbst nie reisen. Sicher: Wer in die Ferne aufbricht, tut das immer zuerst aus seiner eigenen Neugier, wie intellektuell dieser Drang auch verbrämt sein mag. Am Anfang steht die Entscheidung des Reisenden, fortzugehen und Neues zu entdecken, nicht das Ziel. Wir reisen, weil wir Lust dazu haben, und nicht, weil wir eine «interkulturelle» Pflicht erfüllen wollen. Und dass man einer fremden Kultur überhaupt je gerecht werden kann, wenn man sie in kreisenden Bewegungen von einem Ort aus erkundet, an dem man ankommt – meistens der Hauptstadt –, daran glauben wir nicht. Manchmal verstehen wir selbst unsere eigene Kultur nicht, obwohl wir hier aufgewachsen sind.

Reisen im Sinne einer permanenten Bewegung ist etwas anderes als eine kulturelle Besichtigung oder ein Entspannungsurlaub: Es ist eine eigene Seinsweise, eine moderne Art des Nomadentums, die den beschränkten Horizont des Westlers aufreißt. Erst indem sich der Reisende durch viele Kulturen hindurchbewegt, hat er überhaupt eine Chance, das hyperkomplexe «Global Village» des 21. Jahrhunderts in seiner verwirrenden Vielfalt wahrzunehmen. Die künstliche Klarheit von «Nationalkulturen», die der Bildungsreisende meist zu erkunden versucht, erscheint dagegen immer mehr wie ein Relikt vergangener Zeiten.

Dieses Nomadentum wagen, in die Weite, ins Unbekannte aufbrechen, den Schuss Wahnsinn spüren – dieser Gedanke hat uns irgendwann gepackt. Und so sind wir einfach losgefahren ohne Flugtickets, Fahrpläne oder Hotelreservierungen, mit der Absicht, die Bilder, die uns Medien oder durchgestylte Reisekataloge aufdrücken, gegen unsere eigenen, unmittelbaren Einblicke in eine kaum fassbare Wirklichkeit einzutauschen.

Hamburg – Istanbul

km 0 Aufbruch

Freitagnachmittag am Bahnhof Hamburg-Dammtor. Noch 24 Minuten bis zu dem Augenblick, dem wir so lange entgegengefiebert haben. Immer mehr Freunde trudeln auf dem Bahnsteig ein. Ungläubiges Staunen, als sie unsere beiden Rucksäcke sehen: «Was, mehr nehmt ihr nicht mit? Und das reicht?» Na sicher. Inmitten des Lärms im Wochenendverkehr stehen wir lachend zusammen, trinken ein letztes Mal Astra, das der gute Leon mitgebracht hat, und lassen *Studio One Ska* auf dem kleinen Ghettoblaster laufen. Eine Flasche Saurer kreist, während die Leute um uns herum irritiert herüberschauen. Wir stoßen ein ums andere Mal an und klopfen dumme Sprüche: Chartert ein Flugzeug, einen Phiesta-Jet nach Sansibar, kommt vorbei. Ihr fehlt uns jetzt schon. Wir können es nicht glauben, dass wir sie alle erst in einem halben Jahr wiedersehen werden – wenn alles gutgeht.

Am Anfang war es nur eine verrückte Idee gewesen. Wie wäre es, von Hamburg die südlichste Metropole anzusteuern, die auf dem Landweg erreichbar ist? Das «Maximum Süd» war schnell gefunden: Kapstadt. Die neue Traumstadt der Neunziger, von der alle verklärt zurückkehrten. Wir hätten auch einfach hinfliegen können. Aber die Idee ließ uns nicht mehr los. Warum eigentlich nicht über Land und die ganze Strecke dazwischen erleben? Wir überlegten, ob wir mit einem eigenen Wagen runterfahren sollen, und sahen im Geiste schon Fetzen eines Roadmovies ablaufen. Aber da wir beide nichts von Autos verstehen, verwarfen wir die Idee wieder. Da wir auch nicht zu den verrückten Extremreisenden gehören, kamen Fahrrad,

Motorrad oder gar Laufen ohnehin nicht in Frage. Warum sich also nicht einfach in den Zug setzen und losfahren? Und dann schauen, was kommt.

Noch drei Minuten, wir hören ein letztes Mal *I want justice* von Delroy Wilson, das wir zuletzt mit den anderen zusammen so gerne auf Partys mitgesungen haben. Dann rauscht der Zug rein, Schulterklopfen, Umarmungen, wir stecken schnell die Ska-CD ein, die nehmen wir doch mit, eine einzige CD, wer weiß, mit wem wir dabei Freundschaft schließen werden. «Wenn euch was passiert, komme ich, ehrlich», sagt der kleine Bruder, der in diesem Moment ganz groß ist. Wir steigen schnell ein, die ganze Bande auf dem Bahnsteig, rufen aus dem Waggon noch einmal: «No sleep – till Kapstadt!» Die Tür geht zu, der Zug setzt sich in Bewegung, Anja und Petra auch, sie laufen neben dem Fenster her. Wir sehen genau, dass Anja Erbsenaugen hat, aber wir erst mal! Dann fällt der Bahnhof zurück. Das Abenteuer kann beginnen.

Ganz mitgenommen von diesem rührenden Abschied setzen wir uns in dem proppenvollen Wochenend-ICE nach Berlin in den Speisewagen. Als wir auf unseren Aufbruch anstoßen, machen wir unsere erste Reisebekanntschaft. Angelika hat neben uns am Tisch Papiere studiert. Wo fahrt ihr hin?, fragt sie. Nach Kapstadt. Dann erklären wir ihr, dass wir nicht in Berlin ins Flugzeug steigen, sondern dass wir Tausende von Kilometern vor uns haben, und schon erzählen wir uns alte Reisegeschichten. So vergehen die ersten zwei Stunden wie im Fluge.

Berlin, unsere erste Station, meint es gut mit uns. Vom Zoo geht's zum Senefelder Platz, und ein paar Minuten später stehen wir in Mr. Walters Wohnung, unserer ersten Reiseherberge. Ein Apartment mit sehr viel Platz, in dem ein plattes Zebra auf dem Boden liegt. So muss es sein, wir wollen ja schließlich nach Afrika. Das Wohnzimmer ist voll mit Hightech und Filmtrophäen, wie angenehm angesichts des überbordenden Retroquatsches im Kollwitz-Kiez, wo Mr. Walter unbedingt hinziehen musste.

Das Viertel wird immer absurder. Nicht nur Thermopen-Fenster und Yucca-Palmen in den Kneipen – eine regelrechte Verfrankfurtung des inneren Ostens –, nein, jetzt werden auch noch mutwillig die Goldenen Zwanziger herbeizitiert. Alles kommt so kulturell und gediegen rüber. Wohnen hier nur Geisteswissenschaftler? Auch die Kulturbrauerei, in der wir erst mal ins Kino gehen, um etwas runterzukommen von dem aufwühlenden Aufbruch, ist uns ziemlich suspekt. Nicht wiederzuerkennen nach all den Jahren: Ein übler Berliner Themenpark ist daraus geworden, voll amerikanisiert mit all den Neon-Schriftzügen über den Bareingängen. So steril.

Aber Gregor rettet den Prenzlauer Berg, als er uns spätabends ins *Bassy* auf der Schönhauser Allee führt. Drinnen tobt schon das Nachtleben. Wir nehmen die Seitentür gegenüber der Bar und landen in einem rohen engen Hinterhof mit Schornstein und Ziegelwänden. In der Mitte lodern Flammen aus einer Öltonne, am Ende ist ein Altar mit einem riesigen Saddam-Poster aufgebaut worden. Eine schöne Art und Weise, vermeintlichen Dämonen das irrational Böse zu nehmen. Man funktioniert sie einfach zum Witz um. Hier lebt noch der Spirit des Früh-Neunziger-Berlin – vom neuen Hauptstadt-Kult der Gegenwart ist nichts zu spüren. Ach, Berlin soll roh bleiben, wenn es schön sein will. Alles andere gerät nur zur Farce.

Floating downstream. Bevor es richtig losgeht, steht noch eine Reinigung der besonderen Art an. Vor Jahren habe ich von den Samadhi-Tanks gelesen, die John Lilly in den Fünfzigern für die US-Navy entwickelt hat. Das sind eine Art Meditationstanks, in denen 300 Kilo Salz in 600 Litern Wasser gelöst sind. Unmöglich, darin unterzugehen. Die Tankkapseln beinhalten sozusagen eine Miniatur des Toten Meeres. Die wollen wir im Floatcenter hinter dem Gendarmenmarkt ausprobieren.

Eine schwäbische Frohnatur par excellence bereitet uns dort auf das «Floaten» vor und bringt Dorothee und mich dann in unsere Räume. Wie ein kleiner Wal, lang und bucklig, sieht der Tank aus. Ich steige ein, lege mich ins Wasser und lasse den Deckel runtergleiten. Rotwarme Dunkelheit umfängt mich. Das Salzwasser hat Körpertemperatur. Kein Druck auf der Haut, nirgends. Fast Schwerelosigkeit. Durch die Ohren unter der Wasseroberfläche dringen ab und zu ferne, gedämpfte Geräusche.

Ich schwebe in meiner Kapsel wie in einer anderen Welt. Back to the roots, als ob ich noch einmal dicht an meine Zeit als Fötus herankomme. Körperloses Bewusstsein, die reine Existenz, vor meinen geschlossenen Augen tanzen Kaskaden aus Blautönen, breiten sich aus, ziehen sich wieder zusammen. Nur wenige konkrete Bilder. Totale Ruhe, absoluter Antistress, auch keine Langeweile. Das ist unser Re-Boot: dahintreiben, die Vergangenheit gut sein lassen und etwas Neues beginnen. So können wir aufbrechen.

Am nächsten Morgen nehmen wir den IC nach Krakau. Ab jetzt kommt das Unbekannte. Hinter der Grenze zu Polen ein kurzer Augenblick der Irritation: Der Schaffner fragt uns, ob wir eine Reservierung hätten. Gibt es ein Problem? Nein, der polnische Schaffner stellt uns kurzerhand eine aus: über null Zloty. Wir runzeln die Stirn, weil wir es für nutzlose Bürokratie halten. Von wegen: «Das ist wichtig, damit genug Tee oder Kaffee für alle

Reisenden an Bord ist, den gibt es nämlich umsonst», klärt uns eine Polin in der Sitzreihe gegenüber auf. Und ihr Reisebegleiter fügt nicht ohne leisen Spott über die skeptischen Deutschen hinzu: «So sind die Polen.»

km 855 Der Schatten der Geschichte

Als wir abends in Krakau ankommen, steigen wir im Stadtteil Kazimierz ab. Auf unserem Zimmer werfen wir kurz den Fernseher an und landen bei *Baywatch*. Oder ist das eine Doku? Ständig redet eine polnische Stimme, während im Hintergrund der Film mit gedämpften Dialogen abläuft. Nach ein paar Minuten begreifen wir: In Polen werden ausländische Serien im Fernsehen offenbar nicht synchronisiert, noch nicht einmal untertitelt, sondern übersprochen. Ein monoton sprechender Mann leiert aus dem Off die Übersetzung herunter, ganz egal, ob gerade ein Mann oder eine Frau spricht. Pamela Anderson ist hier also ein gelangweilter Pole. Drei Minuten ist das zum Lachen, danach eher zum Weinen.

Im Café Mlynek am Plac Wolnica, über dem wir wohnen, hängen neue Bilder zum Verkauf. In ihrer Rohheit erinnern sie ein bisschen an die vom Artstore St. Pauli. Auch sonst erscheint Kazimierz irgendwie vertraut. Rund um den Plac Nowy reihen sich die neuen Bars und Cafés aneinander. Aber die Szenerie ist nicht für Touristen hergerichtet. Hier trinkt das neue Krakau, abseits der hochgelobten Altstadt.

Die ist uns am nächsten Tag zu hübsch, zu puppenstubenhaft. Dass Krakau «das München Polens» sei, wie uns jemand vorher gesagt hatte, kann man durchaus so sehen. Ein Kompliment ist es nicht gerade. Es scheint, als sei die Stadt, die einmal die Hauptstadt Polens war, von einem Jahrhunderte währenden Schlaf am Rande von Habsburger Monarchie und Realsozialismus erwacht und putze sich nun heraus. Als wir aus der Altstadt kommend die Dietl-Allee in Richtung Kazimierz überqueren, wird es gleich grauer und großstädtischer. Straßen voller Altbauten, die eher an Berlin-Friedrichshain oder Lichtenberg erinnern. Dann stehen wir vor dem alten jüdischen Friedhof am Platz der Szeroka-Straße. Wir gehen in die Synagoge, die daneben steht.

Ein altes Paar beaufsichtigt streng die ankommenden Touristen. Wir fühlen uns plötzlich nicht wohl in unserer Haut. Der Schatten der Geschichte liegt über diesem Ort, und er wiegt schwer. 65000 Juden haben bis zum Zweiten Weltkrieg und zum Holocaust in Kazimierz gelebt. Die Gassen und Fassaden erinnern an die *Zimtläden*, jenes Theaterstück, das Anfang der Neunziger in Berlin gespielt wurde, in dem die untergegangene Welt der osteuropäischen Juden in einem melancholischen Gespensterreigen noch einmal lebendig wurde. Außer ein paar Schildern und Zeichen an den Hauswänden ist nichts davon in Kazimierz übriggeblieben.

In einem dieser Versuche, an die alte Zeit anzuknüpfen, im Restaurant *Alef*, gehen wir abends essen. Am Nachbartisch sitzen vier Alte, drei Männer und eine Frau. Sie sprechen Hebräisch, dessen Klang man in den Backpackern vieler Länder schnell kennenlernt, weil junge Israelis nach ihrem harten Wehrdienst in die Welt ausschwärmen, um etwas anderes zu erleben als den Nahostkonflikt. Was der Weißhaarige wohl 1943/44 erlebt hat? Die Frau mustert uns zwischendurch mit einem Blick, der sich nicht deuten lässt. Es ist ja nicht zu überhören, woher wir kommen. Die Geschichte holt einen immer wieder ein. Am nächsten

Tag wird sie uns wie ein nasses, schweres Handtuch ins Gesicht schlagen.

Es ist ein strahlender, wolkenloser Herbsttag, als wir morgens im Bus durch die dörfliche Idylle außerhalb Krakaus schunkeln. Bettwäsche lüftet an Balkongittern, der Futtermais ist noch auf den Feldern, hier ein Zementwerk, da ein Autofriedhof. Eine Gegend, die es so ähnlich auch bei uns gibt. Alles ganz friedlich, polnischer Alltag, bis wir zwei Stunden später am Ziel sind – in Auschwitz. Oh, mag manch einer denken, sie machen eine Betroffenheitstour. Vom Völkermord der Nazis über die Apartheid in Afrika bis zu den bösen Buren am Kap. Nein, darum geht es nicht. Dort, wo uns die Geschichte eines Landes, die auch unsere eigene ist, anspringt, können wir unmöglich wegsehen.

Dann stehen wir in der einstigen Todesfabrik, die heute ein Museum ist. Unzählige Reisegruppen schieben sich durch die früheren KZ-Wege. Japaner schießen entspannt das obligatorische Urlaubsbeweisfoto vor dem Tor, über dem der Spruch «Arbeit macht frei» prangt. Polnische Schulklassen reißen draußen auf eine Zigarettenlänge Witze. Das Grauen scheint an diesem Tag mit seinem strahlend blauen Himmel nicht einmal als Schatten auf den Gebäuden zu liegen. Die Monstrosität des Verbrechens ist kaum begreifbar. Nur in den Baracken, in denen Berge von Schuhen, Koffern oder Haaren der Ermordeten für die Nachwelt aufbewahrt sind, wird es in Ansätzen sichtbar.

Aber es verschlägt uns dennoch die Sprache. Gerade, weil wir aus Deutschland kommen. Schweigend ist der Ort erträglich, alle vernehmlichen deutschen Worte kommen uns schlagartig unglaublich deplatziert vor. Sie sind hier oft genug gefallen. In bürokratischer Kälte starren sie uns aus den zahlreichen SS-Schriftstücken an, die in den Vitrinen ausgestellt sind. Dass die Handlanger des Terrors keinen klaren Kopf gehabt hätten bei dem, was sie taten, lässt sich beim besten Willen nicht sagen. Da wurde «mitgedacht», was das Zeug hält. Einer ereiferte sich etwa, ob man nicht das von den Toten geraubte Zahngold, das die Wehrmachtsärzte nicht brauchten, gegen eine «Quittung» der Reichsbank zuführen solle, wo es «sinnvoller» angelegt sei. Akribisch angelegte Listen von Häftlingen, trockene Paragraphenhuberei, Totenscheine voller Lügen. Sicher, wir haben vorher darüber gelesen, haben wie viele andere irgendwann auch *Schindlers Liste* gesehen. Aber dies ist der Ort des Verbrechens selbst, nicht mehr von Buchseiten oder Kinoleinwänden auf Distanz gehalten. Hier ist Auschwitz, das schwarze Loch der deutschen und auch der europäischen Geschichte.

Drei Kilometer weiter in Auschwitz-Birkenau, dem zweiten, später angelegten Teil des KZ, weitet sich das ohnehin schon Unfassbare noch einmal in seinen Dimensionen. Eine regelrechte Stadt des Todes öffnet sich kilometerweit hinter jenem Tor, das wir so oft auf alten Aufnahmen gesehen haben. Von vielen Baracken sind nur noch Betonpfeiler übrig, ragen zahllos aus dem Gras, das heute alles überwuchert. Aber die Nachmittagssonne lässt kein Kopfkino zu, unvorstellbar, wie hier 90 000 Menschen eingepfercht in der Maschinerie der Vernichtung gelebt haben können.

Erst bei der Lektüre von Anna Pawelczynskas Buch *Werte gegen Gewalt*, das wir uns im Buchladen der Gedenkstätte kaufen, steigen erste Bilder hoch. Gerade die Nüchternheit ihrer Analyse, in der sie sich – bewusst, wie sie schreibt – ihrer eigenen Auschwitz-Erlebnisse enthält, überwältigt, mehr noch, beunruhigt. Orwells *1984* ist blass im Vergleich zu ihrer Beschreibung des KZ-Systems. Carl Amery hat in seinem bemerkenswerten Buch *Hitler als Vorläufer* die These aufgestellt, dass das eindimensionale Terror-Weltbild des Nationalsozialismus möglicherweise nur ein erster Testlauf für biopolitische Apokalypsen des 21. Jahrhunderts war, die durch globale Umweltzerstörung, Überbevölkerung und politische Konflikte ausgelöst werden könnten. Es sind Kleinigkeiten wie jene Porzellanisolatoren an den einst unter Starkstrom stehenden Stacheldrahtzäunen oder die schlichten Betonpfeiler, die zeigen, dass es sich hierbei nicht um Relikte einer fernen Epoche handelt, sondern um das technisierte 20. Jahrhundert. Die Vergangenheit ist noch nicht weit entfernt. Man vergisst das heute leicht.

Das Ausmaß des Vernichtungslagers mahnt aber auch: Guantánamo oder der neue Wall am Westjordanland haben nichts mit Auschwitz zu tun. Die Relation der Gräuel verrutscht vielen heutzutage zu leichtfertig im Ereifern über die Weltpolitik. Ein Bild hat sich an diesem Nachmittag eingebrannt, das ein wenig Erleichterung verschafft: Es ist die wehende blau-weiße Flagge mit dem Davidstern, die zwei israelische Schulklassen über ihren Köpfen halten, während sie durch die KZ-Ruinen gehen. Sie sind eine Bestätigung Gandhis, der einmal schrieb: «Es ist meine feste Überzeugung, dass nichts Dauerhaftes auf Gewalt aufgebaut werden kann.»

Auch in «Oświeçim», wie Auschwitz eigentlich heißt, haben die Menschen sich gesagt: Das Leben geht weiter, egal, wie. Manche haben ihre Häuser direkt neben dem früheren KZ-Gelände gebaut, und die Vorgärten liegen Naht an Naht mit dem Stacheldrahtzaun. Zugegebenermaßen nicht gerade der schönste Ausblick vom Balkon. Der Bahnhofsplatz ist im Licht der einbrechenden Dämmerung so trist wie überall in Europa, Passanten eilen vorbei, Autos fahren vor – in diesem Augenblick eine geradezu tröstliche Normalität. In einer leeren Kneipe mit gardinenverhangenen Fenstern trinken wir noch ein Bier und warten auf den Bus, der uns zurück nach Krakau bringt.

km 1275 Der Osten rockt

Bratislava ist nicht gerade eine Stadt, die Schlagzeilen macht. Die meisten wissen vermutlich nicht mal, wo es liegt. Klingt ziemlich nach Osten, dabei sind es nur 40 Kilometer von Wien die Donau stromabwärts bis zur Hauptstadt der Slowakei. Wir staunen nicht schlecht, als der Kellner in Hemd und Weste in einer schlichten Gaststätte in einem unnachahmlichen Tonfall die Bestellung entgegennimmt: «Ist recht, für die Dame ein Viertel, für den Herrn ein Helles», sagt er auf Deutsch. Die aufgehübschte Altstadt ist hier glücklicherweise nicht zur Puppenstube entstellt worden. Die Haupteinkaufsstraße kommt unspektakulär daher, die alten Straßenbahnen rumpeln immer noch durch graue Straßen. Aber abends im Pub merken wir, da will jemand den langen Schatten von Prag, der verklärten Überstadt der einstigen Tschechoslowakei, loswerden. Keine Ahnung, ob die Slowakei dafür unabhängig und Bratislava selbst eine Hauptstadt werden musste.

Dunkles Holz bestimmt die Atmosphäre. Vinyl hängt an den Wänden. Wer was auf sich hält, trägt Pferdeschwanz. Trendglatzen gibt es hier nicht. Auf der Bühne spielt eine Live-Band mit zwei E-Gitarren und einer E-Bratsche die üblichen Schmonzetten von Robbie Williams bis Guns 'n' Roses. Die drei Jungs haben natürlich auch einen Pferdeschwanz. Knutschende Pärchen, kichernde Bedienung. Weinselige Stimmung. Wir sind mittendrin, lassen uns treiben. Keine Verpflichtungen, nur noch stoffwechseln. Die Musik wird ruppiger. Eine aggressive Version von «Mrs. Robinson». Dann ein lokales Stück. Slowakische Heldengesänge zu rollenden Gitarren, die E-Bratsche zuckt im Stakkato, die Rohirrim aus dem Herrn der Ringe scheinen auszureiten. B wie Bratislava – das muss man sich merken.

Als wir zwei Tage später aus dem Bahnhof in Budapest treten, fallen uns sofort zwei Dinge auf: Die Trendglatzen, die in Bratislava fehlten, sind wieder da, und die mächtigen, geradezu imperialen Altbauten lassen Bratislava provinziell erscheinen. Doch erst einmal müssen wir die Frage klären: Wo können wir übernachten? Wir schauen in eine Herberge in Bahnhofsnähe, die Zimmer mit Etagenbetten und Ikea-Möbeln von vor zwanzig Jahren zu bieten hat. Besser wieder zurück zum Bahnhofsplatz, wo Budapester die Reisenden in ihre Privatzimmer locken wollen. Dort treffen wir auf Piroska Balint, eine sympathische junge Frau in einer weißen Daunenjacke, die noch ein erschwingliches Zimmer zu vergeben hat. Wir fackeln nicht lange und steigen mit ihr in die überfüllte Straßenbahn. Wenige Stationen später sind wir am Ziel: Es ist ihre eigene Wohnung, die in einem Eckhaus in der Rakoczi Ut liegt. Sie hat sie kürzlich für sich und ihren Sohn gekauft. Die große Altbauwohnung ist zwar schon fertig gestrichen, aber noch ganz leer. Wir bekommen das künftige Schlafzimmer mit roten Wänden und Balkon zur Straße hin. Ein paar Meter weiter in derselben Straße betreibt sie noch ein richtiges Guesthouse. Dass das Geschäft mit Privatzimmern so gut läuft, liege daran, dass es noch immer nicht genug Backpacker in Budapest gebe. Wir rauchen eine Zigarette mit ihr, quatschen über das Leben und fühlen uns richtig willkommen in Budapest.

Maniküre einer Stadt. Wie kann ein einzelner Kopf bloß so schwer sein? Mindestens eine gefühlte Kiste Bier trage ich auf meinen Schultern mit mir rum. Seit Tagen nun schon diese blöde Erkältung, genau genommen seit Berlin. Wie ärgerlich. Alles wie in Watte. Trotzdem fällt mir auf, wie sehr sich die Stadt seit meinem letzten Besuch vor acht Jahren gewandelt hat. Keine fliegenden Händler mehr auf den Brücken. Vermutlich sind einige von ihnen in die schicken Läden auf der am Fluss liegenden Seite von Pest gezogen. Eine typische Einkaufsmeile, wie man sie in vielen Großstädten findet. Geschniegelt und geleckt. Die Stadt macht sich den Dreck unter den Nägeln weg.

Wie schade, gerade das Unperfekte gab ihr diesen gewissen Charme. Das Paris des Ostens macht sich heute stadtfein. Man will sich sehen lassen können. Die Frauen mittleren Alters putzen sich raus. Wohlstand rund um die Hüften, von den Schultern bis zum Steißbein. Auf dem Kopf tragen sie eine Frisur à la Rosi Mittermaier, die gesamte Farbpalette, aufgeklebte Fingernägel, Puh-Parfum und natürlich ein Handy am Ohr. Die Innenstadt gibt Vollgas.

Buda und Pest, die zwei Stadtteile, könnten kaum unterschiedlicher sein. Das museale Buda mit Burg und Kathedrale wirkt eher leblos, als wir auch noch ausgerechnet an einem Feiertag hinkommen. Hinter dem Hügel, wo der bronzene Gellert sein Kreuz gen Himmel reckt, tut sich herzlich wenig. Wohnstraßen und heruntergekommene Plattenbauten. Auch die Haupteinkaufsstraße wirkt irgendwie tot. Hier wird nicht gelebt, nur gewohnt. Zumindest heute.

Ganz anders dagegen das quirlige Pest. Rund um den Calvin-Platz tummelt sich die Jugend in den Kneipen und Cafés. Nach achtstündigem Dauerlauf lassen wir uns bei einem Thai nieder. Heute haben wir keine Lust auf Deftiges. Ich freue mich riesig auf meine Kokossuppe, als ich eine Schale Eintopf hingestellt bekomme. Muss wohl ein Irrtum sein, sage ich dem Kellner.

Aber nichts da. «It's not like in Thailand here, different», klärt er mich auf. Klar, so stand es ja auch auf der Karte: «Thai-Cocos Soup». Was hatte ich auch erwartet, same same but different eben. Also dann doch wieder herzhaft. Na, egal. Neben uns nehmen drei Puh-Rosis Platz. Omi, Mutter und wohlgenährte Tochter. Die beiden Frauen diesmal blondbehauptet, die Tochter ist noch nicht alt genug fürs Färben. Ganz Europa diskutiert sich wund über das Nichtrauchen, aber während am Nebentisch die neuesten Düfte sitzen, kommt mir in den Sinn, die Restaurants anders zu unterteilen. Denn wem schmeckt schon ein Rind oder Huhn an Calvin Klein? Mir juckt's schon wieder im Gehirn, wo ist eigentlich mein Taschentuch?

Am Ende der Raday Utca, der Kneipenstraße am Südende des Zentrums, wird es weniger bunt und schlichter. Dort liegt in einer Seitenstraße das *Trafo*, ein ehemaliges Kino. Hier kommen offensichtlich die Nachtschwärmer zusammen, die mit gestylten Bars, Pubs und Bumsdiscos nichts am Hut haben. Die Zahl der Turnschuhe, knappen T-Shirts und verwaschenen Jeans nimmt schlagartig zu. Es ist fast wie zu Hause in St. Pauli. Unten im Keller ist ein Club mit Sofas.

In einem weißgekalkten Raum daneben werden künstlerische Versuche ausgestellt, Geldscheine in einen «anderen Zustand zu transformieren». Kurz, sie werden zerstört: mit Schwefelsäure, Edding-Bemalung, Speicheleinwirkung durch 10-minütiges Kauen, Haushaltsbleichmittel oder eine Maus, die an den Scheinen knabbert. Anschließend werden sie in Petrischalen dem Publikum dargeboten. Eine großartige Idee.

Der Haupt-Act des Abends findet aber oben im alten Kinosaal statt: *Sex Mob* aus New York werden von einem buntgemischten Publikum erwartet, dass zuvor höflich eine ungarische Free-Jazz-Combo hat über sich ergehen lassen. *Sex Mob* sind anders: nicht einfach ein Jazz-Quartett, sondern eine richtige Band! Besetzung: Posaune, Saxophon, Kontrabass und Schlagzeug. Das Charisma von Posaunist Stephen Bernstein erfüllt sofort die Bühne. Ein kurzer, energetischer New Yorker, der beim Gehen über den Boden federt. Haare kurzgeschoren im Albert-Camus-Look. Ein breites Grinsen dazu, und dann brennen er und seine Kumpane ein Feuerwerk ab. Jazz auf der Höhe der Zeit. Keine Standards aus der großen Vergangenheit, stilsicher, aber kraftlos wiedergegeben, auch kein akademisches Free-Jazz-Gefrickel. Nein, präzise und reduziert entfachen sie einen richtigen Groove. Der füllige Bassist gibt einfache Loops vor, die eher an Hiphop-Samples erinnern. Wie ein Fels in der Brandung – so muss ein Bassist sein – hält er Kurs, während der Drummer einsteigt. Nun Bernsteins kurze Posaune, sehr akzentuiert. Das Saxophon antwortet, und zwischen beiden entwickelt sich ein musikalisches Gespräch. Dann ein heftiger Ausbruch, eingeleitet von der unglaublichen Kreativität des Schlagzeugers. Der Typ sieht aus wie Woody Allen in jung und hager, aber er lacht öfter. Und die Band geht ab. Wahnsinn.

Der Klassiker *St. Louis Blues* wird ebenso verwandelt wie *Goldfinger* aus dem alten Bond-Film oder Nirvanas *Smells like teen spirit*. Das Publikum tobt, als sie schließlich abtreten. Für die Zugabe bittet Bernstein den DJ an den Plattenteller, der vorher die etwas unglücklich agierenden Free-Jazzer begleitet hatte. Der Mann hat Nerven: legt Hand ans Vinyl und bringt die Jazzer von *Sex Mob* zum Staunen. Die steigen auf den Beat ein, und würden wir nicht alle auf unseren Konzertstühlen hocken (es ist ja ein Jazz-Konzert – Vorsicht, Kultur), hätten wir sofort losgerockt. Bernstein dirigiert – wie sein großer Namensvetter – und treibt die Band zu Höchstleistungen. Der Woody-Allen-Drummer spielt gar auf seinem Hocker, um dem Schlagzeug-Set neue Töne zu entlocken.

Dazwischen findet Bernstein Zeit für einen Schnack. Im berühmten Gellert-Bad habe er vor zehn Jahren eine Massage bekommen, die «almost homo-erotic» war. Als er wieder im Hotel ankam und sich dort einen Porno ansah, habe dieser im Gellert-Bad im Massageraum gespielt. So hat jeder seinen Budapest-Flash, und das Publikum schreit vor Begeisterung. Sanft und weich wie eine Gellert-Massage geht es ins letzte Stück, fast homoerotisch eben. Dann ist der *Sex Mob* von der Bühne. Der Jazz ist doch noch nicht verloren.

Die Stadt badet. Das soll ein Badehaus sein? Das Széchenyi Fürdõ im Stadtpark am Ende des Andrássy-Boulevards erinnert eher an ein barockes Stadtschloss. Es ist einfach riesig. Nur mit einer Badehose in der Jackentasche, ohne Handtuch, betrete ich diesen Palast der Sauberkeit. Leider alleine, denn Dorothee kann wegen ihrer Erkältung nicht mit. Ein Bademeister empfängt mich, teilt mir eine der alten Kabinen zu. Als ich in Badehose heraustrete, schließt er hinter mir ab. Welch ein Luxus verglichen mit den Metallspinden in unseren Stadtschwimmbädern.

Vorsichtig betrete ich den ersten Baderaum. Schwefel liegt in der Luft, eine Note von Kakao mischt sich in den Geruch. Die hohe Kuppeldecke ist von einer Patina aus Jahrzehnten überzogen. In den Becken trübes grünes Wasser. Es ist 38 Grad warm wie in einer Winterbadewanne. Nach ein paar Minuten wechsle ich ins Dampfbad. Die Sicht reicht einen Meter weit, der Atem stockt augenblicklich in der brüllend heißen Schwüle. Zwanzig Menschen stehen in dieser feuchtwarmen Hölle herum. Nach vier Minuten muss ich passen, meine Lungen scheinen zu kochen. Ich verlasse das Dampfbad durch eine andere Tür und lande in einer langen Halle mit einem ovalen Pool zum Abkühlen. Die Badenden lassen sich im künstlichen Wirbel herumtrei ben. Wieder heraus, in den nächsten Saal mit einem achteckigen Becken. Es ist ein Labyrinth, durch das sich Unmengen von Badenden bewegen, dicke, dünne, Kinder, Greise, hübsche, hässliche, tätowierte, turtelnde, mit verwachsenen Zehen, mit schönen Füßen, Europäer, Asiaten. Ein babylonisches Sprachengewirr verhallt im Schwefeldunst.

Im weitläufigen Innenhof warten noch größere Becken unter freiem Himmel. Am Rand spielen alte Männer, im warmen Wasser stehend, Schach. Die Schachbretter sind dicke Plastikfolien mit Quadraten, die sie auf ein Mäuerchen gelegt haben. Eine Gruppe schaut zu, alle brüten über dem nächsten Zug und schweigen. Ich lasse mich einen Moment durch die Wärme treiben, dann erkunde ich den anderen Flügel dieses Palastes, vorbei an weiteren Pools, Saunen, Massageräumen und Dampfbädern.

Es ist ein kunstvoller Mikrokosmos der Sauberkeit – den Budapest den Türken verdankt, die hier im 16. und 17. Jahrhundert das Sagen hatten. Währenddessen puderte sich der debile europäische Adel und litt an Krätze. Vielleicht sollte man Stoiber, Koch und Konsorten mal einen Besuch im Széchenyi Fürdõ empfehlen, um im Schwefelbad über das Wesen Europas nachzudenken, das den Türken angeblich so vollständig abgeht.

Sonntagmorgen in Budapest. Das alte Wohnhaus in der Rakoczi Ut 27, in dem wir abgestiegen sind, dreht sich noch einmal auf die Seite. Auf einem Treppenabsatz führt eine Tür auf einen Balkon zum Hinterhof. Noch ist er grün zugewachsen. Die Luft ist feucht und frisch, der Himmel leider immer noch bedeckt. Aus irgendeiner Wohnung plärrt Abbas *Honey, honey* herüber.

Im Café *Randevu*, ein paar Meter vom Hauseingang entfernt, ist noch nichts los. Erst heult George Michael, dann läuft türkischer Pop und *Murder on the dancefloor*. Der Cappuccino ist der Bedienung beim Mitwippen des Beats zu dünn geraten. Aber er ist unverzichtbar wie an jedem Morgen.

Draußen auf der Straße stehen Pfützen eines nächtlichen Regengusses auf dem breiten Bürgersteig, der ebenso wie die sechs Spuren der Rakoczi Ut asphaltiert ist. Das gibt ihm etwas Schmuddeliges. Man möchte nicht darauf flanieren. Die Menschen eilen vorbei: eine rothaarige 15-Jährige mit langem, schwarzem Ledermantel und Doc Martens, in der Hand eine Plastiktüte; ein grauhaariger Mittfünfziger, lang, mit Schnurrbart, Brille und hellem Trenchcoat, Typ Arzt; ein Alter mit wollener Schirmmütze und abgetragenem Anzug, auf dem Rücken ein Rucksack, in der Hand eine Art Fototasche, an denen er schwer zu schleppen scheint, die Augen sind halb geschlossen beim Humpeln; ein Ehepaar mit frischgekauften Blumen, sie schaut nochmal auf die Uhr, man ist verabredet; ein Mittvierziger, der kraftvoll, aber gelassen ausschreitet, braune Lederjacke, braune Cordhose, der kurze Bart gepflegt; ein junges Pärchen mit nicht ganz trendigen Klamotten, er schaut angestrengt, sie hält seine Hand und redet, leicht lächelnd, ein alter Herr, jawohl ein Herr, denn er trägt noch einen Ausgehhut und hat den Trenchcoat gegürtet, tappt vornübergebeugt mit unsicheren Schritten, in der rechten Hand scheint er ein Päckchen Graupen zu halten; noch einmal werden Blumen in Papier vorbeigetragen.

Wie sieht es auf der anderen Straßenseite aus? Im Erdgeschoss der vergilbten, mächtigen Altbauten befindet sich eine Ladenzeile. Die durchgezogene Fensterfront erinnert noch ein wenig an vergangene Tage im Sozialismus: Die Auslage ist nicht eben gekonnt drapiert. Um den Sozialismus abzuschütteln, hat man zu knalligen Folien gegriffen und Discount-Slogans auf die Fenster geklebt. Im *Csibefarm* lacht uns gar eine riesige Henne vom Schaufenster an, deren Stil zwischen Brösels *Werner* und den Roadrunners von Schweinchen Dick liegt. Schreiend gelb und groß. Ein Laden mit Taschen – drüber steht «fürdöszoba felszereles», oha, die ungarische Sprache! –, daneben einer mit Uhren, ein weiterer mit komischen Klamotten ... Eine seltsame Hauptstraße ist diese Rakoczi Ut, zwischen Zentrum und Hauptbahnhof.

Der blaue Kuli und die Fritten. Budapest entlässt uns an einem grauen, feuchten Herbsttag. Auf Gleis sieben des Hauptbahnhofs fährt der IC nach Bukarest ab: rumänische Waggons, braun und angeschmuddelt. Während wir über plattes Land durch den Morgennebel fahren, gibt mein schwarzer Kuli beim Schreiben seinen Dienst auf. Da ich die Marotte habe, nur in Schwarz in mein Tagebuch zu schreiben, versuche ich, im Zug einen schwarzen Kuli aufzutreiben und ihn gegen einen der leuchtend blauen Gauloise-Werbekulis einzutauschen, die uns ein Freund zum Bestechen äthiopischer Grenzbeamter mitgegeben hat. Der bebrillte Kellner im Speisewagen könnte einen haben, denke ich. Ich stehe schließlich vor ihm und erkläre ihm mein Problem auf Englisch. Er scheint kein Wort zu verstehen, nimmt meinen Gauloise-Kuli, kritzelt auf seine Hand – und siehe da, die Tinte ist schwarz. Wie peinlich. Ich nehme ungläubig den Kuli und kritzele nun in meine Handfläche. Kein Zweifel – das Teil schreibt schwarz. Ich bin nicht eine Sekunde auf die Idee gekommen, dass ein Kuli mit leuchtend blauem Gehäuse anders als blau schreiben könnte. Der Speisewagenmann sieht mich mit einem Blick an, als ob er mich für irre hält. Er schleudert mir noch ein ungarisches Wort entgegen, und ich trete schnell den Rückzug an.

An der rumänischen Grenze ist erst einmal Stillstand angesagt. Es ist offensichtlich, dass die EU hier endet: Ein Heer von Grenzbeamten und Bahnpersonal entert den Zug. Der Grenzbeamte macht den ersten Stempel dieser Reise in unseren Pass, der Zöllner fragt uns nach mitgeführten Pistolen, Geschenken und Lei, also dem rumänischen Geld. Die Schaffnerin redet rumänisch auf mich ein, auch dann noch, als ich auf Englisch bekunde, nichts zu verstehen. Dann das Wunder: Hinter der Stadt Arad öffnet sich zum ersten Mal nach 1700 Bahnkilometern eine liebliche Landschaft, die von saftig grünen Hügelketten durchzogen ist. Der Herbst hat noch nicht begonnen, die Luft, die durchs offene Fenster hereinströmt, ist warm.

Ich schaue auf die Uhr. Noch eine halbe Stunde bis Deva, wo wir umsteigen müssen. Letzte Gelegenheit, ungarisches Kleingeld im Speisewagen loszuwerden. Ich pirsche mich hin, versuche, vom Kellner unbemerkt, einen Blick in die Speisekarte zu werfen. Der hält mich sowieso schon für bescheuert. Fritten für 300 Forint, etwa 1,20 Euro, gibt es. Ich gehe zurück ins Abteil, hole unseren Blechteller, und wieder zurück zum Kellner, der inzwischen mit ein paar Rumänen Bier trinkt. Mit Gesten bedeute ich ihm, dass ich die Fritten auf den Teller will. Er verschwindet in seiner Küche. Dann passiert nichts mehr. Ich schaue nervös auf die Uhr. Noch 20 Minuten, das sollte reichen. Von wegen: Die Ausläufer von Deva kommen in Sicht. Ich frage den dösenden Schaffner, ob das Deva sei. Ja, sagt er. Und was ist jetzt mit den Fritten? Ich stecke meinen Kopf in die Küche. Der Kellner sieht mich, ich versuche, ihm zu erklären, dass ich die Fritten sofort brauche. Er winkt mich an den Herd, auf dem in einem Sieb im siedenden Fett die Fritten schlapp werden. Sind die gut genug für dich, fragt er mit einer Geste. Der Zug fährt in den Bahnhof ein. Er schüttet mir die triefenden Fritten auf den Blechteller. Der Zug hält. Auch das noch: Dorothee ist mit dem Gepäck vier Waggons entfernt. Ich nehme den Frittenteller in beide Hände und drängle mich durch ein- und aussteigende Passagiere. Aber so geht das nicht schnell genug. Also raus aus dem Zug, ich renne den Bahnsteig entlang bis zum ersten Waggon hinter der Lok, den Frittenteller balancierend. Dorothee hat das Gepäck in die Tür geschafft. Der Schaffner pfeift. O Mann, noch die Jacken aus dem Abteil gegriffen, rausgesprungen, und der Zug fährt ab. Dann atmen wir durch, lachen laut los und essen auf dem Bahnsteig erst mal unsere Fritten.

Der Bahnhof von Deva ist ganz traurig. Er erfüllt alle Klischees von Südosteuropa, fast wie in Kusturicas Film *Schwarze Katze, weißer Kater.* Autos, die schon seit Jahrzehnten nicht mehr fahren dürften, parken da, bettelnde Kinder mit schwarzen, nackten Füßen lungern herum. An einem Fenster holen wir uns einen halben Liter Bier. Schwarzer Schmier klebt außen in den Rillen des Glases. Die Frau an der Bierausgabe lacht, als sie unsere Gesichter sieht – lacht sie uns gar aus? Immerhin: Die Bank, in der wir Geld tauschen, hat jeden Tag bis 18 Uhr 30 auf. Das sind nicht solche Behördenzeiten wie bei unseren Geldhäusern. Nach dem Bier gehen wir auf Bahnsteig 3. Kurz bevor unser Zug kommt, fährt hier ein anderer ein. Er fährt auch nicht weg, als unser Zug kommt – auf Gleis 2. Was nun? Wir greifen unser Gepäck, rein in den Zug auf Gleis 3 und auf der anderen Seite mit angeschrammtem Schienbein wieder raus. In Rumänien darf man auf beiden Seiten ein- und aussteigen. Nicht so in unserem Zug. Hier gehen die Türen nur auf einer Seite auf. Was ist hier los? Wir hechten hektisch zwischen den Zügen über den Schotter, um unseren herum, und dann sind wir endlich drin. Wir staunen nicht schlecht: Es ist ein nagelneues Teil von Siemens, gegen den jeder deutsche Interregio wirklich alt aussieht. In der Mitte des Waggons gibt es sogar einen schicken, runden Zeitungskiosk. Entspannt sinken wir in unsere Sitze und rauschen durch den Abend Richtung Transsilvanien.

km 2015 Sibiu H Null – Modell mit Bäumen

Nach einem Tag im Zug kommen wir schließlich an. Am Bahnhofsgebäude steht «Sibiu». Aber jahrhundertelang ist dies «Hermannstadt» gewesen, die Quasi-Hauptstadt von Siebenbürgen. Eine der wenigen Regionen auf der Welt, wo man eine Art deutscher Exilkultur findet. Für Deutsche ist es ja eher seltsam, in der Ferne auf einheimische Zeitungen in der eigenen Sprache zu stoßen – wie die *Hermannstädter Zeitung* oder die *Allgemeine Deutsche Zeitung* aus Bukarest – oder in Geschäften von Einheimischen immer wieder in akzentfreiem Deutsch angesprochen zu werden.

Der Ursprung geht auf das 12. Jahrhundert zurück, als der König von Ungarn Siedler aus dem Rheinland in das Land «hinter dem Wald» («trans silvam», daher Transsilvanien) anwarb, die sich als Bauern und Handwerker niederließen. Aber Hinterwäldler sind diese Menschen nicht gewesen. 1557 beschloss der Siebenbürger Landtag als erste Region in Europa die Gleichstellung von Protestanten und Katholiken – lange vor dem Dreißigjährigen Krieg, als sich beide den Kopf einschlugen. Als nach dem Ersten Weltkrieg die k. u. k.-Monarchie zerfiel, entschieden sich die Siebenbürger Sachsen (ebenso wie Banater und Sathmarer Schwaben) als erste nichtrumänische Minderheit dafür, sich dem rumänischen Staat anzuschließen und diesen auch als den ihren zu begreifen. Höchst bemerkenswert zu einer Zeit, in der die Deutschen «zu Hause» längst vom Nationalismus zerfressen waren.

Die große Abwanderung setzte im Zuge des Zweiten Weltkrieges ein, denn in den Dreißigern hatte der Nationalsozialismus auch in Siebenbürgen Fuß gefasst, was Rumänen und Russen, die später als Besatzungsmacht einzogen, nicht vergaßen. Heute gibt es vielleicht noch 40 000 Rumäniendeutsche von einst 800 000. Doch die frühere deutsche Parallelwelt ist noch nicht ganz verschwunden: Wer die Hermannstädter Zeitung liest, findet Berichte aus Kronstadt, nicht Brasov, aus Klausenburg (Cluj-Napoca), Neppendorf (Turnisor) oder Schäßburg (Sighisoara). In der Hermannstädter Buchhandlung *Friedrich Schiller* liegen Gedichtbände von Rumäniendeutschen aus, und die Architektur erinnert eher ans Alpenvorland. Manche heißen hier immer noch Klein, Wagner oder Wittstock. Inzwischen kommt Deutsch sogar wieder in Mode. Wie uns Toni aus Potsdam, der im Hermannstädter Kulturamt ein Praktikum macht, abends im *Art Café* erzählt, gebe es einen richtigen Run auf Deutschkurse. Im Hintergrund läuft dabei Miles Davis' *Doo Bop*. Nostalgie ist überflüssig: Siebenbürgen war gestern, Europa ist heute.

Vom Turm in Hermannstadt schauen wir über ein wippendes Meer aus roten Schindeldächern, am Horizont die Bergkette der Karpaten. Ein idyllisches kleines Örtchen, in dem sich gerade allerhand tut. Restaurierungsarbeiten an jeder Ecke, ganze Straßenzüge sind aufgerissen. Auch der große Marktplatz soll bis 2007 neu gepflastert werden. Bis dahin wird geschuftet, was das Zeug hält. Und dann ist es so weit: Rumänien tritt der EU bei, und Hermannstadt ist für ein Jahr Kulturhauptstadt Europas. So richtig vorstellen kann man sich das noch nicht, denn bislang wirkt es eher wie eine Ritterburgenstadt von playmobil, wie ein belebtes Rothenburg ob der Tauber mit erstaunlich vielen Jugendlichen, an denen sich Graf Dracula nächtens gütlich tun kann.

km 2405 «Big Apple» im Osten

Zum beeindruckenden Zeugnis kapitalistischer Produktivitätssteigerung in Rumänien gerät uns zwei Tage später die Taxifahrt vom Bukarester Nordbahnhof zum Hotel in der Innenstadt. Die Frau von der Rezeption hatte uns am Telefon schon vor den «falschen» Taxis gewarnt. «Sie müssen unbedingt in ein gelbes Taxi einsteigen und darauf achten, dass das Taxameter eingeschaltet wird.» Gesagt, getan. Wir steigen zielstrebig ins erste gelbe Taxi, das in einer langen Reihe vor dem Bahnhof wartet. Der Fahrer schaltet brav das Taxameter an und heizt wie eine gesengte Sau los. Und dann fängt das Taxameter an zu spinnen: Etwa im Minutentakt tickt es sich zu immer absurderen Preisen hoch. Ein großartiger Tipp vom Hotel: Als wir ankommen, stehen 400 000 Lei – etwa 10 Euro – auf der Anzeige. Das ist etwa so, als ob wir vom Bahnhof Dammtor nach St. Pauli 70 Euro bezahlt hätten – das Zehnfache des Üblichen. Nach dem offiziellen Kilometerpreis von 8000 Lei hätten es höchstens 50 000 Lei werden dürfen.

Aber das wissen wir da noch nicht. Wir steigen aus und beäugen misstrauisch den Wagen. 30 000 Lei pro Kilometer steht da in sandfarbener Schrift auf gelbem Grund auf der Tür, eine gute Farbwahl für die Funzelbeleuchtung auf dem Bahnhofsvorplatz. Leider ist das Ganze nicht einmal Beschiss. «Seit der Liberalisierung des Taxigewerbes vor zwei Jahren kann jeder so viel verlangen, wie er will, und trotzdem sein Taxi in der offiziellen Farbe Gelb anmalen, er muss nur den Preis anschlagen», klärt uns der Hotelrezeptionist gelangweilt auf. Von seiner schlauen Kollegin ist nichts zu sehen. Nach zehn Tagen haben wir also unser erstes «Schwundgeld» zu beklagen.

Aber irgendwie ist das auch beeindruckend. Der Taxityp verdient also acht- bis zehnmal so viel wie andere offizielle Taxen in derselben Zeit. Da kann er leicht verschmerzen, dass kein Bukarester je bei ihm einsteigen wird. Er arbeitet einfach effizienter als seine Kollegen und hat mehr Zeit zum Lesen oder Daumendrehen, während er wartet. Wenn Rumänien in die EU kommt, wird es uns zeigen, was ein Aufschwung ist. Und man muss nicht einmal länger arbeiten, wie uns unsere Wirtschaftsvertreter seit langem weismachen wollen. Einfach mehr Geld für Wertarbeit verlangen.

Das rumänische Geld hat es ebenfalls in sich. Die Banknoten bestehen irgendwie aus Plastik. In jedem Schein ist ein Loch, das mit transparenter Folie gefüllt ist, und die Scheine reißen nicht wie Papier, sondern eher wie Plastikbecher.

Bukarest ist auch sonst tough. Hier wird nicht geschlendert, hier geht es zur Sache. Rastloses Treiben und wild pesender Verkehr prägen die Straßenzüge in Downtown. Nichts Gemütliches, geschweige denn Liebenswertes. Streunende Köter rivalisieren mit barfüßigen Straßenkindern um Essbares. Diese Stadt ist spröde, ein brodelnder, brutaler Moloch. «If I can make it there, I'll make it anywhere», um good old Frankie zu zitieren. Sozialistische Monumentalbauten, die die ehemalige Altstadt unter sich begraben haben, stehen neben Prunkbauten aus früheren Epochen.

Aus dem Himmelreich der Trinker, einer gigantischen Bierhalle mit hohen Gewölbedecken und Freskenmalereien, wankt uns nachts ein Betrunkener entgegen. Gepflegter Anzug, in jeder Hand eine Flasche. Nach einigem Lallen seinerseits merken wir, dass es sich um einen Russen handelt. Er will unbedingt mit uns anstoßen. Während wir uns zuprosten, lallt er weiter auf uns ein. Zum Abschied werden wir geherzt und gedrückt, bekommen segnend seine Hand aufgelegt und ziehen mit der einen der beiden Flaschen von dannen, die er uns großzügig überlassen hat. Komischerweise haben wir ausgerechnet in dieser Viertelstunde das Erdbeben verpasst, über das wir am nächsten Morgen in der Zeitung lesen. Immerhin Stärke 6 auf der Richter-Skala. Nichts gemerkt. Der Russe hat's wohl weggesegnet.

In Transsilvanien gibt es jede Menge Bären, die den Rumänen langsam auf die Nerven gehen, weil sie in Mülltonnen am Stadtrand rumstöbern. In Bukarest kann man die Bären dann essen. Ein gefundenes Fressen für unsere Reihe «kulinarische Experimente in aller Welt». Also nichts wie hin ins Restaurant *Burebista*, das für seine Bärenteller berühmt ist. In unseren Reiseklamotten werden wir skeptisch beäugt, als wir vor dem großen Abendansturm ankommen. Ein gediegener Schuppen mit für Bukarester Verhältnisse umso gediegeneren Preisen. Aber es lohnt sich: Der Bär schmeckt unglaublich wild, aber gut. Man kaut nur etwas lange darauf herum.

Am nächsten Mittag fahren wir mit dem Taxi zurück zum Bahnhof. Diesmal ganz korrekt: Nicht einmal 40 000 Lei stehen auf der Uhr, als wir ankommen. Der Zug fährt erst in einer Stunde, genug Zeit, um noch einmal nach unserem Taxischergen

Ausschau zu halten, der uns zwei Tage vorher übers Ohr gehauen hat. Und siehe da, unschuldig wartet er wieder in der Schlange vor dem Eingang. Doch nicht nur er hat die Phantasiepreise auf der Tür angeschlagen, die meisten seiner Kollegen auch. Schnell vor dem Wagen aufgestellt und ein Erinnerungsfoto geschossen. Sofort kommt der Typ aus dem Auto heraus. «Warum fotografiert ihr meinen Wagen?», fragt er und baut sich mit finsterem Gesicht vor uns auf. «Weil du uns abgezockt hast. Vorgestern.» Er zögert verblüfft und trollt sich dann. Uns bleibt eine kleine Genugtuung.

Wenig später steigen wir in den Bosporus-Express, der uns in sage und schreibe 20 Stunden nach Istanbul bringen soll, eine lange Zeit für eine Strecke, die ungefähr der von Hamburg nach München entspricht. Unser Schlafwagen entpuppt sich als marodes Klappergestell. Na denn, gute Nacht! Schäbig und voll auf den Hund gekommen. Aber dass das noch zu steigern ist, wird auf dem Klo klar. Eine bestialisch stinkende Kloake, der man die Spuren der Menschheit nur allzu deutlich ansieht. Aber was soll's. Wer muss, der muss. Akrobatische Toilettenturnübungen, André Heller und seine «Begnadeten Körper» lassen grüßen. Männer haben es etwas einfacher. 21 Uhr, Schlafen befohlen! Unsere «Betten» werden ausgeklappt. Neben uns im Abteil wird schon deutlich hörbar geschlafen, der Typ schnarcht wie ein Sägewerk. In stockfinsterer Nacht, um Viertel vor zwei, wird wie wild an unserer Abteiltür gerüttelt: «Passports!» Wir haben die Grenze Rumänien-Bulgarien erreicht. Die Pässe werden langwierig gestempelt, und nach einer guten Stunde nehmen wir erneut Fahrt auf. Na gut, weiterschlafen, so gut es geht bei dem Geklappere und Geschaukel. Aber nichts da! Wieder werden wir barsch wachgerüttelt. «You have to go for visa!» Anziehen, raus auf den Bahnsteig, in die Schlange stellen, um diesmal vom türkischen

Grenzbeamten einen Stempel abzuholen. So, nun aber. Wieder ins Abteil, Klamotten aus. Der dritte Anlauf, um einzuschlafen. Aber weit gefehlt. Nach unserem 40-minütigen Aufenthalt an der Grenzstation meinen die türkischen Grenzbeamten, jetzt nochmal jeden im Zug auf seinen Stempel im Pass kontrollieren zu müssen. Die letzten fünf Stunden bis Istanbul lassen sie uns dann doch ungestört schlafen, danke. Woher der Zug seinen glorreichen Namen hat, ist uns völlig schleierhaft.

Am Bosporus. Endlich! Das Meer und die Sonne, echte warme Sonne! Morgens in Istanbul ist, obwohl wir ziemlich k. o. sind, zum ersten Mal ein Gefühl der Entspannung da. Mit dem Taxi geht es über eine große Brücke und dann hoch auf den Hügel nach Beyoğlu, den Stadtteil nördlich des Goldenen Horns. Nach einer Fahrt durch ein Gassengewirr kommen wir im Hotel an, in einer Seitenstraße der belebten Istiklal, dem großen Boulevard von Beyoğlu. Etwas gediegen, aber mittendrin. Im sechsten Stock mit Terrasse können wir dann durchatmen! Welch Luxus für schlappe 40 Euro. Auf der Preisliste an der Hotelrezeption standen 100 Dollar für das Zimmer. Keine Ahnung, wie ich das am Telefon gemacht habe, an meinem zarten Stimmchen kann es bestimmt nicht gelegen haben. Das war wohl die Aishe in mir, türkischer Basar eben.

Istanbul – Dahab

km 3025 Istanbul ist Westanbul

Unten zieht eine Horde jubelnder Fußballfans vorbei. Rufen sie etwa «Pauli, Pauli»? Aus Imbissküchen dringen vertraute Düfte. Gegenüber unserem Hotel stehen gelangweilte Polizisten vor ihrer Wache und versuchen, ernst dreinzuschauen. Aber sie scheinen darauf zu warten, mit den Vorbeigehenden ein nettes Schwätzchen halten zu können. Beyoğlu fühlt sich überhaupt nicht fremd an. Gelassen geht es hier zu, geradezu heiter. Wir sind sofort begeistert. Wer hier schnurrbärtige Männer und bekopftuchte Frauen erwartet, muss lange suchen. Nur ganz vereinzelt mal ein Ottenser Gemüsebäuerlein mit zerschlissenem Wintersakko und dem obligatorischen Erstlingswollmützchen auf dem Kopf. Auf der Istiklal Caddesi, in der man sämtlichen käuflichen Gelüsten nachgehen kann, reihen sich unzählige Kneipen, Cafés, Restaurants, Imbisse und Geschäfte in bis zu acht Stockwerken aneinander.

Am Abend – es ist Samstag – flanieren Tausende durch die Altbauschlucht des Boulevards. In den Seitenstraßen wird an kleinen Tischen gegessen. Alle paar Meter ertönt ein neuer Beat und wird gleich vom nächsten überlagert. Wir steigen in einem alten Treppenhaus ein paar Stockwerke hoch und landen in der Baraka Bar. Der DJ steht vor seinem CD-Regal und greift zum nächsten Gassenhauer. Red Hot Chili Peppers, Dandy Warhols, Manu Chao, Deee-Lite ... Der Junge spielt gute Musik. Neue Leute kommen herein, viele gehen freudestrahlend zu seinem kleinen Verschlag und begrüßen ihn. Trainingsjacken, Baseballkappen, gestiefelte Frauen, Dreadlocks, Touristen, das ganze Spektrum urbaner Nachtschwärmer ist hier versammelt.

Und während wir auf einem Sofa begeistert bei Bier und Raki sitzgrooven, merken wir, dass wir uns in den vergangenen zwei Wochen nirgendwo so zu Hause gefühlt haben wie hier in Beyoğlu, dem «neuen» Teil Istanbuls, der auch schon mindestens 800 Jahre alt ist. Das gleiche Volk wie in Hamburg oder Berlin, und alles so relaxed. Keine genervten oder aggressiven Gesichter wie etwa in Bukarest. Von Ottensen oder Kreuzberg nach Istanbul ist es ein Katzensprung im Geiste. Mag sein, dass Beyoğlu nicht Istanbul und Istanbul nicht die Türkei ist, genauso wenig wie New York die USA repräsentiert. Aber es gehört untrennbar zur Türkei, über deren Europa-Untauglichkeit sich unsere Journalisten und Politiker immer wieder ereifern.

Gestern war der Jahrestag der Türkischen Republik, doch Premierminister und Außenminister waren zum ersten Mal an diesem höchsten Staatsfeiertag nicht auf heimischem Boden – sondern in Rom, wo die Regierungschefs der EU und ihrer Anwärter die EU-Verfassung unterzeichneten. Die türkischen Zeitungen haben viel darüber geschrieben, wie in der Presseschau der *Turkish Daily News* zu lesen ist. Die großen Tageszeitungen haben diesen patriotischen Lapsus gar wohlwollend kommentiert. Die Türkei ist im Aufbruch. Mag Istanbul auch eine Avantgarde sein, die Richtung stimmt.

So modern und aufgeschlossen, wie man sich hier gibt, scheint dem Beitritt zur EU eigentlich nichts mehr im Wege zu stehen. Na, sagen wir, fast nichts: Fremdgehen dürfte nicht mehr unter Strafe gestellt werden, denn das ist ein Eingriff in die Privatsphäre eines jeden, die Kurden müssten als eigensprachliche Minderheit anerkannt werden, und die «Beleidigung des Türkentums» als Delikt gehört unbedingt abgeschafft.

Beim zweiten Raki – der DJ ist zu Hip-Hop und Latin Beats übergegangen – ist die Politik dann aber vergessen. Nennt es den

Spirit des Global Village – die *Baraka Bar* an diesem Abend ist ein Zeichen dafür, dass es nach 9/11 noch eine Maxime außer «war on terror» und al-Qaidas freudlosem Dschihad gibt. Sie lautet: «Groove is in the heart.»

Gespräch im Basar. Der große Basar in Istanbul ist eine Stadt in der Stadt, nur komplett überdacht. Als wir an einem kleinen Platz an der Hauptgasse am Tee nippen, tippt mich jemand von hinten an. Ich drehe mich um: Es ist eine ältere Frau mit streng zurückgekämmten und zusammengeknoteten Haaren. Schwarzer Mantel, Brille, schwarze Stoffhose. «Was für einen Eindruck haben Sie von all dem?», fragt sie mich langsam auf Englisch. Sie scheint aus Istanbul zu kommen. Ich erzähle ihr, wie begeistert wir vor allem von Beyoğlu sind. Aber damit lässt sie mich nicht entkommen. «So what?», bohrt sie.

Ich fahre fort mit unseren ersten Eindrücken, doch sie sagt immer nur lächelnd: «So what? Come on, tell me.» Sie nimmt einen kurzen Schluck aus ihrer Sprite-Flasche und kramt eine Zigarette aus ihrer Tasche hervor. Wie sich herausstellt, spricht sie auch Deutsch, weil sie vor vielen Jahren in München ihre Doktorarbeit geschrieben hat. Wir fahren in einem Wechsel aus Deutsch und Englisch fort. «Ich fühle mich fremd in diesem Land, in meinem Land», sagt sie. «Ja, es macht mir Angst.» Ich werde neugierig. Das geht über eine freundliche Konversation mit einem Touristen hinaus. Nun fange ich an, ihr Fragen zu stellen. Sie ist etwa 60 Jahre alt, Universitätsprofessorin, an welcher Uni, verrät sie nicht. In den USA habe sie als Jugendliche ebenfalls einige Jahre gelebt.

Dann kommt sie zum Kern dessen, was sie beschäftigt: Sie regt sich über die junge Generation in der Türkei auf. Die denke nicht nach, ihre Maxime sei nur das Verkaufen: «It's all about selling.» Dabei müsse sich so viel ändern in diesem Land. Aber da müsse wohl erst eine neue Generation heranwachsen. Von der jetzigen sei nichts zu erwarten. Sie habe nichts anderes im Sinn, als im Spiel des Big Business mitzumischen. Das könne sie bei ihren Studenten beobachten. Ziel sei, Karriere zu machen, vorzugsweise in einem der großen internationalen Konzerne. Die würden die besten Leute abwerben. Aber was könnten sie ihnen geben? «Nichts. Sie saugen nur ihre Kraft aus», sagt sie. Ihr Sohn, 24 und Elektroingenieur, sei auch schon in diesem «amerikanischen Spiel» gefangen. «Die Menschen hier sehen nicht das Big Picture. Sie haben keine eigenen Ziele», stellt sie bitter fest, ohne resigniert zu wirken.

Den möglichen EU-Beitritt sieht sie skeptisch: «Ich kenne die europäische Mentalität.» Die sei auch nur im Business-Denken verhaftet. «Ist das alles, was Europa uns anzubieten hat?» Dann fragt sie mich: «Was ist Ihrer Meinung nach die Lösung? Sehen Sie eine Alternative zu dieser Lebensweise?» Ich verstehe sie zwar, muss sie aber, wenn ich ehrlich bleiben will, enttäuschen: «Darauf habe ich auch keine Antwort.» Wir sind uns immerhin einig, dass die Zeit der großen politischen Gegenbewegungen vorbei ist. «Vielleicht müssen wir Jüngeren im Kleinen ganz neu anfangen, parallel zum Big Business», versuche ich etwas Optimismus zu verbreiten. Da lacht sie nur sarkastisch: «Come on!»

Tags drauf überqueren wir mit der Fähre den Bosporus, um uns den asiatischen Teil der Stadt anzusehen. Kaum zu glauben, dass dies eine einzige Stadt sein soll, deren Teile man nur mit einer viertelstündigen Bootsfahrt oder über die lange Brücke erreichen kann. Kurz hinter der Kaimauer wird schon der entscheidende Unterschied der beiden Stadthälften klar. Hier geht es so zu, wie der ahnungslose Europäer es wohl erwartet hätte: wuseliges Treiben in engen Basarsträßchen und alles ziemlich vermüllt. Dazu die breitbeinigen Jungs mit einem Gang, als hätten sie Rasierklingen in den Achselhöhlen. Das wichtigste Ausstattungsmerkmal ihrer Autos ist die Bassbox. Das kennt man dann wieder. Aber ist es nicht großartig, dass man trotz der vermeintlichen Unterschiede keine gegenseitigen Berührungsängste mehr hat? Alles braucht eben seine Zeit, think global!

Jeden Abend ziehen wir die Istiklal hoch und runter, erkunden die Seitenstraßen. In einer macht uns ein kleines Café neugierig. Wir gehen rein und setzen uns in eine Ecke, von der aus wir alles im Blick haben. An der Wand hängt ein altes Schwarzweißfoto der Grande Rue de Pera aus den Tagen des Osmanischen Reiches, lange bevor sie zur Istiklal Caddesi wurde. Zwei Tische weiter diskutieren drei Bebrillte mit nachdrücklichen Gesten ein neues Buch, das als Hardcover vor ihnen auf dem Tisch liegt. Eine blondierte Frau mit Stola-Kragen und golden lackierten Fingernägeln schreibt in großen Zügen ein Gedicht in ein sehr großes Heft. Tom Waits raunt dabei nachlässig aus dem Lautsprecher. Kein Lachen im Raum, nur gedankenschweres Starren oder bedeutsames Debattieren. Eine Zeitung kreist zwischen vier Köpfen. Eine Literaturzeitschrift dient als Beleg für eine Aussage. Die blondierte Dichterin bestellt einen Tee. Die Brillen erheben sich, und Adriano Celentano übernimmt con una bella im Dialog. Ein junges Lockenköpfchen mit gezupften Augenbrauen und Teddyjacke lässt sich nieder. Beim Bestellen blitzt sie den gutaussehenden Kellner an. An der Bar nuckelt ein Bezopfter zum x-ten Mal am fast leeren Whiskyglas. Ein Blues setzt ein. Schwere Fragen hängen im Raum: Wie sieht der nächste Schritt im Leben aus? Wie muss der nächste Satz lauten? Es riecht intellektuell, und der Blues wechselt ins Aufgeregte. Das ist das *Kaktüs Kahvesi* in Beyoğlu am Montagabend, in einer Seitenstraße der Istiklal Caddesi.

Man spricht deutsch. Um halb neun abends soll es losgehen, mit dem Bus von Istanbul nach Göreme, in Kappadokien in der Mitte der Türkei. Wir verschlendern noch den Tag in Ausstellungen und Cafés und gehen dann mit unserem Gepäck zum Reisebüro, von dem uns ein Minibus zum riesigen Busbahnhof im Westen der Stadt bringt. Vorher schenke ich noch einem auf der Straße zum Liegen gekommenen Obdachlosen meine Regenjacke, die ich ab jetzt hoffentlich nicht mehr brauchen werde. Der Busbahnhof ist für Istanbul ungefähr das, was für Frankfurt der Flughafen ist. Eine unüberschaubare dreigeschossige Bausünde aus den frühen Siebzigern.

Im Bus sitzen wir gerade erst auf unseren Plätzen, als sich auch schon die Frau in der Reihe vor uns gemütlich in eine fast waagerechte Schräglage bringt und mir ihre Rückenlehne unter die Nase schiebt. Dann hat sie nichts anderes zu tun, als genüsslich auf zwei Sitzen ausgestreckt ihre Zeitung zu lesen. Es gibt eben immer Menschen, die meinen, allein auf der Welt zu sein. Mein Buch eingeklemmt zwischen Brust und Vordersitz fange ich wie ein Rohrspatz an zu schimpfen, natürlich auf Deutsch. Als ich frage, ob wohl noch mehr Leute kommen, antwortet nicht Niels, sondern meine Vorderfrau: «Kann sein, ist noch nicht klar.» Natürlich auf Deutsch. Ich schäme mich ob meiner Flüche tief in meinen Sitz. Na prima, elf Stunden Schämen. Aber zum Glück wird ja zwischendurch auch mal geschlafen. Lektion 1: Fluche nie in der Fremde, denn man könnte dich verstehen!

km 3775 In Asien

Um sechs Uhr morgens der erste Blick aus müden Augen. Hinter einer Bergkette leuchtet am Horizont rot der Himmel, die Sonne ist noch nicht aufgegangen. Auf der leeren Straße gleitet der Bus geradezu über die weite baumlose Landschaft in den Morgen hinein. Diese Leere ringsum, diese herrliche Leere. Keine Häuser, keine Dörfer, nichts. Endlich haben wir Europa hinter uns gelassen. Als wir zweieinhalb Stunden später in Göreme ankommen, finden wir uns in Lummerland wieder, so phantastisch sehen die Tuffsteinkegel in dem weiten Tal aus. Es wäre nicht seltsam, wenn plötzlich Herr Tur-Tur, der Scheinriese aus «Jim Knopf», hinter einem dieser seltsam phallischen Felsgebilde hervorträte. Bei näherem Hinsehen sind sie alle durchlöchert wie gigantische Sandburgen, in die Kinder zu viele Tunneleingänge gegraben haben. Es sind verlassene Höhlenwohnungen, Eingänge zu versteckten Kirchen und Taubenschläge, in denen Guano für Naturdünger gewonnen wird. Nach fünf Städten in zweieinhalb Wochen beruhigt diese surrealistische Landschaft unsere Sinne augenblicklich.

In Göreme herrscht Postkartenwetter. Strahlend blauer Himmel bei angenehmen 20 Grad. An dem etwas überdimensionierten Busbahnhof lässt sich unschwer erkennen, was hier in der Hochsaison los sein muss. Diverse Reihen Miet-Vespas und einige Fun-Cars stehen jetzt nur noch gelangweilt am Straßenrand. Und in der Tat, dieser Ort hat allerhand zu bieten. Dass sie hier allerdings Teile von *Star Wars* gedreht haben, ist nur ein Bär, den sie den Touristen aufbinden, wie wir später erfahren. Nachdem wir am ersten Tag die spacige Landschaft noch auf eigene Faust erkundet haben, buchen wir für den zweiten eine ausgedehnte Tour zu entlegeneren Schauplätzen Kappadokiens, wie zum Beispiel einer 54 Meter tiefen unterirdischen Stadt und einem Canyon. Samt Tourguide.

Als wir am nächsten Morgen in der in den Fels gehauenen Rezeption noch an unserem Kaffee nippen, während sich der Herbergsvater auf dem Sofa aus seiner Decke wickelt, wissen wir noch nicht, was für ein Vogel uns an diesem Tag durch Kappadokien kutschieren wird. Tourguides sind an sich eine wenig geachtete Spezies. Meist erzählen sie nur das Offensichtliche oder repetieren den Bodensatz des Wissens, der sich auch in besseren Reisehandbüchern findet. Selten trifft man auf einen, der wirklich verblüfft.

Bora Bilen ist so einer. Schon sein Auftritt ist ungewöhnlich: In abgewetzten Trendjeans und mit prägnantem After-Shave erscheint der schlaksige Endzwanziger im Hof des Höhlenzimmerhotels. Kaum sind wir in seinem kleinen Wagen losgefahren, beginnt er zu erzählen – und hört den Rest des Tages nicht mehr auf. Bora, ein staatlich lizenzierter Fremdenführer, der Geschichte studiert hat und das politische Zeitgeschehen regelrecht aufzusaugen scheint, entpuppt sich als origineller, mitunter provokativer Kopf, der einen gewissen kemalistischen Nationalstolz nicht verbergen kann und will. Während er den Wagen durch die leere, trockene Landschaft lenkt, müssen wir uns permanent osmanische Militärmärsche anhören. Die hielten ihn beim Fahren wach, sagt er.

Und während er bei seinem Vortrag mit einigen «touristischen Lügen» aufräumt und stattdessen mit Liebe zum Detail die Geschichte der unterirdischen Städte erläutert, erklärt er uns nebenbei seine Sicht der Welt. Hier sind einige Kostproben:

Vom Irakkrieg hält er nichts: Es sei klar, warum Deutschland, Frankreich und Russland nicht mitgemacht hätten. Alle drei hätten seit langem die UN-Sanktionen gegen Saddam Husseins Regime unterlaufen und – anders als die USA – in den letzten Jahren seiner Herrschaft florierende Wirtschaftsbeziehungen zu Saddam aufgebaut. Die wollten sie sich nicht kaputtmachen, und nur deshalb hätten sie George Bush einen Korb gegeben.

Auch die EU-Beitrittsverhandlungen der Türkei kommen nicht gut weg: Für ihn gebe es keinen Grund, die Türkei nicht aufzunehmen, nur faule Ausreden seitens der Europäer. Doch der Zug sei eigentlich abgefahren. Die Türken seien zu lange, seit den Sechzigern, von den Europäern an der Nase herumgeführt worden. Jetzt lohne sich die EU für die Türkei nicht mehr. «Der europäische Basar ist voll.» Was solle die Türkei dort verkaufen? Die Zukunft sei ein Bündnis mit Russland. Dort könne man noch den russischen Basar mit türkischer Wirtschaftspower aufbauen. «Wir hatten zehn Prozent Wirtschaftswachstum letztes Jahr, mehr als China!», sagt er.

Den Völkermord der Türken an den Armeniern in den Zwanzigern hält er für eine politische Legende: Als das osmanische Reich nach dem Ersten Weltkrieg zerfiel, hätten die Europäer auch das Gebiet der heutigen Türkei unter sich aufteilen wollen, mit Istanbul als internationaler Stadt. Und während Atatürks Armee an vielen Fronten um die Unabhängigkeit der Türkei kämpfte, hätten die griechischen und armenischen Christen in Anatolien die dortige Zivilbevölkerung massakriert. Als die türkische Armee an den Außengrenzen gesiegt hatte, habe sie eben die brutalen Griechen und Armenier aus dem Land geworfen. Er wolle die türkische Politik der Vergangenheit nicht schönreden, aber der Begriff «Genozid» passe hier einfach nicht. Das sei ein

Bürgerkrieg gewesen und kein staatlich geplanter Mord an den Armeniern.

Dann bekommen auch die Türken in Deutschland ihr Fett ab: Die möge in der Türkei keiner. Das seien alles Angeber, die nur kämen, um ihren Mercedes zu zeigen. Im Grunde der unqualifizierteste Teil der türkischen Bevölkerung, der hier niemandem fehle. Und natürlich hat er ein paar leichte Verschwörungstheorien zu anderen heißen Eisen der Weltpolitik parat, aber er trägt sie sehr intelligent vor. Währenddessen erfüllt er auch noch seine Pflicht und führt uns beredt durch das Labyrinth einer christlichen Fluchtburg tief unter der Erde, in der sich die Christen im zentralen Kleinasien vor den islamischen Eroberern vor über tausend Jahren versteckten.

Nach diesem achtstündigen Seh- und mehr noch Hörerlebnis haben wir eine audiovisuelle Magenerweiterung und dösen schließlich übersättigt auf der Rückfahrt auf unseren Sitzen ein. Göreme ist zwar eine Travellerhochburg, wo sich abends in den Restaurants die Backpacker mit ihren beeindruckendsten Reisegeschichten gegenseitig zu überbieten versuchen. Aber es ist auf jeden Fall ein sehr abgefahrenes Fleckchen Erde, das wir hier überhaupt nicht erwartet hätten.

km 4375 Naher Ostblock

Nach einem Tag im Bus stranden wir erst einmal im Niemandsland zwischen der Türkei und Syrien. Der Grenzübertritt kurz zuvor war wie eine symbolische Zäsur. Nachdem wir am türkischen Grenzposten unseren Ausreisestempel bekommen haben, wollen wir weiter zum syrischen laufen. Geht nicht: verboten. So sitzen wir rauchend im Transit auf einem Mäuerchen und warten auf einen Wagen, der uns nach Aleppo mitnehmen könnte. Den letzten direkten Bus von Antakya hatten wir verpasst, dort übernachten wollten wir nicht. Also sind wir auf eigene Faust mit einem Minibus an die Grenze gefahren. Zwei, drei Autos fahren vorbei. Dann, nach einer halben Stunde, hält ein syrisches Taxi. Für 30 Dollar könnten wir mit nach Aleppo. Wir winken ab, das ist uns zu teuer. Der Fahrer geht prompt mit dem Preis herunter: 20 Dollar. Nun stehen drei Syrer um uns herum und versuchen uns klarzumachen, dass das unsere letzte Chance heute Abend ist: «Minibus finished.» Der leere Parkplatz und die wenigen Wagen an der Abfertigung scheinen ihnen recht zu geben. Das war's dann wohl mit unserer Improvisation. Wir steigen ein und passieren mit unserem Visum erstaunlich schnell den syrischen Grenzposten. Nur 50 Kilometer sind es dann noch bis Aleppo, doch es ist, als ob wir in einer anderen Welt ankommen.

Wir dachten, wir seien von Asien schon viel Gewusel gewohnt. Aber der abendliche Aufruhr in der Innenstadt der zweitgrößten Stadt Syriens haut uns doch um. Menschenmassen schieben sich an diesem Freitagabend, der unserem Sonntag entspricht, durch eine enge Fußgängerzone. Körper an Körper, es ist fast kein Durchkommen. Verkäufer schreien, Neonlichter blinken. Männer dominieren das Straßenbild, manche in Kaftanen, einige sogar mit Beduinentüchern auf dem Kopf. Frauen ohne Kopftuch kann man an beiden Händen abzählen. Viele laufen in den traditionellen schwarzen Gewändern herum, bei einigen sieht man nur noch die Augen, manchmal mit sorgfältig gezupften Augenbrauen. Wir fühlen uns als Analphabeten. Nicht nur sind alle Schilder in arabischer Schrift, auch die Zahlen sind in arabischen Ziffern geschrieben. Alles ist anders und irgendwie atemberaubend. Die letzten drei Wochen waren nur eine Aufwärmübung. Willkommen im Nahen Osten.

Eine Schönheit ist das vielgepriesene Aleppo, die Stadt an der Seidenstraße, das Tor der mediterranen Welt nach Asien, allerdings nicht. Bei Tageslicht, und das ist nicht viel an diesem grauen nächsten Tag, sieht man ihm 40 Jahre arabischer Staatswirtschaft ziemlich deutlich an. Die alten Häuser in der Innenstadt sind von einer Rußschicht überzogen. Am Straßenrand weht Müll hin und her. Die Hälfte des Verkehrs sind Taxis. Autos sind so unerschwinglich wie einst im Ostblock: Sogar für einen Lada muss man umgerechnet 20 000 Euro hinblättern, wie wir von einem Taxifahrer hören. Und dumm, dass heute Feiertag ist. Wir haben nur das bisschen Geld, das uns der freundliche Typ vom Hotel gestern Abend geliehen hat. In der einzigen Bank, die wir finden – natürlich eine staatliche syrische Bank –, ist zwar Betrieb, aber Geld wird hier heute nicht gewechselt. Ein Bankmensch schickt uns zu einer Wechselstube am Al-Jabri-Platz, aber wir können sie nicht finden. Nach einer Dreiviertelstunde versuchen wir unser Glück im *Hotel Baron*, einem Bau mit dem Flair vergangener Zeiten. Herr Walid geleitet uns angesichts der Devisen, die wir wechseln wollen, mit einem strahlenden Lächeln zu den Sofas in der Lounge, wo er uns gleich einen Kaffee servieren lässt. Privates Wechseln ist eigentlich verboten – auch das ähnlich wie früher im Ostblock. Immerhin können die Syrer bei ihrer Bank Devisen eintauschen. Herr Walid gibt uns einen günstigen Kurs und will uns auch gleich noch eine Taxifahrt nach Beirut verkaufen. 100 Dollar sind allerdings ein stolzer Preis. Denken Sie darüber nach, sagt er, kommen Sie doch heute Abend in die Bar. Nichts lieber als das, es ist ja die einzig Brauchbare in ganz Aleppo.

Nach drei Stunden in den quirligen Souqs gehen wir erst mal

zurück in den Innenhof unseres Hotels *Al Jawaher*. Denn der einzige öffentliche Raum in dieser Stadt, in dem man einfach mal seine Ruhe haben kann, sind offenbar die Kaffeehäuser. Und in denen gilt für Frauen: «Wir müssen draußen bleiben.» Das muss ja nicht sein. Im Hotel überrascht die *Syria Times* mit einer harten Geschichte: Eine ganze Seite widmet das Blatt einer unglaublichen Hetztirade gegen Israel. Da wird tatsächlich das angebliche «Protokoll der Weisen von Zion» als quasi wissenschaftlicher Beleg für die Weltherrschaftspläne der Juden zitiert. Dabei ist seit hundert Jahren bekannt, dass dies eine Fälschung war, die Antisemiten den Juden in die Schuhe schoben, um ihre Politik zu rechtfertigen. In Syrien ist das offenbar nie angekommen.

Im Land der dicken Taube. Ich bin keine Frauenrechtlerin, aber was ich hier sehe, geht mir eindeutig zu weit. Mein anfängliches Staunen über die strikte Befolgung der Verhüllung weicht einer immer stärker werdenden stillen Aggression – eine Provokation würde hier sowieso keiner verstehen. Obwohl ich meinen Kopf mit einem Nickituch bedeckt halte – wie zu Hause im Sommer, was hier ganz nebenbei auch dem Respekt gegenüber der anderen Kultur dienen kann –, werde ich behandelt wie Luft. Mal wird mir mit direktem Blickkontakt eine Glastür in die Rippen gestoßen, und auf dem Bürgersteig bekomme ich nicht nur einmal die Ellenbogen von den gerade mal schulterhohen Arabern in den Busen gerammt. Mit Berührung scheinen sie hier keine Probleme zu haben. Einige geifern mich unverhohlen an, denn meine Kinnpartie samt Nase ist zu sehen. Sogar begrabbelt werde ich hinterrücks im Basar, mir schwillt der Kamm!

Wie geht man hier bloß mit Frauen um? Schon die auf europäischem Boden weitverbreitete These «Die Frau gehört an den Herd» finde ich inakzeptabel. Aber hier wird erwartet, dass Frau sich mit trostlosem Schwarz verschleiert, wenn sie das Haus verlässt, manchmal sogar komplett wie HUI BUH, das Schlossgespenst, sodass man nicht mehr weiß, ob sie gerade mit dem Rücken oder dem Gesicht zu einem steht. Eine trägt allen Ernstes eine Brille über dem komplett verschleierten Gesicht. Bei einer Teilglatze, einer Gesichtsrose oder ähnlich Störendem kann diese Maskerade vielleicht von Vorteil sein, aber wenn eine Gesellschaft es Frauen vorschreibt, sich zu verschleiern, empfinde ich das als einen massiven Eingriff in die freie Entfaltung ihrer Persönlichkeit.

Was soll das? Nur damit außerhalb der eigenen vier Wände kein anderer Mann sie zu Gesicht bekommen soll? Um dadurch die soziale Ordnung zu befrieden, weil Männer ihr Geschlechtsteil nicht im Griff haben? Ja, laufen denn bei uns ständig alle mit einer Dauererektion herum? Und warum muss diese Unfähigkeit dann auf dem Rücken oder besser gesagt dem Kopf der Frau ausgetragen werden? Es ist schon erstaunlich, dass es Männer gibt, die von ihren Frauen das strikte Befolgen des Vermummungsgebotes verlangen, sich aber an den blonden Bikinischönheiten aufgeilen, die in der TV-Dauerberieselung der Restaurants in Musik-Clips zu sehen sind – auch in Aleppo. Was für eine beschissene Doppelmoral.

Mittlerweile kann sich keiner mehr vorstellen, dass es auch bei uns mal so steinzeitlich abging, getrennt nach Herd und Handwerk. Die Schweizer Frauen bekamen erst 1971 das Wahlrecht. Aber dann ging mit dem Feminismus ein Raunen durch die Gesellschaft, die Grenzen fielen. Es kam und kommt sogar immer noch zu Irritationen. Man denke nur an die Verunsicherung einiger männlicher Artgenossen, Macho oder Softie, Frauenversteher oder eiserner Held.

REHA med

Reha med Gesundheitspark GmbH
Am Gäxwald 1, 76863 Herxheim
Telefon 07276 / 929200

Quittung - Nr. 21180

über EUR 15.82

für Alexander Hahn

Eigenanteil zur Verordnung von
Dres. Rolf Heilmann / Jentsch
vom 20.04.2010

Betrag dankend erhalten am 04.05.2010

Reha Med
Gesundheitspark GmbH
Am Gäxwald 1
Fax 0 – 76 / 9 29 20 20

Vielleicht will man es hier ja gar nicht erst so weit kommen lassen, weil man am Westen gesehen hat, wohin das führt. Vielleicht sind aber auch die modernen Frauen hier so clever, sich an die gegebene Reihenfolge zu halten. Sie verschwenden ihre Energie nicht damit, sich gegen Tradition, Religion und Staat aufzulehnen, das würde eine Menge Kraft kosten. Nein, sie fügen sich dem Gesetz der Tradition und nutzen ihre Möglichkeiten, studieren, werden Anwältinnen oder Geschäftsfrauen. Und wer weiß, vielleicht reißen sie sich beizeiten auch irgendwann die Burka runter, wenn es so weit ist – Revolution unterm Schleier! Ich allerdings bin heilfroh, dass meine Seele in die westliche Kultur hineingeboren wurde.

Das Angebot von Herrn Walid ist uns dann doch zu teuer. Stattdessen improvisieren wir unsere nächste Etappe nach Beirut. Mit dem Bus fahren wir frühmorgens nach Homs und von dort, nach einigem Gefeilsche, mit einem Taxi zum Krak des Chevaliers. Hoch oben auf einer Hügelkette thront die alte Kreuzritterburg. 800 Jahre haben die meterdicken Mauern nicht zerbröseln lassen. Gebaut für eine Ewigkeit, die für die größtenteils unzivilisierte, brandschatzende Horde der Kreuzfahrer nicht einmal 200 Jahre dauerte. Die Ausmaße der Hallen in der Burgruine sind gewaltig. Der Stall gleicht einem Autobahntunnel, so hoch und weit reicht das Gewölbe. Die Quartiere der Ritter und Knechte sind von etlichen bulligen Pfeilern durchsetzt, die in gotischen Spitzkuppeln enden. Der Rittersaal ist der einzige, in dem noch Verzierungen zu erkennen sind. Sonst wirkt alles grob und ungeschlacht. Unheimlich wie die Hallen von Moria im *Herrn der Ringe*. Selbst die Feuerstelle in der Küche ist so groß, als hätten hier Riesen in drei Meter großen Töpfen gekocht. Der ganze Bau strahlt die freudlose Verblendung einer düsteren Epoche aus.

Zurück in Homs lassen wir uns am Minibus-Terminal absetzen. «Beirut, Beirut» schallt es uns schon entgegen, gefolgt von verschiedenen Preisen. Dieselminibusse sind teurer als Benziner, lernen wir. Eingekeilt auf der hintersten Bank ergeben wir uns in unser Schicksal – fünf Stunden Fahrt liegen vor uns.

km 4775 Tarantino mit Hommus

Was ist denn hier los? Abends auf der Autobahn von Tripoli im Nordlibanon nach Beirut kommen wir aus dem Staunen nicht mehr raus: Casinos, nagelneue Hotels, Drive-ins, ein Bombardement von Leuchtreklamen und Werbetafeln am Straßenrand ... kaum zu glauben, dass wir noch kurz vor Tripoli an erbärmlichen Siedlungen aus Plastikplanenhütten vorbeigefahren sind. Wir kommen uns vor, als ob wir auf Las Vegas zufahren. Nur die coole arabische Musik, bei der unsere Minibusgenossen mitgehen, erinnert uns daran, dass wir in einer ganz anderen Weltgegend sind.

Vom Busbahnhof nehmen wir ein Taxi in den Stadtteil Ain al-Mriesse. Das *Regis Hotel*, in dem wir dort absteigen, könnte direkt aus einem Tarantino-Film stammen. Ein heruntergekommener 60er-Jahre-Betonbau, der irgendwie den Bürgerkrieg überlebt hat. In der Lobby rauchen drei arabische Slacker Anfang zwanzig eine Wasserpfeife. Tatsächlich sind sie es, die den Laden schmeißen.

Das Zimmer im vierten Stock, das uns der «Hotelmanager» gibt, ist angeschmuddelt, das Bad verkalkt, im Abfluss der Badewanne liegt noch eine ganze Perücke. Aber bei 20 Euro pro

Nacht und dieser Terrasse mit Blick aufs Meer will man sich nicht beklagen, nicht in einer Stadt, in der sich alles nur ums Geld-Verdienen und Wieder-Ausgeben dreht.

Die Handtücher fehlen. Also nochmal nach unten gefahren, um den sympathischen Hotelmanager um zwei zu bitten. Er ruft in einen Raum neben dem Foyer hinein. Ein gelangweilter Scherge kommt raus. Anweisungen auf Arabisch folgen. Der Scherge bringt zwei Handtücher. Von einem Grau, das nicht etwa vom Hersteller so gedacht war, sondern das nach hunderttausend Waschgängen übrigbleibt. Zurück mit dem Schergen im Fahrstuhl nach oben. Was soll das, die Handtücher sind ja nicht so schwer. Dann steht er bei uns im Zimmer und murmelt «Bakschisch». Na klar. Dafür nicht, mein Lieber. Er zieht genervt ab.

Nach diesem Tag in Taxen und Minibussen muss dringend etwas zu trinken her. Am Ende der Rue 61 findet sich ein Laden, der auch Bier, Saft und Wein verkauft. Hinter der Kasse residiert ein Unikum, Typ verfetteter Senator aus dem alten Rom, der mit seinen Kunden und Angestellten im fliegenden Wechsel arabisch, englisch und französisch spricht. Zurück auf unserem Zimmer suchen wir nach Gläsern für den Saft. Natürlich gibt es in diesem Schuppen nicht einmal Zahnputzbecher. Also wieder runter. Zwei Gläser? Anweisungen auf Arabisch folgen. Der Scherge steht augenrollend auf, während der Manager und ein dritter Slacker genüsslich weiter an der Wasserpfeife ziehen. Bevor er auf die Idee kommt, mit den Gläsern wieder mit nach oben zu fahren, bekommt der Scherge ein Trinkgeld in die Hand gedrückt. Er sieht aus, als ob man ihn besser zum Freund haben sollte. Denn unser Gepäck wollen wir schon auf dem Zimmer lassen, wenn wir in die Stadt gehen.

Auf der Suche nach etwas Essbarem ziehen wir noch um

zehn los, nach Hamra, ins nahe Geschäftsviertel. Aber am Sonntagabend ist die Stadt schon nach Hause gegangen. So lassen wir uns an einem Tischchen beim Imbiss *Roi des frites* nieder, wo die letzten Versprengten auf dem Bürgersteig ein Nachtmahl zu sich nehmen. Es ist lau wie im Sommer, das Essen erstaunlich gut: Hommus, Chicken Shawarma mit Zimt gewürzt, ein libanesischer Salat. Als wir einen der Frittenkönige fragen, was für eine Paste er da auf dem riesigen Crêpe-Ofen auf den Brotfladen schmiert, bekommen wir kurzerhand solch ein «Sate» geschenkt. Die Paste besteht aus Öl, Sesam und jeder Menge Gewürzen. Lecker, aber so intensiv, als würde man in eine Zeder beißen. Eigentlich sind wir schon pappsatt, aber tapfer essen wir das Geschenk auf.

Die Araber, wie wir sie in den letzten drei Tagen kennengelernt haben, sind – sieht man einmal von ihrem Umgang mit reisenden Frauen ab – unglaublich gastfreundlich und entsprechen gar nicht den finsteren Zeitgenossen, die bei uns in den Medien auftauchen. Keine verschlossenen Gesichter, immer ein Lächeln parat, manchmal gar eine kleine Aufmerksamkeit. Das fing schon im Taxi nach Aleppo an, als einer der jungen Mitfahrenden uns ein Fläschchen Mangosaft aus dem Tankstellenstop schenkte, an dem wir kurz hielten. Der in Asien eingeschliffene Traveller-Argwohn vermutete gleich Hintergedanken. Aber es kam keine Aufforderung zu einem Deal hinterher. Und dann der Alte am Saftstand in Aleppo, bei dem wir jeden Morgen frischgepressten Mandarinensaft getrunken haben. Als wir mit Hilfe unseres Sprachbüchleins «Der Saft ist sehr gut» auf Arabisch radebrechten, schob er uns mit breitem Grinsen einen Teller mit geschnittenen Apfelstückchen zu. Herr Walid im *Hotel Baron* bestand gar darauf, dass wir unser Bier und unseren Arak nicht bezahlen. Er habe uns ja schließlich am Morgen eingeladen, sagte er lächelnd. Und das, obwohl er mit uns nicht ins Geschäft gekommen war. In der Türkei sind die Leute im Vergleich wesentlich distanzierter gewesen.

Als wir am nächsten Morgen aus dem Fenster schauen, sehen wir zum ersten Mal diese verrückte Stadt bei Tageslicht. Die Häuser ringsum sind angegammelt oder verfallen, Fenster starren wie leere Augenhöhlen aus den Fassaden. In einem Hochhaus klaffen noch riesige Löcher, die Granaten hineingerissen haben. Dazwischen liegen immer wieder Brachflächen, auf denen zumindest der Schutt weggekehrt worden ist. Aber schon ragen die ersten Bankentürme in den Himmel. Zwei Straßen weiter hat das Radisson Hotel aufgemacht. Wohin wir auch schauen, überall recken sich Baukräne, gähnen gigantische Baugruben. An der palmengesäumten Uferpromenade entsteht gerade das Hilton Beirut.

«Opening soon», das Motto der Stadt, schlägt uns auf Bauzäunen, zugeklebten Schaufenstern und Werbewänden permanent entgegen. Beirut, das ist eine Mischung aus Cannes, LA und dem Berlin-Mitte der frühen Neunziger. Die Stadt schickt sich an, wieder die Handelsmetropole des Mittelmeeres im Nahen Osten zu werden, die sie vor dem Bürgerkrieg einmal war. Beirut means business. Was sonst, wenn man kein Öl, keine Rohstoffe hat und auch nichts Nennenswertes für den Weltmarkt produziert?

Da passt es exakt, dass unser junger Hotelmanager – mit Polohemd, verwaschenen Jeans und Baseballkappe ein echter «Clerk» – sagt, unter den arabischen Städten finde er neben Beirut nur Dubai gut, diese Hyperstadt am Persischen Golf. Bis er sich das leisten kann, muss aber noch einiges passieren. Er und seine beiden Kumpane verbringen offenbar jeden Tag 24 Stunden im Foyer. Morgens pennen sie noch auf dem Sofa, als wir herunterkommen. Ein paar abreisende Gäste drücken ihr Geld ab, und dann geht es nicht etwa ans Putzen, sondern vor den Fernseher im Foyer. Der hat das Satelliten-TV, das sie uns auf unserem Zimmer vorenthalten. Um zwei wird der Scherge Falafel holen geschickt, dann essen die drei. Spätestens um sechs wird die Wasserpfeife vor dem Sofa aufgebaut, in die mit Sicherheit nicht nur Tabak kommt. Den Fernseher verlieren sie dabei nicht aus dem Blick. Um zwölf oder eins nachts sind die Slacker nur noch imstande, uns mit glasigem Blick ein freundliches «Goodnight» zu wünschen. Was für ein Leben.

In Beirut wird uns zum ersten Mal klar, dass wir schon ein gutes Stück unserer Strecke zurückgelegt haben. «Beirut», das hatte in den Achtzigern den gleichen Klang wie heute «Irak» – das pure Chaos eines Bürgerkriegs. Dabei ist es nur am Mittelmeer. Aber die gefühlte Entfernung nach Beirut ist immer noch größer als etwa die nach New York.

Eine Vergangenheitsbewältigung der besonderen Art finden wir abends in der Rue Monot: «1975». Das Jahr, als der Krieg begann – und die Bar, in der der Krieg weggetrunken wird. Auf Sandsäcken in Nato-Oliv gelümmelt, trinken Beiruter Hipster Cocktails oder ziehen an der Wasserpfeife. An der Decke hängt ein Tarnnetz, der helle Putz über den Sandsäcken ist zerschossen. Darüber ist ein arabisches Graffito gesprüht. Der smarte Barmann bedient in Felduniform mit Käppi auf dem kurzgeschorenen Kopf. Sein Kinnbart lässt ihn wie eine drahtige junge Ausgabe von Fidel Castro erscheinen. Ein dicker, offensichtlich wichtiger Typ tritt in den Sandsack-Kral. Drei Frauen springen sofort auf und begrüßen ihn mit Küsschen. Der Kerl lässt sich neben der Hübschesten nieder. Die beiden stoßen an, und dann fängt er langsam an, sie zu befummeln. Immer ein bisschen mehr. Streichelt ihren Bauchnabel, der zwischen den engen Jeans und ihrem miederartigen Oberteil hervorlugt. Sie hält ihn auf Distanz, wehrt sich aber auch nicht. Gegenüber spielen zwei Typen, der eine mit Trendglatze, Backgammon. Die Musik ist eine Mischung aus arabischem Pop und einer Art Ambient Funk. Der Wichtige geht jetzt in die Offensive und versucht, die Schöne zu knutschen. Sie weist ihn vorsichtig ab und linst dabei aus den Augenwinkeln zu uns herüber. Was sollen die bloß denken? Der Dicke ist so was von geil, doch das Ende verpassen wir leider, weil wir dann gehen.

Morgens in Beirut. Auf drei Spuren braust der Morgenverkehr aus der Corniche zwischen zerschossenen Häusern durch die Rue 61 in Richtung Downtown. Autos wechseln hupend die Spur, um schneller durchs Niemandsland zu kommen. Aus dem mit Brettern verschlagenen Erdgeschoss eines abbruchreifen Hotels quillt der Geruch von Scheiße. In einem Müllhaufen daneben ein Rascheln. Süßlicher Dunst steigt auf. Ich wechsle die Straßenseite, passiere den Strom der Fahrzeuge wie einen reißenden Fluss, steuere auf ein kleines rotverputztes Haus zu. Das einzige, das nicht vergammelt ist. Ich betrete die *Cafeteria Nesreen Altorous* im Erdgeschoss. Ein kleiner schmuddeliger Laden, der Kaffee, Zeitungen, Getränke und Unmengen von Chipstüten verkauft. Zwei Männer sitzen im Halbdunkel vor einer leeren Kühltruhe und rauchen schweigend. Der eine starrt auf den Verkehr draußen, der andere gedankenverloren auf die Coladosen im Kühlschrank. Ich bestelle einen Kaffee. Der Mann hinter der alten italienischen Espressomaschine zieht daraufhin an einem langen Hebel. Es ist fast körperliche Arbeit. Dann reicht er mir einen kleinen braunen Plastikbecher. Der Kaffee schmeckt phantastisch. Alle zwei, drei Minuten fährt ein Wagen vor. Es geht um den Kaffee. Ein Junge in einem orangenen Kittel nimmt die Bestellung durchs Beifahrerfenster auf, eilt nach innen und reicht Augenblicke später einen Becher, eine Zeitung herein. Ganz Beirut scheint an dem kleinen roten Bau die morgendliche Dosis Koffein abzuholen: ein Geschäftsmann im dicken BMW, der drinnen stehend ein Stück Kuchen hinunterschlingt, ein Arbeiter im verschmierten Overall kauft Zigaretten. Zerbeulte Taxen machen kurz Pause, bevor sie sich ins Tagesgeschäft stürzen. Auf dem Bürgersteig diskutieren zwei Männer am Kaffee nippend und beobachten dabei den Verkehr. Ein Wagen hält, ein Gruß, einige Worte durchs geöffnete Fenster, und weg ist er wieder. Ich bestelle noch einen Saft, und der Junge im orangenen Kittel beginnt, hinter der leeren Kühltruhe Apfelsinen auszupressen. Die beiden Männer davor sprechen noch immer kein Wort miteinander.

Für Islamisten muss das innere Beirut das reinste Sündenbabel sein. Durch die Straßen rollen Luxuskarren und SUVs. Geld, Party, Alkohol, Frauen, die keinen Fetzen Stoff zu viel tragen, all das ist auch Beirut. Junge Araber aus anderen Ländern scheint es anzuziehen. Im Nebenzimmer logiert ein sehr freundliches Paar aus Damaskus. Auf der Terrasse frühstückend, bieten sie uns Fladenbrot und Streichkäse-Ecken an. Er klopft ein hartgekochtes Ei auf, sie, aufgedonnert bis zum Abwinken, schaut zu. In Damaskus wird sie wohl kaum so rumlaufen. Es scheint, als würden die beiden hier ihre kurzen Flitterwochen verbringen. Drei Tage im teuren Beirut, mehr kann sich ein syrischer Normalverdiener kaum leisten.

Noch ist der libanesische Traum fragil. Vor McDonald's an der Corniche, der Uferpromenade, schieben Soldaten Wache. Einer ruht sich auf den Knien der lebensgroßen Ronald-McDonald-Figur aus, die auf einer Bank sitzt. Auch sonst sieht man viel Militär, im neuaufgebauten Zentrum, über dessen Retroarchitektur ein Hauch von «Truman Show» liegt, oder im geschäftigen Hamra. Doch die Energie und Gelassenheit der Beirutis machten uns optimistisch: In zehn Jahren wird Beirut «die» Stadt im Nahen Osten sein.

km 4925 Hopper in Syrien

Es ist schwer genug, in syrischen Städten eine Bar zu finden, in der man sich beim Bier entspannen und alles sacken lassen kann. Am Märtyrerplatz in Damaskus gibt es immerhin die Karnak-Bar. Das von grellen Neonröhren erleuchtete Ambiente hat wahren Ostblockcharme. Hier sitzen die anonymen Alkoholiker der Stadt. An einzelnen Tischen schauen ernste, schweigsame Männer rauchend auf den Märtyrerplatz und nehmen einen Schluck aus dem Whiskyglas. Mindestens drei haben einen gläsernen Flachmann auf dem Tisch stehen. Vor anderen reihen sich leere Bierflaschen, während sie geistesabwesend ihr Brot ins Hommus tunken. Der Kellner ist gelangweilt. Es ist die Damaszener Variante von Edward Hoppers berühmtem Bild *Nighthawks*.

Man kann den Männern ihre Melancholie nicht verübeln. Damaskus ist eine Stadt im Übergang, in der eine grandiose Vergangenheit von freudlosen Neubauten überlagert wird. An der berühmten Altstadt vorbei zieht sich eine befahrene Stadtautobahn dahin. Vor einem der alten Stadttore werden Mandeln und Pistazien angeboten, billige Kleider und Haushaltswaren verkauft. Der Basar setzt sich in den Mauern nahtlos fort.

Schafsköpfe hängen an Fleischerhaken, Gewürzkörbe sind zu farbenprächtigen Auslagen angeordnet, Tuchhändler preisen ihre Stoffe an. Wir lassen sie links liegen, denn wir wollen das spirituelle Zentrum von Damaskus entdecken.

Ein Hort der Kontemplation. Ich bin noch nie zuvor in einer Moschee gewesen. Meine erste ist die Omayyaden-Moschee in Damaskus, die viertheiligste Stätte des Islam nach Mekka, Medina und dem Felsendom in Jerusalem. Im Innern ist alles mit dicken Teppichen ausgelegt. Schwere Kronleuchter hängen von der Decke. Einige Besucher beten, andere halten ein Nickerchen oder diskutieren leise. Es ist ein Hort der Ruhe und Kontemplation in der brodelnden Unruhe einer arabischen Großstadt, aber viel ungezwungener als in einer Kirche und nicht so feierlich wie in einem buddhistischen Tempel. Die Moschee ist der öffentliche Raum der Stadt, den ich in Aleppo und Damaskus bisher vermisst habe. Keiner schaut einen komisch an, wenn man als offensichtlicher Nichtmoslem herkommt. Man kann das nicht laut genug sagen in dieser vergifteten Zeit, in der der Islam unter Generalverdacht steht.

Dorothees Zorn auf die Missachtung der Frau in diesem Teil der Welt ist allerdings völlig gerechtfertigt. Die setzt sich auch hier fort: Sie hat sich vor Betreten der Moschee eine unförmige, graue Kutte überziehen müssen. Ich will nichts schönreden: Der Islam hat nicht nur ein Problem mit Frauen, sondern auch noch ein elitäres Selbstbild. In Istanbul habe ich mir den Koran auf Deutsch als Reclam-Ausgabe gekauft. Wann, wenn nicht jetzt, einen Blick in das «Buch der Bücher», wie es die Araber sehen, hineinwerfen? In der Einführung lese ich: Weil der Islam nicht von Philosophen und Schriftgelehrten erdacht wurde, sondern als Gottes unmittelbares Wort gilt, ist er nur in der arabischen Originalfassung «der» Koran, sagen die islamischen Theologen. Unübersetzbar. Gott hat also zur Menschheit arabisch gesprochen. Alle Übersetzungen sind nur Annäherungen, und historische Textkritik ist nicht nur überflüssig, sondern auch sinnlos. Als rationaler Westler, erst recht als ehemaliger Angehöriger einer fragwürdigen Kirche, die ebenfalls ein Weltdeutungsmonopol für sich beansprucht, kann ich diese Ansicht nicht akzeptieren, muss sie als absurd zurückweisen.

Sei's drum: Die Omayyaden-Moschee zumindest gefällt mir. Der Islam kann auch sehr tolerant sein, sehe ich. Die Militanten sind nicht die ganze Wahrheit. Es ist übrigens bemerkenswert, dass der islamische Elitismus das Osmanische Reich nicht daran hinderte, jahrhundertelang echte religiöse Toleranz zu zeigen. Beispielsweise zu einer Zeit, als 1572 in Frankreich in der Bartholomäus-Nacht Protestanten (Hugenotten) abgeschlachtet wurden. Der Islam ist widersprüchlich und daher wie das ganze Leben mit einem einfachen Schwarzweißraster nicht zu ergründen.

Abends lassen wir uns in einem Traumschiff von Restaurant nieder. Rosa Tischdeckchen im vorderen Teil des Glaspavillons, der restliche Bereich in feinem Leinen mit Blümchendekor auf jedem Tisch. Dezente Piano-Konservenmusik rieselt aus den Lautsprechern. Kapitänsdinner auf der MS Damaskus. Der Maître de nimmt die Bestellung auf, und sofort hüpft eins von zehn befrackten Helferlein herbei und beglückt uns mit den Vorspeisen. Frische Radieschen, Minze, Karotten und Oliven. Bis auf unseren Nachbartisch ist der Laden menschenleer.

Die Belegschaft steht vor dem obligatorischen Deckenfernseher und verfolgt gespannt einen Bericht über Arafats Aggregatzustand. Leichter, duftiger Safranreis, elegant gewürzt mit Kardamom, Rosinen und Mandeln, wird gereicht, dazu ein Huhn, das bei der ersten Berührung mit der Gabel vom Knochen fällt. Auf dem anderen Teller gebratene Lammkoteletts, die Maßstäbe setzen, Möhrchen, Bohnen und Schmorkartöffelchen, die ihresgleichen suchen. Währenddessen immerzu Richard Clayderman, jetzt eine Variation von Bryan Adams «Everything I do». Zum Abschluss gibt es eine dezent mit Rosenwasser abgerundete Pudding-Nachspeise unter einer Pistazien-Nusshaube, dazu arabischen Kaffee mit Kardamom. Opulente Obstteller kreisen. Das alles bekommt man, wenn man in Damaskus einmal stolze acht Euro auf den Kopf haut. Der Maître de, der sein Gesicht nur ein einziges Mal zu einem Niesen verzogen hat, wünscht uns eine gute Nacht. Wir gehen von Bord des Restaurants *Al Kamal*, hinaus in die Fluten der syrischen Großstadt.

Eigentlich hatten wir drei Nächte in Damaskus bleiben wollen, nachdem uns einige Freunde vorgeschwärmt hatten, wie faszinierend es sei. Aber in dieser tristen Großstadt mit ihren gesichtslosen Neubauten und der Stadtautobahn direkt vor der Altstadt hält es uns nicht so lange. Ab nach Jordanien. Weil täglich nur zwei Busse von Damaskus dorthin fahren, aber keiner mittags, wollen wir ein Service-Taxi nehmen. Das sind Langstreckentaxis mit vier bis fünf Passagieren, die nicht viel teurer als ein Bus sind.

Am Baramke Bus Terminal kommt es beinahe zu einer Schlägerei wegen uns. Zehn, elf Taxen warten hier auf Kundschaft. Als wir das Tor passieren, werden wir sofort von einem Haufen Männer umringt, die uns ihren Fahrpreis auf Arabisch entgegenschreien. Als wir uns für einen entschieden haben, kommt ein anderer auf uns zu und erklärt, er sei «No. 1» in der Warteschlange. Der Typ sieht ganz vernünftig aus. Also geben wir ihm vorübergehend unsere Pässe für die in Syrien an jedem Busbahnhof obligatorische Polizeiregistrierung und packen unsere Rucksäcke in seinen Kofferraum. Drei Minuten später wüstes Geschrei. Unser Taxifahrer und der, zu dem wir zuerst wollten, fassen sich am Kragen, umringt von den anderen. Irgendeiner kommt und sagt «change taxi». Wie jetzt? Nach kurzem Zögern holen wir wieder unser Gepäck aus dem Kofferraum. Also gut, fahren wir eben mit dem anderen. Dann rollen wir durch das Tor aus dem Terminal hinaus. Nach fünf Minuten hält unser neuer Fahrer mitten auf einer dreispurigen Ausfallstraße, natürlich auf der mittleren Spur. Eine Hand am Handy, rennt er zum Kofferraum. Er reißt die Tür auf und ruft «change taxi». Hinter unserem Wagen hat ein anderes Taxi mit einem jüngeren Fahrer gehalten, in das wir mit unserer französischen Mitreisenden ein wenig ratlos umsteigen, während der Verkehr an uns vorbeifegt. Eine Stunde später halten wir erneut, diesmal am Rande der Autobahn. Ein älterer Mann wartet. Der Junge steigt aus, der Ältere übernimmt nun das Steuer. Wir quittieren es nur noch mit Achselzucken. Zweieinhalb Stunden später sind wir wohlbehalten in Amman.

km 5165 Auf dem Wüstenplaneten

Gegen Amman sind Damaskus und Aleppo wahre Perlen. Was für eine Farce von einer Stadt: Man stelle sich zehn Hügel mit engen Tälern in einer Steinwüste vor, und dann lässt der liebe Gott Häuser vom Himmel regnen. Plötzlich sind die Hügel und Täler völlig planlos mit Häusern bedeckt, ein Zentrum ist nicht zu erkennen. Also zeigt der Allmächtige mit dem Finger auf irgendein Tal und sagt: «Downtown.» So muss Amman entstanden sein. Hässlich, dreckig, stickig, unüberschaubar, seelenlos, diese Attribute genügen nicht, um diese Stadt zu beschreiben. Unser Entschluss ist sofort klar: Hier bleiben wir nicht länger als eine Nacht.

Aber nicht ohne eine weitere Farce namens «Irish Pub» am anderen Ende der Stadt besucht zu haben. Eigentlich wollten wir ein Exilanten-Guinness zur Entschädigung für unser Hotel hinunterstürzen. Laut *Lonely Planet* soll es vor vier Jahren noch «spotlessly clean» gewesen sein. Heute ist es ein Loch. Und der Irish Pub? Der wird von einem lispelnden Jordanier geführt, der übelsten Kindertechno laufen lässt. Der einzige Gast außer uns ist ein durchgeknallter Amerikaner um die 30, der in Jidda in Saudi-Arabien als Lehrer arbeitet und nur Kiffen im Kopf hat. Er erzählt von dem tollen Leben, das Ausländern in Saudi-Arabien erlaubt ist – eigentlich ist alles, was Spaß macht, außerhalb der Wohnanlage verboten. Als wir im Gespräch irgendwann bei Kuba und Che Guevara landen, schaut er uns verständnislos an. «Who?» Wir wiederholen den Namen Che Guevara viermal, buchstabieren ihn, «Castro's mate, you know?», aber er schüttelt nur den Kopf. Den kennt er nicht. Dabei arbeitet er in Jidda als Geschichtslehrer. Innerhalb einer Stunde knallt er sich sieben Whisky-Cola rein, dann verabschiedet er sich: «I'll go for dancing in the disco.»

Als ganz bizarre Nummer entpuppt sich auch der Ramadan, der seit Istanbul gilt. Bei dem Fastenmonat scheint es sich eher um einen Monat gutgetarnter Völlerei zu handeln, wie uns zwei deutsche Studentinnen erzählen, die zurzeit in Amman jobben. Wenn der Muezzin morgens um vier «Allah ist groß» von seinem Minarett ruft, haben sich schon viele Gläubige mit einer vollständigen Mahlzeit den Wanst vollgeschlagen, die bis zum nächsten Abend anhalten muss. Dann legen sie sich für vier Stunden aufs Ohr, um gegen zehn Uhr bei ihrer Arbeitsstelle anzutreten. Ermattet ob der dürftigen Nachtruhe verlassen sie diese wieder gegen zwei Uhr mittags, um wenigstens bis zum Sonnenuntergang noch etwas Schlaf zu bekommen. Ein Ladenbesitzer hat es in dieser Hinsicht deutlich schwerer, denn er muss ohne Nickerchen durchhalten. «Allah ist mächtig», ruft der Muezzin zum Abendgebet. Die Glaubensgemeinde kniet nieder und bekennt erneut, diesmal mit wässrigem Mund wegen des bevorstehenden Iftars, des allabendlichen Fastenbrechens. Schon um halb sechs abends sind alle Restaurants zum Bersten voll, wie wir in einem Restaurant in Downtown selbst erleben können. Dort bekommen wir ein vorzügliches Mensaf, eine Spezialität der Beduinen aus Lamm, Reis und Joghurtsauce. Draußen hingegen ist jegliches Leben auf den Straßen erloschen, die Läden sind geschlossen. Denn jetzt beginnt der Höhepunkt des Tages: Feuer frei fürs Hochleistungsessen. Bis zu acht Gänge werden innerhalb kürzester Zeit bewältigt, betuchtere Familien verlegen dieses Ritual in ihre eigenen vier Wände. Auf kulinarische Genüsse wird während des Ramadans offenbar nicht verzichtet, nein, sie werden kurzerhand auf die Nacht verschoben. Es wird gegessen, was das Zeug hält, Süßigkeiten, die es nur im Monat des Verzichts gibt, spezielle Menüs, die magenschonend beginnen, um dann umso opulenter zu enden. Und damit die Kurzweil nicht zu kurz kommt, ist der Filmfilm von Viertel vor acht in diesem Monat auf kurz vor Mitternacht verschoben worden, dann sollte man mit dem Essen fürs Erste durch sein. Man hält sich und die Kinder wach, spielt Karten und was sonst noch so möglich ist, um sich die Zeit zu vertreiben. Bis dann um vier Uhr früh der Muezzin wieder zum Gebet ruft und man sich den Magen für die kommenden zwölf Stunden vor dem Zubettgehen nochmal ordentlich stopft. Nach der kurzen Nachtruhe geht's dann wieder zur Arbeit, und es beginnt ein neuer Tag der Askese. Das ist Ramadan. Wir hatten dabei ganz arglos an Verzicht und Mäßigung gedacht. Aber jetzt naht endlich «Eid al Fitr», das Fasten ist vorbei, und es wird gefeiert wie bei uns zu Weihnachten. Dann werden wir endlich nicht mehr scheel von der Seite angeguckt, wenn wir in der Öffentlichkeit mal einen unerhört unmäßigen Schluck Wasser trinken.

Deutlich entspannter geht es in Wadi Musa südlich von Amman zu. Kein Wunder, denn in dem Dorf wimmelt es nur so von Touristen, die die Ruinen von Petra sehen wollen. Dort schufen die Nabbatäer jene berühmte, in den Fels gehauene Stadt, in der 2000 Jahre später auf der Leinwand Indiana Jones mit Bösewichten boxte. In unserem Guesthouse läuft das Video jeden Abend. Dass in Petra einmal 30 000 Menschen lebten, kann man heute nur noch erahnen. So gut erhalten wie das Schatzhaus im Film sind die meisten der gewaltigen Steinportale nicht, Sonne und Wind haben sie abgeschliffen, spätere Eroberer viele Häuser geschleift.

Von Wadi Musa brechen wir zu einem Wüstentrip in den Süden Jordaniens auf. Auf der Autobahn zwischen Ma'an und Aqaba biegt unser Tourguide Rehbi mit dem Jeep kurzerhand Richtung Osten ab. Fährt einmal über den Mittelstreifen, kein Gegenverkehr in Sicht, und zack! geht es in die arabische Wüste hinein. Zehn Minuten später befinden wir uns auf dem «Wüstenplaneten»: Gigantische schroffe Felsmassive ragen abrupt wie Inseln aus der endlosen Weite auf, mal schwarz, mal braun, mal sandfarben. Ab und zu erheben sich Sanddünen aus der Geröllebene. Der Himmel ist leer und klar, und obwohl die Sonne brennt, schwitzen wir nicht, so trocken ist die Luft.

Es ist, als ob wir in die Polarebene von Frank Herberts Science-Fiction-Welt geschleudert worden sind, kurz vor dem Schildwall, jenem Ringgebirge, hinter dem die Gluthölle des Wüstenplaneten beginnt und Sandwürmer die Dünen durchpflügen. Von nahem entpuppen sich die Felsen als grotesk erstarrte Sandgebilde, versteinerte Tropfen, die wie Wachs irgendwann an den Hängen heruntergelaufen sein müssen. Die Wüste ist wie ein Vollwaschgang fürs Gemüt, das ganze Gerümpel wird aus dem Kopf entfernt.

Der Mann, der uns über den Wüstenplaneten kutschiert, ist Rehbi Hafanat, ein Beduine, der aus der Gegend um Wadi Ram im Südosten Jordaniens stammt. «Ein Fisch kann nur im Wasser leben», sagt er, «ich kann nur in der Wüste leben.» Nie im Leben würde er in einem Gewässer schwimmen gehen. Mit zehn Jahren habe ihn ein Kamel in eine Wüstenzisterne geschubst, das habe ihm gereicht. Als er einmal mit Freunden in Aqaba am Meer war, habe er kurz einen Fuß ins Wasser gehalten – und keinen Zentimeter mehr. Der Mann ist sonst aber die Gelassenheit selbst. Immer eine Kippe im Mund, ein schwarzes Tuch um den Kopf geschlungen, dazu ein schlitzohriges Lächeln. Und obwohl er in modernen Klamotten rumläuft – coole, knöchelhohe Lederschuhe, Army-Hose und rotes Hemd –, wirkt er nicht wie einer, der in der Moderne gestrandet ist. Die arabische Musik, die er auflegt, ist frisch, mit einem guten Beat, nicht dieser cleane, überproduzierte ägyptische Pop, der einem oft entgegenschallt.

Abends am Feuer fängt er mit zwei Freunden an zu tanzen. Sie legen eine Mischung aus Sirtaki und Schuhplattler hin. Die Jungs haben es raus, man kann ihnen lange dabei zuschauen. Rehbi hat auch zwei jordanische Familien in sein Camp eingeladen, denn es ist ja Eid al Fitr, das Fest nach dem Ramadan. Ein Haufen Kinder springt herum. Irgendwann nach dem Essen fragt uns einer der Väter, ob die beiden Studentinnen, die mit uns gekommen sind, und wir ein großes Spiel mitmachen wollen. Wir setzen uns also mit der ganzen Gesellschaft in einen riesigen Kreis ums Feuer, und dann spielen wir doch tatsächlich nachts in der Wüste mit 20 Arabern Plumpssack. Das geht eine Stunde so, und es ist urkomisch. Die Kinder jagen hinter uns Reisenden her, während Eltern, Geschwister und Beduinenfreunde vor Freude johlen. Im Hintergrund schleicht ein Typ in Beduinenkaftan und Militärparka herum und schenkt Tee aus, mit seinem Rauschebart sieht er aus wie ein Vetter von Bin Laden. Dann reihen sich die Männer zu einem neuen Tanz auf, und Rehbi macht den Vorsänger. Schlägt das linke Bein über das rechte Knie und hüpft einbeinig im Takt seines Sprechgesangs. Die anderen antworten jedes Mal mit einer eigenen Zeile. Das Faszinierende an ihm ist, wie lässig er den Spagat zwischen Beduinentradition und Moderne schafft. Weder lächerlich noch linkisch. Nebenbei bändelt er mit der einen der beiden deutschen Studentinnen an und zeigt ihr später den Sternenhimmel. Warum gibt es eigentlich nicht das Bild des «Bedouin Lover»? Rehbi ist ein guter Prototyp dafür.

km 5565 Die Boat-People-Erfahrung

«You take fast boat or slow boat?», fragt uns der Mann in der Cafeteria im Hafen von Aqaba, als sich ein Haufen Wartender zum Ausgang bewegt. «Slow boat», antworten wir. Und dann erleben wir mal, was Langsamkeit bedeuten kann. Um Viertel vor zwölf mittags gehen wir an Bord der Fähre, die uns nach Nuweiba auf der Sinai-Halbinsel in Ägypten bringen soll. Der Typ am Fahrkartenschalter hat behauptet, das Boot lege um zwölf ab. Nichts da.

In den nächsten zwei Stunden füllen sich erst mal die Decks mit Passagieren, bis auch der letzte Quadratmeter belegt ist, drinnen wie draußen. Es müssen locker 1500 Menschen an Bord sein. Jordanische Dinar haben wir keine mehr, nur noch Dollar, aber mit denen können wir nichts anfangen, weil die Bordcafeteria noch nicht aufhat. Stundenlang sitzen wir mit einer halben Flasche lauwarmen Wassers, rauchen hin und wieder eine Zigarette wie all die Kettenraucher von Arabern um uns herum. Die Sonne wandert, Wolken ziehen auf, Container werden auf dem Kai hin und her gefahren, noch mehr Menschen kommen an Bord. Um zwei Uhr fahren ganz langsam die Busse und Laster in die Fähre.

Wir betreiben notgedrungen Zehenstudien. Das ist kein Spaß. Werfen die Männer hier ihr Leben lang keinen Blick auf ihre Füße? Fußnägel, die lang wie Schaufeln sind oder gar zerbröseln, rissige schwarze Füße. Es sind wohl Gedanken, die nur westliche Städter haben können. Hinter uns liest ein junger Typ singend Koransuren vor. Viele Männer tragen das weiße Gewand der Mekka-Pilger, offenbar sind sie auf dem Rückweg von ihrer Hadsch. Der Koran ist das einzige Buch, das hier auf Deck gelesen wird. Um halb vier schauen selbst die Araber auf die Uhr. Um halb fünf geht es endlich los.

Als wir ablegen, beginnt ein junger vollbärtiger Brillenträger mit strengem Gesichtsausdruck laut irgendetwas auf Arabisch zu deklamieren. Die Menge wiederholt seine Sätze im Chor, und er fährt mit der Intensität eines Predigers fort. Ein Wort sticht immer wieder heraus, «safir», das Sprachbüchlein verrät: «reisend». Später ertönt irgendwo auf dem Deck ein

Sprechgesang. Die Weißgewandeten versammeln sich auf dem Helikopterlandeplatz zum Gebet. Das halbe Deck neigt sich nun in der Abenddämmerung gen Mekka.

Noch unglaublicher ist die Ankunft in Nuweiba. Als wir uns bis zu den Türen auf dem untersten Deck vorgearbeitet haben, finden wir diese verschlossen vor. Die Besatzung hat sie kurzerhand abgeschlossen, damit erst mal die Laster und die Kabinenpassagiere von Bord können. Die Menge vor den Türen auf dem schmalen Decksgang wird größer, schon sind Flüche zu hören, einige fangen an, sich im Gedränge gegenseitig zu beschimpfen. Es geht weder vor noch zurück, wir stehen Körper an Körper, wobei die Frauen zum Teil riesige Pakete auf ihren Köpfen balancieren. Zehn Minuten vergehen, zwanzig Minuten, eine halbe Stunde, die Stimmung droht zu kippen. Tausend Mann warten an Deck und dürfen nicht von Bord. Das ist so ein Augenblick, in dem Menschen zur gegängelten Masse werden und vieles passieren kann. Als ein Steward nach einer Dreiviertelstunde die Tür aufschließt, hebt der Ansturm sie fast aus den Angeln. Jetzt bloß nicht stolpern und hinfallen. Nach einer weiteren Viertelstunde Geschiebe durch enge Gänge, in denen bereits die Abgase der abgefahrenen Laster stehen, sind wir draußen und fix und fertig. Neun Stunden auf einer überfüllten Fähre für eine Überfahrt von schlappen 80, 90 Kilometern. Eine schreckliche Übung in Langsamkeit.

In Nuweiba ergattern wir ein letztes Taxi, das uns zusammen mit drei Franzosen und ihren auf den Dachgepäckträger geschnallten Fahrrädern nach Dahab bringt. Bis Kairo wollen die drei fahren, dann nach Indien fliegen und von dort bis nach China strampeln. Das ist Hardcore. Dagegen sind wir harmlose Busreisende. In Dahab angekommen, finden wir nachts um elf in der Pension *Jasmin* ein kleines Zimmer. Während wir noch unsere Passnummern ins Gästebuch eintragen, raunt uns ein Schnurrbärtiger mit schütteren Haaren etwas ins Ohr. «You want grass?» Spätestens da wissen wir, dass wir in unserem ersten «Travellerparadies» angekommen sind.

Dahab – Wadi Halfa

km 5625 ABBA und die Wasserpfeife

Die Seele baumelt, die Wellen brechen sich seicht am vorgelagerten Riff. In Dahab am Roten Meer geht es richtig entspannt zu, die Leute lümmeln sich auf Kissenlandschaften aus Kelims und Kamelhaarkissen, die bis ans Wasser reichen. Alles lacht, die Sonne, das Gemüt, Haut, Haare und vor allem die Füße. Unser sehr eingeschränkter Aktionsradius besteht aus 150 Metern, vom Bett in die Lümmellandschaft, ins Meer und wieder zurück. Es gibt nichts zu entscheiden, nicht, wann wo welcher Bus oder Minibus zum nächsten Etappenziel der Reise zu nehmen ist. Nur die Frage, ob mal wieder Schatten angemessen wäre, oder ob man sich weiterhin in der Sonne fläzen soll.

Nach 5625 Kilometern zurückgelegter Wegstrecke die wohlverdiente Kurpackung für die Seele. Eine Augenpause nach dem zugegebenermaßen oft anstrengenden «Städte-Staffellauf» des letzten Monats: ankommen, umschauen und wieder weiterfahren in die nächste Stadt. Hier in Dahab gönnen wir uns mal eine kurze Auszeit vom Reisen. Das mag sich vielleicht für den ein oder anderen merkwürdig anhören, aber es tut not. Wie Ulla Meinecke einst schon sang: «Schlendern ist Luxus.» Wir hängen einfach mal entspannt ab.

Am zweiten Abend steigt in der Sphinx-Bar, mit Palmengarten am Strand, die Party der Woche in Dahab. Ein komisches Volk versammelt sich hier. Westler, die Fun suchen und sich über die lächerlich billigen Drinks freuen, und Ägypter, die sich auch irgendetwas von diesem Nightlife versprechen. Die Männer tragen Stranduniform: beutelige Skater-Shorts mit dicken aufgenähten Taschen, die Frauen sind seltsam aufgetakelt. Der DJ («from Sharm», wie er angekündigt wurde, wie um seine Qualität unter Beweis zu stellen), spielt diesen faden neuen Hip-Hop ohne Groove oder Hammerbeats vom Schlage eines *I can't get no sleep* von Faithless, doch die Leute stürmen trotzdem die Tanzfläche. Party muss sein. Man ist hier schließlich, um sich vom kapitalistischen Alltag zu regenerieren. Dahab ist ebenso der globalisierte Reparaturbetrieb für funktionalisierte Individuen wie Goa, Koh Phangan oder Mykonos. Nur bei Outkasts «Hey ya» reißt es uns für ein paar Minuten aus dem Korbsessel. Aber dann ist der Spirit auch schon wieder verflogen.

Wir gehen lieber um ein Uhr nachts in den Supermarkt vorne am Platz bei der Polizeiwache und schauen, was hier so in den Regalen liegt. Die unterscheiden sich kaum von den Auslagen an einem beliebigen Mittelmeerstrand. Asia-Süppchen, Nudeln, Cornflakes, Schokoriegel, der Westler muss auf nichts verzichten, was er für einen gelungenen Badeurlaub für unentbehrlich hält. Es ist erst 30 Jahre her, dass die ersten Hippies während der israelischen Besatzungszeit ihre Zelte neben einem kleinen Beduinendorf namens Dahab aufschlugen. Daraus ist inzwischen eine kilometerlange Strandpromenade geworden. Die heftigen Bettenburgen von Sharm-el-Sheik haben sie sich bisher zwar verkniffen, aber ein paar Luxusresorts, zum Beispiel vom Hilton, gibt es am Südende schon. Überall recken sich Rohbauten für die nächste Saison in den Himmel, und junge Männer aus Kairo zieht diese Enklave der Taucher, Kiffer und Sonnenanbeter magisch an, nicht nur des Geldes wegen. Wo sonst kann man in Ägypten dem westlichen Lebensstil so nahe kommen wie hier an der Sinaiküste? Die Zufahrtsstraßen zum Ort sind mit Straßensperren aus Öltonnen und jeder Menge Polizisten abgeriegelt, aber die sehen die Reisenden nur einmal, wenn sie von Sharm oder Nuweiba reinfahren. Beim ersten Gang zum Strand sind sie schon wieder vergessen. Dabei ist erst vor ein paar Wochen in Taba, 200 Kilometer nördlich, das *Hilton* in die Luft gejagt worden. Wir trösten uns damit, dass sich die Terroristen für die Neohippies in Dahab kaum interessieren dürften.

Am nächsten Abend bestellen wir uns nach dem Essen eine Honig-Sheesha, die wir in einer Dreiviertelstunde weghecheln. Wir saugen so heftig an der Wasserpfeife, dass unsere Wangen zu hohlen Kuhlen werden und uns fast die Augen aus dem Kopf treten. Wir müssen zum Brüllen komisch ausgesehen haben, aber das Teil wollte einfach nicht richtig ziehen, dachten wir. Ein fataler Irrtum, der uns am nächsten Morgen mit leisem Kopfschmerz weckt.

Wir gehen wieder in die horizontale Schräglage über, in der wir das Nichtstun genießen und weitere Pancake-Variationen ausprobieren. Aus den Boxen der Pension *Jasmine* dröhnt zeitweise ein unentschlossenes Potpourri aus Gipsy Kings, ABBA und dem Royal Symphonic Orchestra und dann wieder richtig coole Mucke. Der Berg Moses kann warten. Und kommt er nicht zu uns, so gehen wir zu ihm. Morgen, übermorgen?

«Bring a jacket, it's getting cold up there», rät uns Rabia'a Arabi, unser Pensionsmanager, der schon bei 24 Grad mit dicker Lederjacke rumläuft. Seinem Rat folgend ziehen wir also dick eingemummelt los zu unserer Nachtwanderung auf den 2285 Meter hohen Berg Moses. Als wir um halb zwei nachts am Katharinenkloster aus dem Minibus steigen, schlägt uns schon eine ungewöhnlich kühle Brise entgegen. In Fleecejacken und Bommelmützen machen wir uns auf, um im Stockdunkeln die letzten 950 Höhenmeter zu bezwingen. Schwer damit beschäftigt, im Licht der Taschenlampe einen sicheren Tritt zu finden, hören wir das Schnaufen der Kamele in unserem Nacken, die uns die Beduinen für den Aufstieg unentwegt feilbieten. Der reinste Höcker-Highway. Kamelpöter vor, Kamelnüstern hinter, Kamelhüften in Stirnhöhe neben uns. Man muss höllisch aufpassen, um nicht vom Trampelpfad geschubst zu werden. Je höher wir kommen, desto mehr freuen wir uns über jedes Läppchen Stoff am Körper. Es wird beißend kalt, ein Temperaturunterschied zur Küste von 30 Grad. Dankbar machen wir in jeder Steinbude auf dem Weg Rast, trinken einen heißen Tee und rauchen eine Zigarette. Bis zum Sonnenaufgang dauert es noch, und auf dem Gipfel wollen wir nicht eher als nötig ankommen.

Natürlich sind wir doch viel zu früh oben. Eine Stunde müssen wir bei diesen frischen Temperaturen noch totschlagen, aber dank der Geschäftstüchtigkeit der Beduinen gibt es immerhin Decken in rauen Mengen zu mieten. Wir suchen uns ein stilles windgeschütztes Eckchen, und in Windeseile hat sich eine Menschenmenge von 200 Leuten, die meisten davon Russen, auf der Bergspitze eingefunden. Wir alle haben den Blick gen Osten gerichtet. Und endlich, nach 45-minütigem, regungslosem Warten in Eiseskälte, in dem wir uns schon damit abgefunden hatten, wie Reinhold Messner mit vier Zehen weniger in unser irdisches Leben zurückzukehren, passiert das Unvermeidliche: Die Sonne geht auf. Die Meute zückt die Kameras zum Blitzlichtgewitter. Kurz darauf ist dann schon wieder alles vorbei, und die meisten machen sich sofort an den Abstieg. Wir bleiben noch etwas sitzen und versuchen sanft, unseren nahezu erfrorenen Gebeinen neues Leben einzuhauchen.

Der Sinai entpuppt sich im fahlen Morgenlicht als trostlose Felshalde. Seit Jahrhunderten lösen sich Granitblöcke von den Bergen und bleiben in baumlosen Tälern liegen. Und schon wieder ein Film-Flash: Im Geiste biegt da unten eine Karawane mit Bantas, jenen zotteligen Urviechern aus dem allerersten *Krieg der Sterne*, um die Ecke eines Tales. Die Landschaft hätte gut die Kulisse für den Planeten Tatooine abgeben können. Am Tag brennt die Sonne, nachts wird es scheißkalt. Auch in dieser Einöde suchen die Westler wie überall nur ihren wahren neuen Gott: die Sonne. Wenn sie ihn nicht am Strand anbeten, steigen sie eben auf einen Berg, um sie aufgehen zu sehen. Nach all den Jahrtausenden seit Moses scheint auch hier oben nur der Sonnengott übriggeblieben.

Da hören wir aus der Ferne plötzlich leisen Gesang, der aus der kleinen Gipfelkapelle zu kommen scheint. Lassen sie hier etwa jeden Tag zum Sonnenaufgang ein Band laufen? Wir öffnen das kleine Holztürchen und stehen mitten in einer russisch-orthodoxen Messe. Frauen knien singend auf dem Boden. Der Pfarrer, mit dem gleichen gutmütigen Gesicht, wie man sich in Kindertagen immer den Weihnachtsmann vorgestellt hat, hält in brummigem Russisch seine Andacht. Ein einmaliges, entrücktes Erlebnis hier in 2285 Metern Höhe, das sich die meisten Sonnengläubigen entgehen lassen, weil sie schon wieder runtermarschieren. Es gibt sie also doch, die kleinen, feinen Begebenheiten abseits der Touristenströme.

Das Katharinenkloster im Tal fällt allerdings unserer Müdigkeit zum Opfer. Nach 24 schlaflosen Stunden, in denen wir nebenbei noch Nachtsport betrieben haben, können uns weder der Mosesbrunnen noch der brennende Dornbusch vom Hocker hauen. Bleibt nur noch die Frage, wie es die Mönche hier in den eisigen Höhen aushalten ohne die Thermounterwäsche aus dem Tchibo-Magazin. Haben sie womöglich eine üppige Ganzkörperbehaarung, oder singen sie sich in Trance? Wir sind heilfroh, dass wir wieder runterdürfen in den 25 Grad warmen ägyptischen Winter, zurück in die Bikinizone nach Dahab.

In unserer Kissenburg am Strand kommt jeden Tag ein Zeitungsverkäufer vorbei. In seinem Wägelchen liegt die internationale Presse. Obenauf der aktuelle *Spiegel* mit dem Titel «Allahs rechtlose Töchter – muslimische Frauen in Deutschland». Nach fünf Wochen in der Ferne, erst recht hier im Nahen Osten bei diesem Thema, eine gute Gelegenheit, die Stimmung zu Hause nach dem Mord an dem niederländischen Filmemacher Theo van Gogh mit unseren Eindrücken abzugleichen. Die Lektüre der Titelstrecke hinterlässt Empörung. Die gilt aber nicht nur den Schicksalen der beschriebenen Türkinnen – andere muslimische Frauen kommen darin nicht vor –, sondern auch und nicht zu knapp dem gehobenen Stammtischniveau, das der Artikel vermittelt. Denn hier findet sich nicht etwa eine nüchterne, kritische Analyse muslimischen Lebens in Deutschland, sondern eine weitere Aufstachelung zum «Kampf der Kulturen» auch bei uns – nach dem Motto «bad news is good news» auf 30 Seiten nur Horrorgeschichten.

Kein Wort darüber, wie viele Türkinnen zufrieden in der Bundesrepublik leben. Keine Differenzierung zwischen einem dumpfen anatolischen Landislam und den türkischen islamistischen Gruppen, die unter dem Kopftuch zum Teil eine ganz eigene Form des Feminismus verfechten, den zum Beispiel Günter Seufert in seinem Buch *Café Istanbul* beschreibt. Im Spiegel-Artikel wird alles in einen Topf geworfen, ein paar Radikale vom Schlage Mohammed Attas hinzugefügt, «Türkischer Islam» draufgeschrieben und Deckel drauf. Dazu zieht sich eine geradezu paternalistische Haltung durch den Text, deutsche Politiker müssten die Türkinnen befreien. Alice Schwarzers «Expertenstimme» sichert das Ganze gegen die blöden grünen Multikulti-Naivlinge ab. Erst am Ende des Textes steht dann: «Emanzipation kann man nicht verordnen, die muslimischen

Frauen in Deutschland werden sie sich erkämpfen müssen.» Aber da schäumt der Stammtisch längst.

Warum kann man der türkischen Community eigentlich nicht ihre eigene Kulturrevolution zutrauen, so wie die Westeuropäer auch ohne Hilfe von «oben» oder «außen» ihre 68er hatten? Die gleichen Probleme religiöser Borniertheit gab es vor noch gar nicht so langer Zeit auch bei uns. Man muss sich da nur an Heinrich Bölls in den Fünfzigern spielenden Roman «Ansichten eines Clowns» erinnern, in dem zwischen Katholiken und Protestanten noch ein tiefer Graben klaffte.

Als Zugabe folgt ein Interview mit Harry Mulisch, dem niederländischen Schriftsteller, weil dort ja gerade die Koranschulen brennen. Aber außer der Tatsache, dass seine Eltern auch Einwanderer waren – Zitat: «Er [der Vater] hatte eben keinen Gott im Gepäck» –, hat er nichts Erhellendes zu sagen. Umso spannender ist es, zu sehen, wie Journalisten aus jemandem mit Suggestivfragen erwünschte Antworten herauskitzeln. Und so sagt Mulisch am Ende das, wozu er bestellt wurde: «Aber was ist die Alternative? Die hieße Krieg.» Da ist er wieder, der «unvermeidliche» Kampf der Kulturen. Nun steht doch jeder türkische Mann in Deutschland unter Verdacht, der Gemüsehändler um die Ecke, der Taxifahrer ...

Schließlich sind auch diese sechs faulen Tage rum. Um halb zehn abends verabschieden wir uns vom *Jasmine*-Team: dem Barmann, der uns schon am ersten Abend Gras verkaufen wollte, dem Besitzer Rabia und seinem Maître de, den wir «Walter von Dahab» getauft haben, weil uns seine Mimik an unseren Freund Mr. Walter in Berlin erinnert, und dem Jungen mit der Zahnlücke, der immer einen kleinen, versteckten Witz auf den Lippen hatte. Draußen im Hof wartet der Minibus, der uns zum Nachtbus ins «Downtown Dahab» bringen soll.

Fast das Ende. Als das Gepäck eingeladen wird, stutze ich: Wo ist eigentlich meine Jacke? Da war doch Dorothees Pass drin! Ich fühle instinktiv an meinem Bein: Mein Pass steckt in der Hosentasche. Ich erinnere mich dunkel, dass ich die Jacke gegriffen habe, als wir vorhin vor dem Essen nochmal rausgegangen sind. Liegt sie im Internet-Café? Wir bitten unseren Minibusfahrer, kurz vorbeizufahren. Aber da liegt sie nicht. Jetzt wird mir doch etwas flau, das wäre der GAU – das Ende unserer Tour, denn ohne Pass dürfen wir den Sinai nicht verlassen. Oder habe ich sie in dem kleinen Bankbüro an der Hauptstraße liegen lassen? Das ist längst geschlossen. Lass uns wenigstens dort vorbeischauen, sagen wir zu unserem Fahrer. Und tatsächlich: Drinnen brennt noch Licht. Ich versuche, durch die Gittertür und die Vorhänge hineinzuspähen. Da tritt ein Polizist auf mich zu und lächelt. «Jacket? Passport?» Dann ruft er auf Arabisch ins Büro rein, der Bankmensch schlurft an die Tür – hat offenbar drinnen ferngesehen – und reicht die Jacke durchs Gitter. Mir fallen Sinai-Granitbrocken vom Herzen. Einmal mehr bin ich von der Freundlichkeit der Araber beeindruckt, in dreieinhalb Wochen Nahost keine komische Situation, keine aggressiven Töne, kein Beschiss. Eine Viertelstunde später sitzen wir im Nachtbus nach Kairo.

Ein schöner Knochenbrecher von Bus ist das. Die Sitzreihen sind eng wie in Asien, die Klimaanlage bläst Eisböen heraus, die Leselichter gehen nicht, und nach einer Viertelstunde wird das erste Video angemacht. Wir sinken in einen unruhigen Schlaf, aus dem wir immer wieder aufschrecken, weil die Beine wehtun, der Filmton aufdreht, Passagiere sich durch den Gang zwängen. Kurz vor fünf wollen die Augen dann nicht wieder zufallen. Der Fernseher läuft immer noch, obwohl keiner mehr hinschaut.

Eine eigenartige Komödie ist da zu sehen, in der ganze Ballsäle Massentänze aufführen. Die Hauptfiguren sind wohlgenährt, die Schauspielkunst hält sich in Grenzen. Alle agieren so übertrieben wie in Stummfilmen, reißen die Augen auf und setzen theatralische Mienen auf. Die Band im Film spielt plötzlich einen ganz coolen, fast jazzigen Bläsersatz, der sich ständig wiederholt. Ein echter Ohrwurm. Es ist halb sechs, der Abspann beginnt, der Bläsersatz ertönt ein letztes Mal, und die Morgendämmerung setzt ein.

km 6125 Der freundliche Moloch

Erwartungen trügen. Kairo sei ein wahrer Moloch, haben wir oft gehört. Als wir in «Downtown» ankommen, sind wir aber überrascht. Der Midan Talaat Harb, der Platz, an dem wir abgestiegen sind, verbreitet mit seinen angegrauten, aber opulenten Altbauten, die acht, neun Stockwerke besitzen, ein gewisses Pariser Flair. Die Sonne scheint, und wir trinken in der Konditorei *Groppi* – «depuis 1891» steht auf den Fenstern –, einen Espresso, um die Busfahrt abzuschütteln. Kairo sei eine dieser Weltstädte, die man nur lieben oder hassen könne, schreibt der *Lonely Planet*. In diesem Augenblick deutet alles darauf hin, dass wir es lieben werden.

Wir gehen durch Kairos Straßen und schauen einfach nur. Auf neue Fahrgäste hoffend, hupen uns vorbeifahrende Taxis wild an. Was wir denn suchen würden, fragt uns ein sparsam bezahntes Väterchen, das auf einem Stuhl am Straßenrand sitzt. Er hat uns deutsch reden hören, beginnt zu strahlen und legt dabei seine marode Kauleiste frei. Sämtliche Schneidezähne fehlen, der Rest ist durchs Kettenrauchen bernsteinfarben gebeizt. Aufgeregt von seinem Höckerchen aufgesprungen, erzählt er uns auf Deutsch, dass er früher mal in München gelebt habe, zwölf Jahre lang bis 1992. Aber es sei ihm zu kalt und zu teuer geworden, deshalb ist er jetzt wieder hier in seiner Heimat. Er bittet uns in seinen Souterrainladen, in dem es außer einigen Glasflakons im Setzkastenformat nicht viel zu sehen gibt. «Mokka, Tee?», «Mokka, bitte, schwarz.» Wir setzen uns auf eine ehemals wohl weiße, zerschlissene Kunstledercouch, und er fängt zu erzählen an. Ja, Deutschland, in Schwabing habe er gelebt. Er redet von seinen Kindern, seiner Familie und den Blütenplantagen in der Oase. Was wir denn gern mal riechen würden, fragt er uns unaufdringlich, ganz nebenbei. Er zählt Unmengen Blüten- und Pflanzenessenzen auf. Sandelholz und Papyrus, ja, das klingt interessant. Die unscheinbaren Glaskaraffen im verstaubten hinteren Regal, in denen wir abgestandene Alkohole verschiedenster Färbung vermutet haben, entpuppen sich als reinster Garten der Düfte. Wir können uns nicht entscheiden, riecht beides echt irre. Aber eigentlich wollen wir doch gar nichts kaufen, wo wir doch alles bis nach Kapstadt schleppen müssen. Aber was sind schon 50 Gramm, das Gramm nur 2 ägyptische Pfund, umgerechnet 25 Cent? Okay, er hat uns überzeugt. Dann also Sandelholz- und Papyrusessenz, jeweils ein kleines Fläschchen. In Europa koste ein Gramm Essenz immerhin 45 Euro!, strahlt er uns zum Abschied nochmal an. Eingewickelt in arabisches Zeitungspapier tragen wir unseren Schatz ins Hotel. So haben wir ihm wohl einen gelungenen Tagesumsatz beschert und er uns eine dufte Reise.

Abends um acht holt uns Alaa, der neulich unsere Freundin Anja in Hamburg besucht hat, mit dem Auto ab. 21 ist er erst, aber wirkt schon so erwachsen und liebenswürdig. Als wir mit ihm über eine der Nilbrücken fahren und wie alte Freunde plaudern, gibt er uns das gute Gefühl, Teil dieser Stadt zu sein. Wir grooven uns bei Rotwein und Pasta im *L'Aubergine* im Stadtteil Zamalek ein. Als wir ihn zum Essen einladen, ist er fast unangenehm berührt. Aber er ist doch noch Student und das *L'Aubergine* für Kairoer Verhältnisse nicht gerade billig. Wie hätten wir da die berühmte arabische Gastfreundlichkeit guten Gewissens in Anspruch nehmen können?

Dann fährt uns Alaa zu einem Pub, wie er sagt. Der stellt sich als der *Cairo Jazz Club* heraus, vor dem bereits eine hippe Meute auf der Treppe ansteht. Alaa bringt uns rein – und drinnen ist bereits der Bär los. Der DJ spielt, ganz unglaublich, Barry Manilows *Copacabana*, dann folgen *Don't you want me* von Human League und andere Hits von vor 20 Jahren. Ja, er spielt dieselben alten Lieder, die einem schon zum Halse heraushängen, aber selten haben sie uns so begeistert wie jetzt. Der Mann rockt das Haus, noch ein Hit und noch einer, und langsam bringt er die Menge zum Kochen. Wir sitzen mit Alaa an der Bar und erzählen uns bald mit ein paar anderen Kairenern lustige Klamotten. Ali, ein gutaufgelegter, afrikanisch aussehender Glatzkopf mit Brille, kriegt sich nicht mehr ein über Dorothees Witze. Er schreit fast vor Lachen und schlägt sich auf die Schenkel. Alaa guckt sich unterdes verstohlen die Augen nach einer Frau aus, die aus einem ägyptischen Relief herabgestiegen sein könnte, um Sisters of Mercy zu hören. Sofort wird sie von uns «die Ägypterin» getauft und mit Blicken beschattet. Alaa ist offensichtlich nicht der Einzige, den die Ägypterin beeindruckt. Ständig springt ein anderer gestylter Clubgänger um sie herum. Der DJ ist derweil noch lange nicht am Ende: *Jump around*, der alte Hip-Hop-Gassenhauer von House of Pain, bringt das Fass zum Überlaufen.

Keiner steht mehr still, von der Bar bis hinten zu den Toiletten zuckt die Menge, und ein paar Frauen tanzen, ungelogen, auf Stühlen zu Run DMCs *Walk this way*. Durch die Fensterscheibe scheint dabei das bleiche Neonlicht eines Minaretts. Der «Kampf der Kulturen» muss irgendwo anders stattfinden. Hier drinnen erleben wir eine Sternstunde der Globalisierung.

Die Pyramiden sind eines dieser Bilder, die man von klein auf im Kopf hat. Aber wenn man davor steht, ist doch alles anders. Großartiger. 4600 Jahre haben den drei Steingiganten nicht viel anhaben können. Wahrscheinlich werden sie in 4000 Jahren immer noch da stehen, während der Moloch Kairo, der sich inzwischen bis dicht an sie heranreckt, im Nilschlamm versunken sein wird.

Es ist allerdings schwer, zwischen ihnen einen andächtigen Moment zu finden. Ständig kommen Männer mit Kamelen oder Pferden im Schlepptau vorbei und zischen einem ein «You want horse ride? Camel ride? Good price!» zu. Schon kommt der Nächste mit seinem Gaul, und wir schauen auffällig angestrengt auf die Cheops-Pyramide. Doch dann sagt dieser Typ einen unnachahmlichen Satz, der nicht zu überhören ist und uns zum Lachen bringt: «Yes, this is a horse.» In der Tat. Sofort ist das Eis gebrochen, und kurze Zeit später hat er uns. So besteigen wir zum ersten Mal seit Kindheitstagen – wir haben mit Reiten beide nichts am Hut – wieder einen Pferderücken.

Sayid, dessen Gesicht ein wenig an Herbert Grönemeyer erinnert, arbeitet seit 22 Jahren bei den Pyramiden, seit er zehn ist. Hin und wieder klettere er auf die Cheops-Pyramide, sagt er. In einer halben Stunde sei man oben, der Abstieg hingegen sei viel schwieriger. Das ist möglich? Eigentlich nicht, aber er kennt alle Wachen auf dem Gelände, und mit einem kleinen Bakschisch ist der Weg zur Spitze frei. Sayid wohnt in einem der Viertel am Rande der Pyramide, er nennt es «my village», und ist in seinem Leben noch nie aus Ägypten herausgekommen. Aber er strahlt eine innere Ruhe aus, der die Verlockungen des Fernsehens offenbar nichts anhaben konnten. Er würde nie etwas anderes tragen als seinen Kaftan, westliche Klamotten seien nichts für ihn, sagt er ohne jede Spur eines Ressentiments in seiner Stimme.

Wir reiten mit ihm auf einen der Hügel und schauen die Pyramiden an, bis die untergehende Sonne sie orange färbt. Als wir wieder auf dem Weg an den Stadtrand sind, hält Sayid auf einmal. Irgendetwas ist ihm an einem seiner Pferde aufgefallen. Dann pfeift er kurz, worauf das Pferd sofort anfängt zu strullen. Hat er etwa an dessen Gang gemerkt, dass das Tier muss? Offenbar ist er eins mit seinen Pferden – ein Wüstenbewohner am Rande der Großstadt.

Am Abend gehen wir noch einmal in den *Cairo Jazz Club*, in dem heute eine Rai-Band spielt. Alaa ist leider nicht dabei, weil er für eine Uniprüfung büffeln muss. Wir haben uns lose mit Ali und seinen Kumpels verabredet, die kurz nach eins eintreffen. Einer von ihnen ist Ahmed, den Ali und die anderen «Mr. Opel» nennen, weil er so deutsch aussehe. Er könnte in Rüsselsheim tatsächlich für einen Hessen durchgehen. Ahmed arbeitet seit Jahren als Software-Berater. Seine musikalische Offenbarung sei die erste Metallica-Platte gewesen. Seitdem gebe es für ihn nichts Größeres als Metal.

So «deutsch» ist er dann aber doch nicht, als er erzählt, was für ihn der größte Unterschied zwischen dem Leben in Deutschland und dem in Ägypten ist. Er habe einmal einige Tage für eine ägyptische Firma in Hannover verbracht, um dort ein Projekt zu besprechen. Seine deutschen Geschäftspartner seien zwar beeindruckend effizient und gut organisiert gewesen. Aber nach getaner Arbeit hätten sie ihn am Ende eines Tages einfach sich selbst im Hotel überlassen und seien nach Hause gefahren. Undenkbar in Ägypten, sagt Ahmed. Hier würde man sich 24 Stunden um seine Geschäftspartner kümmern, ihnen die Stadt zeigen, sie zum Essen mitnehmen. «Bei uns gibt es diese Unterteilung in Werktag und Wochenende nicht», meint er in sehr gutem Englisch. «Wir treffen unsere Freunde jeden Tag.» Keiner käme auf die Idee, sich in seinen eigenen vier Wänden einzugraben.

Vom Arbeitsleben in Kairo ist er allerdings nicht ganz so begeistert. Ägypter würden selten investieren, dächten zu kurzfristig. Wozu ein teures Computersystem anschaffen, wenn irgendeiner die Buchhaltung billig per Handarbeit erledigen kann? So einer wie der bebrillte Typ hinter uns in der Kanzel neben dem Tresen, der alle Rechnungen des Abends von Hand schreibt? Ja, so läuft das, sagt Ahmed. Und es komme auch oft genug vor, dass Gehälter mit fadenscheinigen Begründungen gekürzt oder gar nicht gezahlt würden. Ihm ist das in seinem vorletzten Job passiert, in einer Firma, deren Inhaber ein wohlhabender und auch politisch einflussreicher Mann war. Die Mitarbeiter würden hier nicht so behandelt und geschätzt, wie sie es verdient hätten, selbst wenn sie ihren Job sehr gut machen. Ahmed erzählt das alles mit einer bemerkenswerten Balance. Weder ist er Modernist, den alles Ägyptische nervt, noch Traditionalist, der den Westen verflucht. Es sind genau diese Leute, die in unserer unsäglichen Islam-Debatte nicht auftauchen. Nicht als Beispiel aus Hamburg oder Duisburg, und erst recht nicht als Beispiel aus dem Nahen Osten, wo Männer gewöhnlich nur schreiend und in die Luft ballernd im Fernsehen gezeigt werden.

Bevor wir gehen, gibt uns Ashrab, der Dritte im Bunde, für den nächsten Tag noch einen Tipp. Um die Ecke vom Midaan Talat Harb, bei Abu Tarek, gebe es das beste Koschari in ganz Ägypten. Wir haben schon einige ägyptische Spezialitäten probiert, gebackene Tauben, Fuul – gekochte Saubohnen –, Beduinen-Calamari. Aber Koschari? Ashrab verdreht schwelgerisch die Augäpfel. «But be careful», meint er, «very explosive!»

Das Abu Tarek in der Champollion-Straße ist ein Fast-Food-Restaurant, in das die ägyptische Durchschnittsfamilie essen geht. Ungewollt stylisch sieht es hier aus, weil nahezu alles aus Stahl ist, das Geschirr, das Mobiliar, praktisch eben. Hier bestellen wir, ohne zu wissen, was uns erwartet, das in den höchsten Tönen angepriesene Mahl: ein Nudel-Reis-Gericht mit Zwiebeln und roten und grünen Linsen. Zum Würzen eine höllenscharfe Piripiri-Soße und Zitronen-Knoblauchwasser. Ashrab hatte recht: Es schmeckt göttlich, zum Niederknien und Jauchzen, ein echter Kracher. Aber das Zeug hat es tatsächlich in sich, seine Vorwarnungen waren gerechtfertigt. Schon auf dem Weg zurück ins Hotel geht's los, das Rumoren im Orchestergraben. Die Fanfare der Trompetenkäfer tutet durch die nächtliche Stadt und ist erst am nächsten Abend verhallt. Das reinste Hupkonzert.

Am Wochenende schaltet das Leben in Kairo einen Gang runter, obwohl in der Innenstadt einige Geschäfte geöffnet haben. In Alt-Kairo südlich von Downtown sitzen die Männer auf dem Bürgersteig in einem Café und spielen Backgammon und Domino. Klack, klack, klack, werden die Dominosteine schnell aufs Spielbrett geknallt, und nach einer Minute ist ein Spiel schon rum. Daneben stehen ein Tee, ein Glas Wasser. Ein Mann schaut kurz vom Backgammon auf und winkt uns überschwänglich heran. Nach dreieinhalb Wochen im Nahen Osten sind unsere Berührungsängste gegenüber frauenlosen Kaffeehäusern geschwunden. Wir setzen uns an ein Tischchen, und keiner stört sich daran, dass eine Frau dabei ist. Zwei arabische Kaffee ohne Zucker, bitte. Dann die übliche Frage, wo wir herkommen. «Germany good», lautet die inzwischen schon oft gehörte Antwort. Und wieder schwingt die Wertschätzung mit, dass sich Deutschland nicht am unsäglichen Irakkrieg beteiligt hat. Ein neues Erlebnis, nicht sofort mit der kriegslüsternen Vergangenheit von Wilhelm II. bis Hitler konfrontiert zu werden. Hier in Alt-Kairo zählt die Gegenwart.

Die beiden Kaffees kosten 1,50 Pfund, wobei ein Pfund ungefähr 13 Eurocent entspricht. Vorher hatten wir in einer Bäckerei einen ganzen Kuchenteller für zwei Pfund gekauft. Es ist erstaunlich, wie in Kairo verschiedene Welten nebeneinander existieren. In Zamalek oder Agouza kann ein Espresso so viel kosten wie in Hamburg. Für ein Abendessen wie zwei Tage zuvor im *L'Aubergine* mit Alaa gibt man 220 Pfund aus. Für viele Kairener undenkbar: 400, 500 Pfund Monatsverdienst seien in Ägypten nicht ungewöhnlich, hat uns Alaa erzählt. Ahmed, der Software-Berater, gehört mit 3000 Pfund zu den Gutverdienenden der Stadt.

Ein echter «ägyptischer» Tag kann so aussehen: morgens am Straßenstand Fuul, eine Bohnenpaste mit Brot, für ein Pfund zum Frühstück, dazu einen Tee für höchstens 50 Piaster. Mittags ein Schawarma auf die Hand, die arabische Variante des Döners, nur viel leckerer gewürzt, unter anderem mit Zimt, für zwei bis drei Pfund. Dazu ein frischgepresster Orangensaft für ein Pfund. Und abends kann man sich bei Abu Tarek mit diesem sensationellen Koschari satt essen. Eine kleine Portion kostet drei, eine große fünf Pfund. Dazu über den Tag verteilt zwei Flaschen Wasser für zwei Pfund und einige Gläser Tee – vielleicht drei bis vier Pfund. So ist man mit 15 Pfund wohlgenährt und glücklich durch den Tag gekommen. Doch selbst das können sich viele Menschen hier nur selten leisten. Nach oben sind der Konsumfreude wie immer keine Grenzen gesetzt. Wer will, kann auch in Kairo einen Lebensstil pflegen, der so aufwendig ist wie in den teuersten Gegenden von Hamburg, München oder Frankfurt.

km 6625 Im Dali-Land

Farafra ist die zweite der Oasen, die sich in einem weiten Bogen westlich des Nils von Kairo nach Luxor ziehen. Es ist die kleinste von allen, in der der Tourismus gerade erst beginnt. Doch genau das entpuppt sich als ihr Problem. Es gibt nur zwei Hotels. Weil das *Badawiya* voll ist, landen wir im *El Waha*. Die reinste Bruchbude. Aus dem weitgehend unverständlichen Gemurmel des tranigen Inhabers schließen wir, dass gerade renoviert wird. Jedenfalls ist das Haus eine einzige Baustelle, obwohl es schon seit drei Jahren existiert. Als wir unser Interesse an einer Wüstentour bekunden, ruft der Inhaber seinen Bruder. Der sei der Guide, sagt er.

Der Bruder, Hamdy, ist ein witziger Typ, der als Krankenpfleger im Hospital arbeitet. Er hat das Mustergesicht eines Beduinen, mit diesen gemalten Augenbrauen und dem sorgfältig geschnittenen Schnurr- und Kinnbart. Wir plaudern ein wenig, worauf er uns zum Essen einlädt. Im schattigen Innenhof des Hauses seiner Schwester gibt es ägyptische Brotfladen, gekochtes Gemüse und Kräuter zum Würzen (eins erinnert an Rucola). Alles kommt aus dem Oasengarten der Familie, in dem auch Melonen, Basilikum und Frühlingszwiebeln wachsen. Als Hamdy beten will, breitet ihm seine Schwester den Gebetsteppich aus. Als er fertig ist, schiebt sie ihm die Schlappen hin. Er selbst rührt keinen Finger, gibt nur leise irgendwelche Anweisungen. Dennoch träumt er davon, eines Tages eine Europäerin zu heiraten. Für diesen Fall hat er bereits begonnen, ein neues Haus zu bauen. Außer den Mauern steht noch nichts, aber er ist schon weiter als seine Brüder, die es bisher nur zum Fundament gebracht haben. So weit, so schön.

Als wir wieder mit ihm und dem Bruder im «Hotelbüro» sitzen, um die Tour zu besprechen, erleben wir unser blaues Wunder. Was die Tour nun kosten soll, fragen wir. Die beiden winden sich ein paar Minuten, bevor sie mit dem Preis rausrücken. Ja, es käme darauf an, welche Teile der Wüste wir sehen wollten, das Benzin sei teuer, die Strecke äußerst schwierig zu fahren. Da schwant uns Böses. Wie viel also, fragen wir noch einmal. 75 Euro pro Nase. Das haut uns aus dem Sessel. 150 Euro für einen Übernacht-Trip in die Wüste? Der tranige Inhaber geht auf 105 runter. Völlig absurd, da der übliche Preis irgendwo bei 50 bis 60 Euro für einen Jeep mit bis zu sechs Leuten liegen soll, Lob sei dem *Lonely Planet*. Wir verabschieden uns mit der Begründung, das Ganze bei einem Tee überdenken zu wollen. Als wir schon draußen sind, kommt Hamdy hinterhergeeilt. Was unser Maximum sei. 60, 70 Euro. Worauf er uns ins Büro zurückschiebt. Wieder quatschen die Brüder mit ernsten Gesichtern. 75 Euro, na gut. Aber jetzt trauen wir den beiden nicht mehr. Sie wollen offenbar um jeden Preis verhindern, dass wir uns im Ort umhören. Zu spät, wir erheben uns und lassen die beiden genervt in ihrem Büro zurück. Draußen ist die Oase wie ausgestorben, die Sonne schon untergegangen.

In geradezu detektivischer Manier bekommen wir in den

nächsten zwei Stunden zwischen Teehaus und *Badawiya*-Hotel heraus, dass die beiden Brüder erstens nicht die Einzigen sind, die mal kurz ein ganzes Monatsgehalt abzocken wollen, und es zweitens eine «richtige» Tour gibt – im *Badawiya*-Hotel. Die ist zwar auch nicht geschenkt, aber der liebenswürdige Manager überzeugt uns am Ende mit Offenheit und vernünftigen Details. Erleichtert gehen wir ins *El Waha* zurück, wo wir einem sichtlich geknickten Hamdy darlegen, warum wir auf seine Art von Gefeilsche keinen Bock haben. Plötzlich will er alles viel billiger und ohne seinen Inhaber-Bruder organisieren. Zu spät, Hamdy.

Ja, Farafra ist gerade auf dem Sprung. Das alte staubige Oasendorf mit seinen Lehmhäusern am Palmenhain lebt noch in einer anderen Zeit. Die neue breite Hauptstraße davor mit den beiden Hotels, zwei Schulen, dem Krankenhaus und etlichen Baustellen zeugt hingegen von dem frischen Geld, das nach Farafra kommt, vor allem von der Regierung, die die Oasen modernisieren will. Mit der Oasenromantik, die der naive Europäer seit «Tausend und eine Nacht» im Kopf hat, hat beides nichts zu tun. Das hier ist das neue Ägypten, aber in einer eigenartigen Variante. Zum ersten Mal seit Aleppo gehen uns Einheimische auf die Nerven. Bloß weg hier, ab in die Wüste.

Es gibt Sandwüsten, es gibt Geröllwüsten, und es gibt die Weiße Wüste bei Farafra. Wenn man Stunde um Stunde durch diesen natürlichen Skulpturengarten aus Kalkstein und rotem Sand fährt, meint man, Salvador Dalí könnte hier in einer unbemerkten Stunde seines Lebens die Inspiration für seine berühmten Bilder gefunden haben. Groteske Gesichter, Schakalköpfe und Habichtschnäbel scheinen auf dünnen Steinsäulen zu balancieren. Zu Wellenkämmen geformter Kalk schlägt wie eine erstarrte Brandung gegen ausgewaschene Felsen. Steinplateaus gleißen wie sonnenbeschienenes Wasser in der Ferne. Farag, unser freundlicher Fahrer, spricht nicht viel Englisch, und das ist diesmal in Ordnung. Schweigend genießen wir diesen surrealistischen Traum. Als es schon dunkel ist, geht ein orangefarbener Mond zwischen zwei Felsschemen auf und taucht Dalí-Land in fahles Licht. Ein Wüstenfuchs schleicht sich ans Lager heran. Im Schein des Lagerfeuers sehen wir seine riesigen Ohren. Ein kurzer forschender Blick, dann tappt er lautlos wieder in die Nacht. Als der fröstelnde Farag in der nächtlichen Wüstenkälte unter den Kameldecken eingeschlafen ist, sitzen wir noch lange da und starren in den mondbeschienenen Wüstengarten. Das einzige Geräusch ist das Knacken unserer abgegessenen Hühnerknochen, an denen sich der Fuchs irgendwo im Dunkel gütlich tut. Kein Windhauch, keine Fliege, kein Motorengeräusch in der Ferne. Alles ist leer und friedlich.

Der Alchemist von Dakhla. Die Oasen auf unserer Route durch die Wüste sind aufstrebende Kleinstädte, wo an die touristische Zukunft gedacht wird. Überall angefangene Baustellen, an denen erst weitergearbeitet wird, wenn wieder genügend Geld da ist. Und genau das versuchen sie, den Touristen aus der Tasche zu ziehen. Wohl wissend, dass man in dieser Ödnis auf sie angewiesen ist, verlangen sie für alles, sei es Wasser, Tee oder Transport, das Zwei- bis Dreifache des eigentlichen Preises. Nach unserem sensationellen Trip durch die Weiße Wüste sind wir tags darauf erleichtert, dass wir eine lustige Vierertruppe finden, der wir uns für die Weiterfahrt nach Dakhla anschließen können: ein derzeit arbeitsloser Independentfilmer und Modellflieger aus Schweden mit drei malaysischen Frauen, die sich während der Fahrt rührend um uns kümmern. Die in ihrer Art und Erscheinung Vehementeste der drei ist die Freundin des Schweden und eine wahre Frohnatur. Die Zweite, Typ Asiagazelle, ist gleichen Gemüts, die Dritte im Bunde dagegen von der Natur etwas benachteiligt durch das Beleidigte-Leberwurst-Gesicht.

In Dakhla angekommen, stoßen wir im Restaurant seines Bruders auf den 38-jährigen Beduinen Nasser und seine deutsche Frau Birgit. Sie haben im Ort ein Hotel und organisieren Touren in die Wüste. Nasser war bereits etliche Male in Deutschland, hat in Berlin gelebt und spricht Deutsch. Heute könne er nicht mehr ohne seine Wüste sein, sagt er. Nach den Versuchungen des Westens hat er hier seinen Platz im Leben gefunden, und nun kommt die Welt eben zu ihm. Im Gespräch überzeugt er uns nach und nach von seinem faszinierenden Wissensschatz der Naturheilkunde, drückt mir in die Haut zwischen Daumen und Zeigefinger und diagnostiziert einen sensiblen Magen. So, so.

Durch seine Appetithäppchen auf den Geschmack gekommen, liege ich am nächsten Morgen in seiner «Hotelpraxis», werde eine Stunde lang massiert und mit Ölen und heißen Schröpfkissen behandelt. Anschließend rieche ich wie eine Mischung aus Eukalyptusbonbon und Frühlingsrolle, soll mich zwei Tage lang nicht waschen und fühle mich wie frisch geschlüpft. Ölig und mit zwei handtellergroßen Knutschflecken auf dem Rücken steige ich in meine Klamotten und bin während der ganzen Fahrt nach Luxor ein kleines, weiches, schläfriges Knäuel. Habibi, inschallah.

km 7455 Tempel-Business

Seit drei Tagen sind wir nun in «Upper Egypt», wie man hier sagt. Von Kairo aus gesehen ist das der etwas lahmarschige Süden, wo man einen Dialekt spricht, der irgendwie zum Lachen ist. Und oha, die Leute hier sind wirklich der Hammer. Warum soll einer eine Arbeit alleine verrichten, wenn es nicht auch drei zusammen machen können? Warum besseren Service, wenn man auch so das Dreifache abzocken kann? Das klingt vielleicht übellaunig, aber Luxor kommt Indien bisher am nächsten. Wenn dir da einer mit Turban in einem Tempel irgendetwas zeigt, geh bloß nicht hin – dreißig Sekunden später murmelt er «Bakschisch». So ähnlich läuft das auch in Luxor. Durch die Innenstadt zu laufen ist eine Art Davidstraßen-Erfahrung: Die Ladenbesitzer stellen sich dir ebenso bestimmt mit penetranten Sprüchen in den Weg wie die Prostituierten auf St. Pauli. Hierher kommen einfach so viele Touristen, dass alle mit minimalem Aufwand den großen Reibach machen wollen. Darin unterscheidet sich Luxor von der Travellerhochburg Dahab, wo die Leute wirklich pfiffig sind. Hier dagegen wirken sie tranig und nervig. Ein Kutschenfahrer wollte fast handgreiflich werden, weil wir nicht nach der halben Strecke aussteigen wollten, denn wir hatten ihn ärgerlicherweise auf den halben Preis runtergehandelt. Vielleicht gibt es zu viele Reisegruppen, die ständig absurde Trinkgelder bezahlen. Wir erwischen uns jedenfalls plötzlich bei diesem verzweifelt auflachenden Zynismus, der einen nach dem dreißigsten «Want a …? Good price!» überfällt.

Luxor hat aber mehr zu bieten als nur Geschäftemacher: den Nil und die Tempel, auf dem Balkon sitzen, den Booten auf dem Fluss nachschauen, ein Stella, das hiesige Bier, trinken ... sehr angenehm. Und dann die Geschichte: Vor Jahrtausenden hieß Luxor Theben und war das Zentrum des altägyptischen Universums. Die Tempel hier sind schwer beeindruckend, obwohl es mit drei großen Tempelkomplexen schon eine geballte Ladung Steine ist, die hier wartet. Aber wenn man etwa durch den Luxor-Tempel geht, zwischen wuchtigen Steintoren und 20 Meter hohen Granitsäulen, die stilisierte Lotuspflanzen darstellen, kommen einem die Akropolis in Athen oder das Kolosseum in Rom plötzlich nicht mehr so spektakulär vor. Dass diese Ruinen ebenso wie die Pyramiden wissenschaftliche Verschwörungstheorien zum Blühen bringen, ist kein Wunder. Ständig kann man in Statuen und auf Reliefs prähistorische Astronauten erkennen, wenn man nur will. Trotz des Rummels ein abgefahrener Ort.

Servicewüste Assuan. So, nun reicht's. Raus aus Assuan, raus aus Ägypten. Mann, bin ich froh, diese Nachtkappen ab morgen nicht mehr sehen zu müssen. Entweder kommen sie hyperaktiv hinter dir hergeschossen, um dir irgendeinen Souvenirkram anzudrehen, oder stehen sich als Festangestellte in irgendeiner Ecke zusammengerollt die Füße in den Bauch. Sie funktionieren wie Pawlow'sche Hunde, bei einem vollständigen englischen Satz reagieren sie nicht, man muss ihnen mit Codewörtern das Gewünschte abringen. Auf «May we get two glasses, please?» wurden wir nur milde angelächelt. «GLASS, two!», unterstützt durch Fingerzeichen, ja, so geht's, und zwar nur so. Und mit welch beneidenswerter Gelassenheit der Hotelscherge versucht hat, die Bierflaschen aufzustreicheln. Auf die Bitte um zwei Bettlaken bekamen wir eine Dreiviertelstunde später ein Handtuch, die Toilette blieb trotz Reinigungswunsch ein Jackson Pollock, oder doch vielleicht Beuys? Unsere Wäsche bekamen wir nass und zerknüddelt aus dem Wäscheservice. Man braucht erst gar nicht versuchen, ihnen zu erklären, wie Service funktioniert, sie würden es nicht verstehen, man dringt nicht zu ihnen durch, nur mildes Lächeln. Hauptsache, man zückt sein Portemonnaie. Einer wollte doch tatsächlich zwei Pfund von uns haben, als wir ein altes Hufeisen auf der Straße gefunden und eingesteckt haben, unglaublich.

km 7670 Die traurige Arche

Als wir morgens zum Bahnhof von Assuan aufbrechen, um den kurzen Zug zum südlich gelegenen Staudamm zu nehmen, haben wir ein Kribbeln wie selten im Bauch. Um sechs Uhr abends wird uns die Fähre über den Nasser-Stausee den Nil flussaufwärts zu jenem weißen Fleck auf den Reiselandkarten bringen, mit dem alle zurzeit nur Mord und Totschlag verbinden: den Sudan. Ein Land, von dem wir keine Bilder mehr im Kopf haben wie noch vom Nahen Osten oder von Ägypten. Immerhin haben wir in Travellerforen im Netz einige ermutigende Berichte gefunden, dass der Sudan trotz seines schlechten Rufs ein schönes Land sein soll.

Als wir gegen elf am Fähranleger beim «High Dam», wie der große Staudamm hier genannt wird, ankommen, glauben wir zunächst an einen schlechten Witz. Dieser Seelenverkäufer soll eine Fähre sein? Als der Mann von der River Nile Transport Company in Assuan uns sagte, es würden 600 Passagiere mitfahren, waren wir erleichtert. Das ist ja nichts im Vergleich zur 2000-Mann-Fähre von Aqaba nach Nuweiba, dachten wir. Aber dieses Boot ist kaum größer als eine der wuchtigen HVV-Fähren im Hamburger Hafen (und tatsächlich auch in Hamburg gebaut, wie wir später entdecken). Wir gehen an Bord und breiten unsere Decke unter einem der beiden Rettungsboote aus. Dann schauen wir sieben Stunden dem Spektakel des Beladens zu. Lkw um Lkw rollt auf den Kai, auf denen Türme aus Matratzen, Kühlschränken, Farbeimern, Colapaletten, Zwiebelsäcken und vielem mehr gestapelt sind. Wütend sich anbrüllende Hafenarbeiter schleppen die Fracht an Bord, Kräne gibt es nicht. Nach und nach kommen die 600 Reisenden dazu, bis jeder Quadratzentimeter Stellfläche von Menschen und Gütern bedeckt ist. Sogar die Rettungsboote werden beladen.

Das Tüpfelchen auf dem i ist der Jeep eines älteren holländischen Paares, der zuletzt auf den Schleppkahn muss. Auf dem werden weitere Tonnen Fracht hinter der Fähre herfahren. Inmitten der Kisten und Ballen auf dem Kahn haben die Hafenarbeiter einen kleinen Korridor frei gelassen, in den der arme Holländer seinen Wagen fahren soll. Dumm nur, dass der Kahn unter der Last inzwischen einen Meter tiefer als die Kaimauer liegt. Anstatt Planken zu legen, wird der Schleppkahn kurzerhand ein paar Meter entlang der abfallenden Kaimauer bugsiert, bis der Abstand zum Deck nur noch 30, 40 Zentimeter beträgt. Die Menge hält den Atem an. Wird der Jeep im Wasser landen? Der Holländer fährt an, langsam, ganz langsam, dann endlich sind die Vorderräder über die Kaimauer hinaus und landen – auf dem Kahn. Zwei Minuten später hat er den ganzen Jeep an Bord gebracht. Man möchte ihm fast applaudieren. Als wir endlich ablegen, ist es schon dunkel. 20 Stunden auf dem Nasser-Stausee liegen nun vor uns.

Mit Hans und Klaus, zwei Bonnern, die mit dem Motorrad auf dem Weg nach Kapstadt sind, schlagen wir die Zeit bei Bier und Fladenbrot mit Reisegeschichten tot. Weil jedem Passagier ein Abendessen zusteht, machen wir uns irgendwann zur Bordküche auf. Unter Deck schlägt uns eine wüste Geruchsmischung aus Erbrochenem und gekochten Saubohnen entgegen. Über Beine, Kisten und andere Körperteile balancieren wir die Tabletts zurück aufs Deck. Das Essen – Fuul, Reis, zerschossenes Fleisch – schmeckt besser, als es riecht, aber was heißt das schon? In so einer Situation schmeckt fast alles, was satt macht.

Die Nacht ist lang, aber der Schlaf kurz. Immer wieder wachen wir auf, weil unsere Knochen auf dem harten Stahlboden des Decks ächzen. Fleischige Füße von Passagieren, die neben uns liegen, dünsten direkt in unsere Nasen. Doch dann geht endlich die Sonne auf. Am Seeufer ist nichts, kein Haus, kein Baum. Die Tempel und Dörfer von einst sind in den sechziger Jahren in den gestauten Nilfluten versunken. Es ist, als ob wir auf einer traurigen Arche am zweiten Schöpfungstag durch das Universum schippern: nur Wasser, Wüste und gleißendes Licht.

Dass die Fahrt trotzdem erträglicher ist als die Aqaba-Fähre drei Wochen zuvor, verdanken wir vor allem Hans und Klaus. Geteiltes Leid ist eben halbes Leid, und so mancher Witz macht die endlosen Stunden annehmbar. Überhaupt zieht es die wenigen nichteinheimischen Reisenden alle nach Kapstadt. Zu Hause war unsere Route für viele eine verrückte Idee, jetzt ist sie nur noch der Kap-Kairo-Pfad, auf dem einige unterwegs sind. Das verbindet ungemein, man ist mit seinem Spleen nicht allein. Um drei Uhr nachmittags legen wir schließlich an.

Endlich in Afrika. Die 28 Stunden auf der Fähre sind überstanden, und noch immer hängt der beißende Käsemaukengeruch in der Luft, den wir während der gesamten Überfahrt in der Nase hatten. Wen wundert's, bei diesen Füßen. Aufgesprungene Hacken, in denen wahrscheinlich so einiges nistet. Vermutlich wurden die Nylonstrumpfhosen ohne Füßling für den arabischen Markt erfunden, denn jede andere mit Fuß wäre schon nach dem ersten Tragen hinüber. Neben diesen Füßen zu schlafen macht nicht allzu große Freude. Ihr Geruch treibt einem die Tränen in die Augen, vor allem, wenn man sie als Betthupferl neben den Kopf gelegt bekommt. Dann, im Hafen von Wadi Halfa, ist es plötzlich da: Afrika! Wir haben Glück und bekommen zwei Betten in dem überfüllten Hotel «Nile», einem ummauerten Hof mit Lehmhütten. Dienstags, wenn die Fähre aus Assuan ankommt, ist hier, in der einzigen Herberge im Ort, die Hölle los. Sogar draußen im Hof werden Betten aufgestellt. Die Klos sind Betonverschläge mit Pinkelrinne im Boden, alles sehr spartanisch. Aber diese Einfachheit stört nicht weiter, im Gegenteil, jetzt hat's mich gepackt, das afrikanische Fieber. Geschrumpft auf die absolute Bedürfnislosigkeit fallen die Ansprüche der Zivilisation von mir ab und machen einer heiteren Gelassenheit Platz.

Auf der anderen Seite der Sandpiste, der Hauptstraße des Ortes, stehen einige bunte Plastikstühlchen neben einem Bretterverschlag, ein fülliger Kaftanträger wedelt über der heißen Glut der Steine das Fleisch gar. Und richtig, dies ist das «Restaurant», in dem sich alle Hungrigen und Durstigen von der Fähre nach und nach einfinden. Alles bekannte Gesichter und auf nahezu jedem europäischen dieses heimliche Strahlen. Alle sind gerädert, aber glücklich. Der afrikanische Kontinent hat soeben begonnen. Zwar sind die Frauen auch hier verhüllt, aber ihre Tücher sind farbenfroh und elegant. Im Vergleich zu ihren tristen, oft plumpen arabischen Schwestern wirken sie wie buntgewandete nubische Göttinnen. Grazil und anmutig jede ihrer Bewegungen, schüchtern ihr strahlend weißes Lächeln uns Fremden gegenüber. Ihre Hände und Füße weich und zart, keine verhornten Hacken und Gesichter mehr. Und selbst wenn ein solcher Fuß mal riechen würde, nähme ich es ihm nicht übel. So gut und fest wie hier, auf einer Stahlpritsche im kargen Lehmhüttchen mit Sandboden, habe ich während der ganzen Reise noch nicht geschlafen. Wie ein alter Bretone mal zu Niels gesagt hat: La chose la plus importante dans la vie, c'est être simple.

Wadi Halfa – Addis Abeba

km 8005 Sitzen lernen

So friedlich Wadi Halfa wirkt, so traurig ist doch seine Geschichte. Im Haus neben dem Open-Air-Restaurant, der «Telefonzelle» des Wüstenortes, deutet der Betreiber auf alte, gerahmte Schwarzweißbilder, die an der Wand lehnen. Ein Hotel ist darauf zu erkennen und zweigeschossige Häuser im Kolonialstil. «Das war Wadi Halfa, bevor es im Stausee versank», sagt er und nimmt ein Bild auf. Die Briten, einst Kolonialherren in dieser Weltgegend, hätten die Nubier, die hier leben, betrogen. «Nubien ist ein eigenes Land gewesen, aber wir wurden zwischen Ägypten und dem Sudan aufgeteilt.» Dann stellt er das Bild wieder auf den Boden und lächelt, als habe er sich mit dem Fluch des Kolonialismus längst abgefunden.

Als es schon dunkel ist, setzt sich im Restaurant an der Sandpiste plötzlich ein alter, stämmiger Ägypter in einem schwarzen Kaftan zu uns an den Tisch. Er kramt sein Englisch hervor und fängt an, uns seine Geschäftsidee zu erklären. Seit 20 Jahren träume er davon, Autoersatzteile wie Zylinderköpfe aus Deutschland nach Ägypten zu importieren, um sie dort für das Vielfache zu verkaufen. Ob man leicht ein Visum für Deutschland bekäme? Wie viel ein alter Lkw auf einem deutschen Autofriedhof koste? Fragen, auf die wir keine Antwort wissen. Aus drei alten Lastern könne man in Ägypten einen neuen machen, erklärt er mit einem Siegerlächeln. In Deutschland seien Maschinenteile ja nach einem Jahr veraltet, in Ägypten könne er auch mit vier Jahre alten Teilen noch ein Bombengeschäft machen. Er sei Händler, die Araber seien alle gute Händler. In Kairo habe er es zu einem Mercedes und zwei Häusern gebracht, erzählt er uns stolz.

Obwohl er gut und gerne 60 ist, treibt ihn immer noch der Ehrgeiz, «Business» zu machen. Aber Business allein ist heute nicht alles, vielleicht sogar das Problem der arabischen Länder. In Zeiten der Globalisierung kann Technik nicht mehr nur ein Importgeschäft sein. Man muss selber entwickeln und weiterentwickeln. Daran hapert es offenbar in Ägypten, wie einige Tage zuvor in der *Al Ahram Weekly* zu lesen war. Der ägyptische Maschinenpark ist offensichtlich so veraltet, dass ein guter Teil nach westlichen Maßstäben als schrottreif gelten dürfte. Aber solange Staaten wie Ägypten nur alte Technik importieren, weil neue zu teuer ist, werden ihre Wirtschaften den technischen Rückstand nicht aufholen können. Dann fehlen wieder Umsätze für Investitionen, ein ewiger Teufelskreis, aus dem auch Männer vom Schlage des sympathischen, alten Business-Fuchses Ägypten nicht herausreißen können.

Zum Schluss tischt er uns noch eine echte Räuberpistole auf. Ja, Hitler sei der größte Staatsmann gewesen, sagt er. Diese Feststellung aus dem Munde eines Arabers oder eines Afrikaners ist an sich nicht allzu überraschend, man kann sie in dieser Weltgegend immer wieder hören. Aber nun kommt's: dass die Deutschen die Atombombe nicht selbst gebaut hätten, habe daran gelegen, dass die USA die deutschen Atomwissenschaftler entführt und gezwungen hätten, die Hiroshima-Bombe zu bauen. «Das haben Sie nicht gewusst, oder? Da können Sie von mir noch etwas über ihre eigene Geschichte lernen», sagt er und strahlt über das ganze Gesicht. Dann erhebt er sich und besteht darauf, uns einzuladen. Zum Abschied küsst er uns sogar auf die Wangen. Ziemlich verblüfft über seine «Enthüllung» schauen wir ihm nach, wie er in Richtung *Nile Hotel* verschwindet.

Morgens in Wadi Halfa. Um sieben Uhr bin ich an der Haltestelle, an der die Busse abfahren sollen, während Dorothee noch auf unserer kargen Pritsche schlummert. So früh müsse ich kommen, um eine Fahrkarte zu sichern, hieß es gestern am Schalter. Von wegen. Eine Handvoll Menschen verliert sich hier, die Sonne ist noch nicht aufgegangen, Sand und Plastikmüll treiben im kühlen Wind über den weiten Platz. Eine Frau hat neben den Baracken bereits ihren kleinen Teestand aufgebaut und fächelt dem Holzkohlenfeuer Luft zu. Weihrauch steigt aus der Glut auf. Ihre Konkurrentinnen kommen gerade erst an, und so versammeln sich die ersten Versprengten am Stand dieser gutaussehenden Nubierin. Kaffee, Tee, Kakao, Ingwer, Hibiskusblüten, Milchpulver, Weihrauchkügelchen, all das hat sie auf einem kleinen Tisch ordentlich aufgebaut.

Wohin ich wolle, fragt mich einer. Nach Khartoum. Der Ticketschalter ist noch zu, sagt er. Wir trinken den ersten Kaffee, den ersten Tee und reden wenig. Die Sonne geht auf. Argwöhnisch beobachten die anderen Nubierinnen unsere ausgeschlafene Teefrau, um die sich immer mehr Wartende scharen. Ein älterer Araber gibt mir einen weiteren Tee aus. Die Holzkohlen der anderen Frauen glühen noch immer ungenutzt. Ein junger Mann aus Khartoum beruhigt mich, alles sei hier in «Sudan Time», sieben Uhr könne auch acht Uhr bedeuten. Also trinken wir noch einen Kaffee. Was ist eigentlich mit dem Krieg in Darfur, frage ich. Der ist weit weg, sagt der Khartoumer und lächelt. Der Platz wird nun voller und voller, wann öffnet der Ticketschalter, frage ich erneut, schon etwas nervös. Ach, der ist schon auf, sagt der Khartoumer lapidar, und mich trifft der Schlag.

Ich renne zu den Holztüren auf der Rückseite der Baracken, offenbar habe ich die falsche Seite im Auge behalten. In einem der Ticketbüros hat sich schon eine Menschentraube versammelt. Ich drängle mich zum Verkäufer durch, zwei Tickets nach Khartoum, bitte. Nur noch ein Platz übrig, sagt er. Mir wird heiß. Es ist schon neun Uhr. So viel Kaffee, Tee und Warten, nur um den Bus vor der Nase zu verpassen? Der Khartoumer ist mir gefolgt und redet jetzt auf Arabisch auf den Verkäufer ein. Ein ernster Blick, ein nachdenkliches Wiegen des Kopfes, okay, zwei Plätze, bitte sehr. Wann fährt der Bus, frage ich beim Bezahlen. «Jetzt», sagt der Verkäufer gewichtig. Ich renne los, um Dorothee zu wecken, und in Windeseile raffen wir unser Gepäck zusammen. Der Bus fährt natürlich erst drei Stunden später los.

Genau genommen ist der Bus ein umgebauter Lkw. Wie lange die Fahrt dauern soll, kann uns keiner genau sagen. Die Auskünfte reichen von 15 Stunden bis zu zwei Tagen. Wir freuen uns wie die Könige, einen Sitz in der letzten Reihe an der Tür erwischt zu haben. Endlich mal viel Platz für die Beine. Doch schon nach 500 Metern werden wir durch die erste Bodenwelle im Wüstensand eines Besseren belehrt. Aus freiem Fall prallen wir auf unsere Sitze zurück, au Backe! Nichts zum Festhalten, kein Vordersitz, der den Stoß abfängt. Und das auf einer unausgebauten Huckelpiste, die jedem Motocross-Fahrer das Herz höherschlagen ließe. Neugierig werden wir aus den vorderen Sitzreihen angegrinst, während unsere Gliedmaßen in der Luft wilde Kapriolen schlagen, um dann unsanft auf dem Schoß des verdutzten Sitznachbarn zu landen. Völkerverständigung der etwas anderen Art.

Zur Belohnung für die willkommene Kurzweil bekommen wir in der Pause Zigaretten geschenkt, ein Polizist aus Saudi-Arabien übernimmt gar die Patenschaft für uns. Bei jedem Halt schaut er nach unserem Wohl und schüttelt dauernd den Kopf.

Er kann selbst nicht fassen, worauf er sich bei diesem Trip eingelassen hat. Eine durchschnittliche Fahrt in einem der Rüttel- und Schüttelautomaten auf dem Hamburger Dom dauert für gewöhnlich nicht länger als fünf Minuten und kostet drei Euro. Aber diese hier dauert nun schon fünf Stunden, quasi unbezahlbar, und wir haben noch nicht mal die Hälfte der Strecke hinter uns. Wir fühlen uns bereits, als würden wir auf unserem unteren Rippenbogen sitzen. Die Sitze sind mit drei Zentimeter dickem Schaumstoff gepolstert, der den harten Aufprall um nichts schmälert. Jeder Arzt hätte uns schon jetzt ein Schleudertrauma bescheinigt. Wer einmal auf einem Rodeobock geritten ist, kann den Bewegungsablauf in etwa nachempfinden. Hysterisch kichernd klammern wir uns unter unseren Sitzen fest, um zumindest die Flughöhe zu beeinflussen.

Im Bus herrscht ausgelassene Stimmung, ausweglos sind alle demselben Schicksal ausgeliefert. Die drei Jungs aus Kairo einige Sitzreihen vor uns drehen sich um, winken uns zu und rufen immer wieder «Nil, Nil!». Ein Ende dieses Rittes ist nicht abzusehen. Wir sind gefangen in einer Zeitschleife, die sich minütlich von Aufprall zu Aufprall wiederholt. Draußen wird es dunkel, und wir reiten weiter durch die Dämmerung. Dann eine Pause. Teppiche werden ausgebreitet, wir werden von unserem saudischen Paten zum Tee eingeladen und strecken unsere verprügelten Körperteile von uns, während sich zehn Meter hinter uns eine Reihe von fünfzehn Kaftanträgern zu einer Mauer aufbaut. Einer nimmt Anlauf, lupft den Ball über ihre Köpfe hinweg in die obere linke Ecke. Tor, Tor!, jubelt die Menge – nein, falsch. Die Gewandeten gehen hingebungsvoll gemeinsam in die Knie zum Sonnenuntergangsgebet. Sogar auf einer solchen Knüppeltour wird nicht versäumt, Allah zu danken. Sie haben auch die besseren Plätze. Die Jungen hingegen, mit denen wir zusammen stehen, scheinen das Spektakel ebenso verrückt zu finden wie wir.

Irgendwann verlieren wir das Gefühl dafür, wie viele Stunden wir schon in diesem Lkw-Bus sitzen. Als die Sonne am Wüstenhorizont unterging, waren es sechs Stunden. Das ist lange her. Jetzt scheinen ein paar Sterne durch die halbblinden Fenster. Im Bus herrscht Finsternis. Seit der Fahrer die Scheinwerfer angemacht hat, ist die Innenbeleuchtung erloschen. Man kann nicht alles haben. Mit jeder Bodenwelle werden die Passagiere tiefer in eine eigenartige Trance hineingeschleudert. Vorhin schweiften die Gedanken noch in die Vergangenheit, in die Zukunft, prallten ab und verebbten schließlich. Wir haben längst aufgehört, von einem kühlen Bier zu träumen. Alles, was geblieben ist, ist dieser rollende Schüttelrost, die pure Gegenwart. Wir haben keine Bedürfnisse mehr, starren in die Dunkelheit des Busses und versuchen, den nächsten Stoß abzufangen. Keine Musik, kein Buch, in dessen Traumwelten wir entfliehen könnten. Hellwach sind wir das reine körperliche Sein, ein leichter Schmerz. Ja, wir sind. Und lächeln unbegreiflicherweise. Dann zünden wir uns eine Zigarette an, rauchen mit unseren Sitznachbarn und sprechen über Fußball.

Ohne weitere Erklärung wird um zwei Uhr unvermittelt im schwarzen Nichts angehalten. Festgefahren im Sandboden? Einige nehmen ihre Teppiche und Wolldecken unter den Arm und legen sich nach draußen. Jetzt haben auch wir es verstanden: Schlafen befohlen! Unvorbereitet auf dieses Nachtlager, bleiben wir im Bus und versuchen, im 90-Grad-Winkel einzuschlafen. Wenigstens rüttelt es jetzt nicht mehr, dafür wird mehrstimmig atonal geschnarcht. Einer hat Schnupfen, und sein Rotz blubbert rhythmisch durch seine Nebenhöhlen. Keine Chance, so kriegen wir kein Auge zu. Wir steigen über Leiber und schlafende Körperteile aus dem Bus und legen uns mit unserem dünnen Deckchen in die klirrend kalte Wüstennacht. Nach zwanzig Minuten kapitulieren wir auch hier. Lieber aufrecht im warmen Bus dösen, als hier draußen in der Waagerechten zähneklappernd zum Eisblock werden. Zurück im Bus gelingt es uns auf wundersame Weise doch noch, drei Stunden zu schlafen. Um halb acht heißt es dann wieder aufsitzen zum achtstündigen Schlussritt nach Khartoum. Nach 28 Stunden Busfahrt hat das Wort Sitzfleisch eine neue Bedeutung bekommen. Wir haben jedenfalls keins mehr.

km 9000 Ein afrikanischer Moloch

Khartoum und wir werden keine Freunde, das steht sofort nach der Ankunft fest. Ein Lehm und Beton gewordenes Nichts am Zusammenfluss von Weißem und Blauem Nil. Überall sieht es aus wie nach einem Bombardement. Brachflächen, Hausskelette, bei denen man nicht weiß, ob es unfertige Neubauten oder Ruinen sind. Im Industriegebiet vor Khartoum warten Ziegenherden mit ihren Hirten zwischen Fabriken auf was auch immer.

Je 40 Kilometer in alle vier Himmelsrichtungen erstreckt sich dieser platte Drittweltmoloch von der Innenstadt aus. 1977 lebte hier eine Million Einwohner, heute sind es zwei, drei oder vier, seit damals hat niemand mehr nachgezählt. Die Innenstadt ist ebenso amorph wie die Vorstädte, auch hier Seitenstraßen aus Schutt, Bankgebäude von undefinierbarem Architekturstil, die eine oder andere Ziege. Das klingt vielleicht interessant, ist in Wirklichkeit aber trostlos. Der Freundlichkeit der Sudanesen tut das allerdings keinen Abbruch. Ein Späßchen, ein Lachen, und wenn man nicht weiterweiß, hilft jemand. Nur Soldaten sollte man doch besser meiden.

Guesthouses gibt es in Khartoum so gut wie nicht, für die wenigen verirrten Rucksackmenschen hat sich hier noch keine Branche entwickelt. Das billigste Doppelzimmer, das wir im *Falcon Hotel* finden, kostet 38 Dollar, ist aber ganz in Ordnung. Um die Ecke befindet sich der Treffpunkt für die Hilfsorganisationen im Sudan, das *Hotel Acropole*. Eine Nacht kostet die geplagten NGOler hier stolze 175 Dollar. Auch Helfen ist ein ordentliches Geschäft. Wir gehen kurz dorthin, um in Ermangelung eines Handbuchs über den Sudan ein paar Informationen rauszubekommen. Die beiden Griechen, die das Hotel leiten, sind ziemlich arrogant. Sie geben uns das ungute Gefühl, als Traveller nur Pack zu sein, erst recht, wenn man noch den Staub der Wüste an sich hat. Alkohol gibt es im ganzen Staat offiziell nicht. Zumindest in Khartoum können Ausländer und vermutlich auch einheimische Oberschichtler in einigen wenigen privaten Clubs picheln. Wir müssen uns nach all den Strapazen mit einem alkoholfreien Bier begnügen, das uns der eine der beiden Acropolisten herablassend serviert.

Während wir unseren Gerstensaft im Foyer des Hotels hinunterstürzen, blättern wir im *Sudan Monitor*, einer englischsprachigen Tageszeitung. In einer Provinz hätten Frauen, so ist in einer Kolumne zu lesen, ein Alkoholgebräu entwickelt, das knallt. Sie haben es «Internet» getauft, «because it connects you to the world within», wie der Kolumnist schreibt. Können diese Frauen nicht den sudanesischen Staat übernehmen?

Am nächsten Mittag machen wir uns zu Fuß auf den Weg nach Omdurman, dem einzigen offenbar etwas älteren und gewachsenen Stadtteil, der einen großen und bunten Markt haben soll. Wir folgen von der Innenstadt dem Nilufer, an dem sich grimmige Soldaten vor Ministerien langweilen. Kein Café, keine Promenade. Als wir uns auf eine Bank setzen, um auf den traurigen Nil zu schauen, werden wir weggescheucht. Hinsetzen nicht erlaubt. Kurz vor dem Zusammenfluss von Weißem und Blauem Nil kapitulieren wir vor der Hitze des Nachmittags und dem Muskelkater unserer Bustour. Für ein Taxi reichen unsere paar Sudanesischen Dinar nicht mehr, wir müssen uns erst neues Geld besorgen. Ermattet kehren wir in unser Hotel zurück und lassen für den Rest unserer Zeit Khartoum Khartoum sein.

Es geschehen Zeichen und Wunder. Der Bus, den wir am nächsten Morgen besteigen, ist ein nagelneuer Mercedes-Reisebus. Die Busgesellschaft El Gailani muss von einem reichen Saudi im Namen der arabischen Brüderlichkeit finanziert worden sein, anders ist diese Luxuskarosse nicht zu erklären. El Gailani habe «good service», haben die Leute am ebenfalls brandneuen Busbahnhof in Süd-Khartoum, der eher einem Flughafen gleicht, gesagt. Sie hatten recht. Wir bekommen Kaffee, ein Frühstück, Cola, Saft und Kekse. Währenddessen gleiten wir sanft abgefedert durch die Landschaft in Richtung Südosten. Und siehe da, auch hier ändert sich etwas. Die öde Ebene weicht einer freundlichen grünen Hügellandschaft, die Städte bestehen jetzt aus runden Lehmhütten mit Strohdach, sind auf einmal sauber und gepflegt. Gedaref, wo wir aussteigen, ist geradezu malerisch im Vergleich zum Nordsudan.

Mit einem Taxi lassen wir uns zum Markt von Gedaref bringen, wo die Trucks nach Äthiopien abfahren. Wir bezahlen unsere Fahrt und warten in einer Hütte mit anderen Reisenden. Zwei Sudanesinnen in leuchtenden Gewändern beobachten uns kichernd. Ob sie auch eine Zigarette haben könnten? Es ist das erste Mal, dass Frauen uns danach fragen, ja, seit der Türkei überhaupt in der Öffentlichkeit rauchen. Da geben wir besonders gerne eine aus und paffen mit ihnen bei einem kleinen Small Talk die Wartezeit weg. Dann kommt Bewegung in die Hütte: Der Truck ist startklar. Wir klettern auf die Ladefläche, die schon mit Ersatzreifen und landwirtschaftlichem Gerät vollgestellt ist. Das kann ja was werden. Einer der Sudanesen auf der Ladefläche hat auf seinem T-Shirt «one life – live it» stehen. Ein gutes Motto für die nächsten Stunden.

Tausche Abitur gegen Sport-BH. Afrika, 42 Grad, die Sonne brennt. Perfekter Halt dank 3-Wetter-Taft. Schön wär's. Vier Stunden soll die Fahrt von Gedaref zur äthiopischen Grenze dauern, für 180 Kilometer. Stehend wohlgemerkt, zusammengepfercht zwischen 35 weiteren Passagieren und dem ganzen Kram auf der Ladefläche des Lkws. Durch zerfurchte Pisten, die ihren Namen nicht verdient haben. Ein Schlagloch nach dem anderen. Bloß nicht die Knie durchdrücken, dann wird man zur Stange und kann die Stöße nicht mehr abfedern. Den Klammergriff haben wir zwar schon auf der letzten Bustour perfektioniert, aber der nützt uns wenig. Die Fliehkraft reißt mich vom Boden, das gesamte Gewebe meines Körpers ist in ständiger Auf- und Abwärtsbewegung. Ich fühle mich wie in einem Dauerbelastungstest für IKEA-Schubladen. Die beiden kichernden Mädchen im Strohhüttchen am Marktplatz wollten mich vor der Abfahrt noch schminken, aber durch das Hochhalten meiner Sonnenbrille habe ich ihnen klargemacht, dass es sinnlos ist, mir die Augen anzumalen. Überhaupt sind die Frauen hier in diesem Teil von Afrika ein eigenes Kapitel. Nicht nur, dass sie größtenteils wunderschön geschnittene Gesichter haben, sie sind auch erstaunlich selbstbewusst und offen. Eine

Wohltat nach der männerdominierten arabischen Welt. Nach fünf Stunden auf dem Rüttelbrett, übersät mit blauen Flecken und Schürfwunden und Gesichtern wie Bergarbeiter, kommen wir am sudanesischen Grenzort Gallabat an. Man muss sich das mal vorstellen, das ist, als ob man sich *Herr der Ringe*, Teil 1 und 2 stehend anschaut und dabei noch durchgeschleudert wird. Heute Nacht kann ich überall schlafen, Hauptsache in der Waagerechten, geduscht wird morgen.

km 9780 Im Märchenland

Als es schon dunkel ist, passieren wir endlich die Brücke zwischen dem Doppeldorf Gallabat/Sudan und Metema/Äthiopien. Mateus, ein junger Typ, der sein Auskommen als Grenzgänger findet, hat uns durch die «Amtsstube» gelotst – eine Strohhütte, in der uns ein gutgelaunter Grenzbeamter den Einreisestempel gibt. In der Hauptstraße angekommen, staunen wir über das brodelnde nächtliche Leben dieses Kaffs an der Grenze. Die Frauen tragen keine Kopftücher mehr, und alle machen einen ziemlich entspannten Eindruck. In einer Hüttenbar laufen Funk, Reggae und äthiopische Musik, wir fallen verschwitzt und staubbedeckt auf einen Stuhl und trinken das erste Bier seit Ägypten. Metema ist in diesem Augenblick das reinste Travellerparadies! Dass es schäbig ist, stört uns nicht, im Schein der Lichter wird hier alles in eine Hippie-Atmosphäre getaucht. Und wir sind zu kaputt, um noch Ansprüche zu stellen. Unser Zimmer ist ein Verschlag mit Vorhängeschloss, die Toilette im Hof ein Loch im Boden, auf dessen Grund es so seltsam glitzert. Wir leuchten mit einer

Taschenlampe rein: ein einziges Krabbeln und Wabern. Auch das ist Reisen.

Mateus, unser guter Geist, findet für uns hinter der zehnten Hütte abseits der Hauptstraße noch ein geöffnetes Restaurant, in dem wir zum ersten Mal Injera, das graue, poröse, pfannkuchenartige Brot Äthiopiens, mit einer Fleischsoße essen. Zum Schluss noch einen Absacker in einer der unzähligen Hüttenbars, in denen sich nur junge Leute tummeln. Keiner scheint älter als 25 zu sein. Mit 72 Millionen Einwohnern ist Äthiopien das zweitbevölkerungsreichste Land Afrikas, und wahrscheinlich ist wie überall in der Dritten Welt die Hälfte der Bevölkerung noch nicht einmal volljährig. Ob Metema bei Tageslicht traurig aussieht, werden wir nie erfahren. Unser Bus nach Gondar fährt am nächsten Morgen freundlicherweise um halb sechs.

Gondar ist verwirrend und unwirklich. Es liegt in 2200 Metern Höhe, mit jahrhundertealten burgartigen Schlössern, die fast schottisch anmuten, eingerahmt von Hügeln mit Waldstücken und Weiden, die einen eher an eine Voralpenlandschaft erinnern. Schilder sind mit seltsamen Runen beschriftet, in der über 2000 Jahre alten Schrift Ge'ez. Mehr als zweihundert Jahre war Gondar die Hauptstadt des äthiopischen Kaiserreichs, das so lange den Europäern widerstand. Zu einer Zeit, als der afrikanische Kontinent schon fast vollständig unter den Kolonialmächten aufgeteilt war, schlug es 1896 in der Schlacht von Adwa die italienischen Invasionstruppen und rettete damit noch einmal seine Unabhängigkeit. Knapp vierzig Jahre später kehrten die Italiener zurück und errichteten eine brutale Besatzungsherrschaft, die schätzungsweise 800 000 Äthiopier das Leben kostete. 1941 war der Albtraum vorbei.

Im *Ethiopia Café* trinken wir an der «Piazza», die aus der Besatzungszeit stammt, erst mal einen Kaffee. Schön stark, die äthiopische Variante des Espresso, mit unglaublich viel Crema. Den Trick finden wir bald heraus. In Äthiopien wird auch der schwarze Kaffee mit der Dampfdüse der Espressomaschinen aufgeschäumt. Die Menschen hier sind zwar schwarz wie der Kaffee, aber ihre Gesichtszüge sehen oft geradezu europäisch aus. Wir kommen uns vor wie in einem dieser unter dichten Wolken verborgenen Märchenländer, in dem die Duck-Familie nach Tausenden von Kilometern auf Schatzsuche regelmäßig abstürzt. Gondar ist ein Afrika, das überhaupt nichts mit unseren Bildern im Kopf gemeinsam hat.

Mit den Äthiopien-Klischees, die sich seit dem Band-Aid-Konzert 1984 in allen Köpfen festgesetzt haben, hat es auch nichts zu tun. Hungernde Blähbäuche und fliegenübersäte Kinderköpfe sucht man in Gondar vergeblich. Bettler gibt es allerdings zuhauf, die sogar für die Einheimischen ihr Sprüchlein runterbeten. Auffällig ist, dass hier unglaublich viele Leute in den Straßen unterwegs sind, ohne erkennbar etwas zu tun zu haben. Das ist das einzige Indiz dafür, dass es Äthiopien nicht allzu gutgeht (im Human Development Report der UNO liegt es auf Platz 170 von 177).

Sobald wir einen Fuß vor die Tür des Cafés oder unseres Hotels setzen, sind wir von einer Horde Kinder und Jugendlicher umringt, die uns wie ein Schwarm folgt. Die Kleineren fragen: «Mister, buy me book?», die Älteren: «You go to Simien Mountains?» Daran muss man sich gewöhnen, die Kerle verschwinden nicht. Die Erwachsenen sind auf den ersten Blick umso reservierter. Sitzt man aber erst mal mit ihnen in einer der vielen Kneipen um die Piazza zusammen, tauen sie sofort auf. In einer Mischung aus Kramladen und Bar trinken wir äthiopischen Ouzo – nicht schlecht! – und lästern über die Prohibition im Sudan. Da lachen die Äthiopier schallend. Währenddessen wird über die Tresentheke Wasser und Klopapier verkauft. In der Ecke wippt ein Mann im Rhythmus der Musik. Die Besitzerin des Ladens winkt uns am nächsten Morgen gleich freudestrahlend zu – wahrscheinlich auch, weil wir meinten, äthiopische Frauen würden so gut aussehen. Das hat ihr sichtlich geschmeichelt.

Die äthiopischen Männer entpuppen sich als fußballverrückt. Als wir nachmittags in unserem Zimmer sind, hören wir plötzlich ein tierisches Geschrei von oben. Was ist passiert? Wir rennen hoch zur Bar im Dachgeschoss, die aus allen Nähten platzt. Ah, die Leute schauen Fußball, ein Tor ist gefallen. Bei dem Lärm muss es sich um ein Länderspiel der äthiopischen Mannschaft handeln. Ein Blick auf den Bildschirm belehrt uns eines Besseren: Es ist ein ganz normales Premier-League-Spiel zwischen Arsenal und Birmingham. Englischer Fußball ist hier so angesagt, dass die Bar Eintritt von den Fußballbegeisterten nehmen kann und sogar die Mädchen Klebebilder von Wayne Rooney und anderen Helden der englischen Fußballliga sammeln.

Unser Hotel ist auch sonst recht kurios. Ein runder Bau, der sich über sechs Etagen erstreckt. Laut Handbuch hat es vor vier Jahren geöffnet, aber es sieht bereits so aus, als hätte es Jahrzehnte auf dem Buckel. In unserem Zimmer liegt ein verfleckter Teppich, den man mit nackten Füßen nicht betreten möchte. Wir breiten die riesige Tagesdecke unseres Bettes darüber. Das findet die Putzfrau, die irgendwann klopft, gar nicht lustig: Der Boden sei schmutzig, das ginge nicht. Wir schauen uns erstaunt an. Welch bestechende Logik. Dann geht sie auf unseren Balkon, auf dem sie Eimer und Feudel deponiert hat. Unser Zimmer ist offenbar ihre Besenkammer.

Glücklicherweise kommt sie nicht wieder. So können wir in Ruhe auf dem rundgebogenen Balkon sitzen und in die

Landschaft schauen. Durchatmen. Die erste große Etappe ist geschafft. Bis Gondar regierte der Zeitplan, aufgedrückt vom Stempel des äthiopischen Visums. Das hatten wir ahnungslos viel zu früh in der Botschaft in Berlin geholt. Denn zum Visum gehört eine Einreisefrist, auf die wir erst gar nicht geachtet hatten. Macht nichts. So haben wir mehr Zeit in Ostafrika mit seinen phantastischen Landschaften. Städte und historische Orte haben wir auch genug gesehen. Erinnerungen an zu Hause ziehen herauf: an St. Pauli und die Phiesta-Gang, an ein Kölsch in der *Bar Centrale*, einen Wein an der Straßenecke bei *Mr. Kebap* (in unserer Erinnerung ist in Hamburg immer noch Spätsommer), an das Schwarzbrot aus der Bäckerei in der Paul-Roosen-Straße, ein Fischbrötchen an den Landungsbrücken, die Elbe, einen Galao beim Portugiesen, einen Schwarzen bei Karlo, die Jazzabende in *Die Welt ist schön* ... zwei Monate ist das alles schon her. 9800 Kilometer haben wir seit dem Dammtor-Bahnhof zurückgelegt. Ungefähr die gleiche Strecke liegt nochmal vor uns, wie uns zwei Südafrikaner an der Grenze gesagt haben, die von Kapstadt hochgekommen sind.

km 9960 Frust mit Seeblick

Beschwingt fahren wir – wie in Äthiopien üblich – im Morgengrauen von Gondar nach Bahar Dar am Tana-See weiter und finden noch vor dem Frühstück ein einladendes Zimmer im Hotel *Dubambessa*, für hiesige Verhältnisse gehobene Mittelklasse. Doch dann folgen zwei Tage, die es in sich haben. Schlimmer noch, wir sind am Ende total frustriert und regen uns auf. Genau das aber macht einen als Reisenden angreifbar. Wenn einem das Lachen erst einmal vergeht, kommt's umso dicker.

Es beginnt mit einer Komödie auf der Hotelterrasse mit Seeblick. Als wir unser Frühstück bestellen, nickt die Kellnerin unablässig, und uns schwant schon, dass sie kein Wort verstanden hat. Drei Minuten später kommt ihre Kollegin, die ein wenig Englisch kann, und nimmt die Bestellung noch einmal auf. Irgendwann kommt das Brot. Fünf Minuten später die Cornflakes (die ersten in Afrika) – trocken. Fünf Minuten später die Milch. Dann ein einzelner Saft. Wir lachen schon. Zuletzt kommt das Besteck. Fast keiner in diesem Schuppen spricht einen zusammenhängenden Satz Englisch. Aber alle nicken und sagen ständig «yes», auch wenn man eine Frage stellt, die man nicht mit «ja» beantworten kann. Nur der Hoteldirektor ist eloquent. Sichtlich amüsiert erzählt er uns von seinen Erinnerungen an seinen Aufenthalt in der DDR, damals in den Achtzigern, als in Addis Abeba noch die Kommunisten regierten. Als er und seine Parteigenossen in Berlin-Schönefeld angekommen seien, hätte man sie erst mal neu eingekleidet. Ihre Klamotten wurden sofort aus Quarantänegründen in den Müll geworfen. Dann erzählt er vom Essen: «Hähnchen und Bier» habe es immer gegeben, das habe ihm ziemlich gut gefallen.

Weniger lustig ist die Touristenverarschung, die später folgt. Unweit von Bahar Dar stürzt der Blaue Nil, der hier aus dem Tana-See entspringt, in einem berühmten Wasserfall in die Tiefe. Den wollen wir uns unbedingt anschauen. Nachdem wir in dem nahen Dorf unser Ticket bezahlt haben, kommen wir nach ein paar hundert Metern an die Stelle, wo man über den noch nicht besonders breiten Nil übersetzen muss. Ein Haufen Burschen umringt uns und will fürs Übersetzen mehr haben als für den Eintritt: 20 Birr, hier immerhin ein ordentliches Abendessen für zwei. Wir sind mit drei gutbetuchten Äthiopiern aus Addis Abeba unterwegs, die ebenfalls kaum glauben können, was diese Typen aufrufen. Als wir uns alle vernehmlich wundern, werden die Jungs auch noch ärgerlich. Wir beißen in den sauren Apfel und setzen mit ihnen über. Dann die nächste Überraschung: Der Wasserfall existiert nicht mehr. Eine lächerliche Dusche rauscht die Felsklippe runter, während das Wasser ins nahe Wasserkraftwerk umgeleitet wird. Das ist das gute Recht der Äthiopier, aber warum streichen sie den «Wasserfall» dann nicht von ihrer Liste der Sehenswürdigkeiten? Die drei aus Addis sind tief enttäuscht, und wir nicht minder.

Aber der Tag hat noch mehr zu bieten. Abends wollen wir nach Nairobi telefonieren, um Erkundigungen bei einer Safari-Agentur einzuholen, die drei Wochen später in Nordkenia eine Route zu dem schwererreichbaren Turkana-See anbietet. Auf unserem Handy erscheint zwar das Netz der Ethiopian Mobile, aber einloggen kann sich unser Gerät nicht. Ein Typ vor dem Hotel, ein Freund von unserem Wasserfall-Guide, bietet uns an, von seinem Handy aus anzurufen, wenn wir eine Prepaid-Karte kaufen. Das machen wir und wählen uns dann mit seinem Handy eine Dreiviertelstunde die Finger wund, um bei jeder Nummer, selbst der der deutschen Botschaft in Nairobi, «The number does not exist» zu hören. Haben wir die falsche Ländervorwahl gewählt? Der Guide und sein Freund können uns nicht weiterhelfen. Das Guthaben von 50 Birr ist allerdings verloren – denn es ist auf das Handy unseres freundlichen Helfers gebucht worden. Ein Schelm, der Böses dabei denkt. Mehr als die Hälfte des Preises will er uns aber nicht geben, denn es sei ja nicht seine Schuld, dass die Verbindung nicht zustande gekommen sei. «I want just be friendly to you.» Unsere Laune sinkt bei diesem blumigen Gelaber weiter.

Am nächsten Tag wird es nicht besser. Wir versuchen, einen Platz im Minibus nach Addis Abeba für den nächsten Tag zu ergattern, weil die Strecke dann in einem Tag zu bewältigen ist. Öffentliche Busse müssen eine Zwangsübernachtungspause einlegen, weil sie nicht nach Einbruch der Dunkelheit fahren dürfen. Lustig nur, dass in Äthiopien alle Busse um 5:30 Uhr losfahren, wenn es stockdunkel ist (der Sonnenaufgang ist hier um sieben) und die Fahrer sicher total ausgeschlafen sind – den in Metema sahen wir noch am Abend vorher um zehn putzmunter beim Picheln. Wir fragen also morgens im Hotel, und ja, verspricht man uns, der Minibusplatz werde organisiert. Als wir mittags nachfragen, weiß an der Rezeption niemand auch nur irgendetwas. Sicherheitshalber hauen wir noch einen zweiten Typen draußen vor dem Hotel an, denn jeder behauptet hier, einen Platz im Minibus organisieren zu können. Nachmittags kommen auf einmal zwei Männer auf uns zu, der Deal sei perfekt, Fahrer und Wagen kämen gleich zur Begutachtung – man soll hier nämlich in kein Fahrzeug einsteigen, das man nicht vorher gesehen hat. Stunden vergehen. Währenddessen schnellt der Preis um 50 Prozent in die Höhe. Das liege an Angebot und Nachfrage, erklären uns die Äthiopier. Viel Nachfrage, höhere Preise. Marktwirtschaft im Stundentakt. Folgerichtig wird der Mann, der die Minibusse organisiert, auch der «Broker» genannt. Aber es gibt nur einen Broker im Ort. So viel Marktwirtschaft ist es dann auch wieder nicht.

Als wir erneut fragen, wann denn der Wagen komme, wird einer der Typen fuchtig. «Do it or not», sagt er, «I'm not pushing you.» Da müssen wir fast lachen, wenn wir nicht schon so wütend wären. Weitschweifige Erklärungen folgen zum x-ten Mal, dann wieder Druck, sich für einen der beiden Minibusse zu entscheiden. Nun könnte man sagen, wir seien von unserer Sudan-

Durchquerung ausgepowert. Sind wir, keine Frage, sonst hätten wir das alles weggelacht. Aber wir haben zwischendurch andere getroffen, denen es in dieser Stadt genauso geht. Ein älterer Serbe bei uns im Hotel schimpft wie ein Rohrspatz auf Bahar Dar. Ein Traveller-Paar aus Israel, das wir in einem Café kennenlernen, ist fürchterlich enttäuscht, und das, obwohl die Frau ursprünglich aus Äthiopien stammt. Sie findet ihr früheres Heimatland fürchterlich. Können wir bitte doch noch einmal die Araber zurückhaben?

Business Class im Minibus. Morgens um halb fünf werden wir im Stockdunkeln abgeholt. Im Wagen sitzt neben dem Fahrer schon das brasilianische Paar, das wir tags zuvor auf unserer Jeep-Suche für die Fahrt nach Addis Abeba im Hotel *Ghion* am See kennengelernt hatten. Er Typ Roberto Benigni, sie Modell altes Mädchen, beide pfiffig und weltoffen. In der morgendlichen Dunkelheit sehen wir Frauen mit Reisigbesen die staubige Straße fegen, zumindest morgens ist die Stadt adrett und aufgeräumt, beinahe asiatisch mutet dieses Bild der weiblichen Straßenkehrer an. Unser Gepäck wird aufgeladen und festgezurrt, das Handgepäck kommt in den Wagen, doch Moment, wo ist unser Footprint-Handbuch für Ostafrika? Niels hatte es nur kurz aufs Dach des Wagens gelegt. Aber da liegt es nicht mehr, auch nicht unter den Sitzreihen, einfach weg. Dann müssen wir eben wieder auf eigene Faust weitermachen.

Während wir durch das nächtliche Bahar Dar zuckeln, halten wir neben dunklen Silhouetten am Straßenrand, die diesen Trip offensichtlich auch gebucht haben. Die hinteren Sitzreihen im Jeep entlang der Fenster sind für jeweils vier Personen nebeneinander vorgesehen, so wie es der Broker am Abend vorher erzählt hat. Ein Wagen für zehn Reisende, zwei vorne und hinten je vier pro Seite. Aber unser Fahrer denkt gar nicht dran, nach dem zehnten Insassen endlich die Route nach Addis einzuschlagen. Pustekuchen, wir sammeln lustig weiter Leute ein, die nun verdutzt gucken, weil sie glaubten, einen Sitzplatz bezahlt zu haben. Davon hatte ihnen der Broker wohl nichts erzählt. Und uns nicht, dass wir nicht nur das Doppelte, sondern das Sechsfache des einheimischen Tarifs gezahlt haben. Als dann der siebente Hintern sich auf das für vier vorgesehene Polster zwängen will, werde ich von hinten angepfiffen, ich möge doch gefälligst mal ein Stück rücken. Wohin denn noch, neben mir befindet sich die Vorderkabine und beinahe auf meinem Schoß schon der Nebenmann.

Innerlich platzt mir der Kragen, aber ich versuche, gelassen und freundlich zu sein, und antworte auf den Wunsch, doch Platz zu machen, mit einem Lächeln auf den Lippen: «No, I won't. You know, I've paid business class!» Provokativ, das gebe ich zu. Die prompte Antwort kommt auch gleich von hinten: «No, you don't, we are all equal!» Na ja, so kann man es auch sehen, stimmt aber nicht so ganz und schon gar nicht hier. So langsam platzt mir auch äußerlich der Kragen: «Nein, sind wir nicht! Wir sind nicht gleich, ihr seid schwarz, und wir sind weiß, und so behandelt ihr uns, wie goldene Kühe und nicht wie Gäste. Ihr solltet doch am besten wissen, dass Rassismus falsch ist!» Stille im Wagen. Diejenigen, die die englische Unterhaltung verstanden haben, gucken bedröppelt zu Boden, die anderen haben am Tonfall gemerkt, dass hier nicht über das Wetter gesprochen wird. Na prima, und die Fahrt nach Addis dauert noch zehn Stunden.

Addis Abeba – Nairobi

km 10 520 Macchiato an der Piazza

Was für eine Erleichterung. Wir hatten schon mit dem Schlimmsten gerechnet. Addis, wie man hier kurz sagt, sei eine trostlose Stadt, erzählten uns die anderen Traveller in Bahar Dar, noch viel schlimmer als diese Stadt am Tana-See. Gar nicht: Addis ist klasse. Eine interessante Großstadt, die in einem Talkessel liegt und anders als Sudans Hauptstadt Khartoum wirklich eine lebendige Stadt ist. Um die Ecke von unserem «Hotel Baro», das einen üppig grünen Innenhof hat, im Piazza-Viertel reihen sich Bars und Puffs aneinander. Schnell haben wir unser Lieblingsstraßencafé gefunden und trinken hervorragenden «Makiato», die Kurzform für Espresso Macchiato. Äthiopien ist einfach ein Paradies für Kaffeetrinker. Geschäftsleute, Tagediebe, Stadt-Hipster sitzen hier gegenüber dem Kino in der Sonne und schlürfen ihren Kaffee. Die Kellnerinnen haben abgefahrene Lockenfrisuren, und gut sehen sie sowieso fast alle aus. Die Stimmung steigt, das Heimweh verfliegt beim zweiten Makiato, und Bahar Dar ist nur noch eine Episode.

Äthiopien wartet mit immer neuen Überraschungen auf: Auf hiesigen Kalendern ist heute der 10. 4. 1997. Das Land lebt im wahrsten Sinne des Wortes in der Vergangenheit, weil hier noch die alte julianische Zeitrechnung gilt, die bei uns am Ende des Mittelalters abgeschafft wurde. Und wenn man mit Einheimischen eine Uhrzeit ausmacht, heißt es: «Okay, at eight o'clock in your time.» Wir haben dieses «in your time» zuerst für eine Floskel gehalten. Zwar hatten wir uns gewundert, dass äthiopische Uhren nie die Zeit zeigten, die wir im Kopf hatten. Aber irgendwann merkten wir, dass die Uhren konsequent anders gehen, und zwar sechs Stunden vor – oder nach, je nachdem, wie man es sehen will. Um zwei Uhr nachmittags ist es auf äthiopischen Handgelenken acht. Des Rätsels Lösung: Der neue Tag beginnt mit dem Sonnenaufgang um sechs. Sieben Uhr morgens ist hier also ein Uhr am Tag, sieben Uhr abends ein Uhr nachts.

Auch sonst ist die Vergangenheit allgegenwärtig. Im Kino gegenüber unserem Straßencafé läuft *The Rock* mit Sean Connery, ein Action-Schinken von 1996, oder *Ich weiß, was du letzten Sommer getan hast* von 1997. Die Zeitungshändler vor dem Kino verkaufen *Time-*, *Newsweek-* oder *Economist-*Ausgaben von 2001. Keine Ahnung, wer das noch liest. Selbst in einem ordentlichen Buchladen wie *Bookworld* sind nur vier, fünf Wochen alte internationale Magazine zu bekommen.

Mitten in Addis steht eine Festung. Sie gehört zum Königreich *Sheraton* und ist die Residenz der Reichen und der Business-Welt, inmitten der Straßenbuden und alltäglichen Durchschnittsarmut. Weil es der einzige Ort in Addis ist, an dem man mit einer Kreditkarte Geld holen kann und wir unsere baren Dollars noch aufheben wollen, machen wir uns auf den Weg dorthin. Vorbei an uniformierten Wachen, durch Sicherheitsschleusen geht es in eine wohltemperierte Halle. Professionell lächelndes Personal begrüßt uns zurückhaltend. Aus den Lautsprechern rieselt sanft Konserven-Weihnachtsmusik, unter dem Weihnachtsbaum liegen Deko-Geschenke, alles funkelt und glitzert. In diesem gigantischen Hotelkomplex kosten die Zimmer im Schnitt 300 Dollar die Nacht, die Suite ist für schlappe 4300 Dollar zu haben. Eine Summe, die für einen Äthiopier einem Lottogewinn gleichkäme. Aber für einfache Bürger ist dieser Schuppen auch nicht gedacht, hier ist man «entre nous». Im hoteleigenen Bookshop wollen wir ein Buch über die afrikanische Entwicklungspolitik mit Kreditkarte bezahlen, immerhin 198 Birr, umgerechnet ungefähr 18 Euro. «No, not for small amounts», lächelt uns die äthiopische Kassiererin an. Was wäre denn ein ausreichender Betrag, wollen wir von ihr wissen. «Starts at 500 Birr», ist ihre gepflegte Antwort. 500 Birr! Das durchschnittliche äthiopische Monatseinkommen ist hier der Mindestbetrag für Kreditkartenzahlung. Unfassbar! Wer hier absteigt und behauptet, in Äthiopien gewesen zu sein, lügt sich in die eigene Tasche. Dabei gehört die *Sheraton*-Hotelkette dem steinreichen Äthiopier Al Amoudi. Auch den Pepsi-Konzern nennt er sein Eigen. In Äthiopien lebt er natürlich schon lange nicht mehr. Ausgewandert in den Siebzigern, residiert er nun in Saudi-Arabien – ars vivendi!

Am Sonntagnachmittag sind die Straßen von Addis wie leergefegt. Die Nation hängt vor dem Fernseher, um Fußball zu gucken: Äthiopien spielt in der Ostafrika-Meisterschaft gegen Sansibar, im letzten Gruppenspiel vor dem Einzug ins Halbfinale. Was da im Schneegestöber des Fernsehbildes in unserem Hotelinnenhof zu erkennen ist, beeindruckt allerdings nicht gerade. Es ist ein einziges Ballgeschiebe im Mittelfeld, bei dem immer wieder der Ball auf dem Grasacker im Stadion von Addis verspringt. Im Strafraum passiert nichts. «Den Äthiopiern fehlt ein Torjäger», sagen wir zu einem älteren Äthiopier, der auch zuschaut, in der Halbzeit. «Ihr habt es erfasst», antwortet er lächelnd. Nach der Pause wird es dann doch besser, Äthiopien dreht jetzt auf. «Antenne» treibt den Ball immer wieder über die linke Seite, aus dem amharischen Wortstrom des Reporters zu schließen, müsste das der Name des Spielers zu sein. Die Sansibarer sind noch schwächer geworden und fallen alle paar Minuten theatralisch zu Boden. Antenne passt zu «Schnaffi», Schnaffi zu «Aider», plötzlich ein Getümmel im sansibarischen

Strafraum, der Ball fliegt senkrecht nach oben, was macht der sansibarische Torwart da? Er kommt nicht heran, ein Äthiopier legt sich quer in die Luft und hämmert die Kugel zwischen vier verdutzten Abwehrspielern aus zehn Metern ins Netz. Ohrenbetäubender Jubel bricht los, die Lautsprecher des Fernsehers verzerren: Es steht 1:0 für Äthiopien, und die Gesichter der Äthiopier im Hotelinnenhof entspannen sich. Einige Minuten später: Schnaffi und Antenne haben wieder die sansibarische Abwehr durcheinandergebracht, der Ball wird in die rechte Strafraumhälfte gepasst, Aider, dieser Ballfuchs, stoppt vorbildlich, legt sich auf rechts vor, zieht ab – und Tor! 2:0 für Äthiopien. Da sah der sansibarische Torwart alt aus, als die Kugel an ihm vorbei ins rechte obere Eck zischte. Kurz vor Schluss besorgt Aider mit einem flachen 20-Meter-Schuss ins linke untere Eck den 3:0-Endstand. Die Zuschauer tanzen, Gesänge erschallen von der Tribüne, die den gleichen Rhythmus wie in unseren Stadien haben, und eine äthiopische Pop-Ikone mit weißen Haaren schmettert nach Abpfiff ein patriotisches Lied. *Sheraton*-Besitzer Al Amoudi, der den Ostafrika-Cup sponsert, bekommt vor laufender Kamera eine Krokodilhaut geschenkt. Draußen hört man die ersten Autos hupen. Heute sind alle glücklich.

In Addis befindet sich der größte Markt in Ostafrika, der «Mercato». Er ist so groß, dass wir ihn zunächst fast übersehen. Denn all die Wellblechdächer, die sich westlich vom Piazza-Viertel den Hang hinabziehen, gehören nicht etwa zu einem heruntergekommenen Stadtteil. Darunter verbergen sich Marktbuden, oft durch Gänge von höchstens anderthalb Metern Breite getrennt. Der Mercato erfordert eigentlich einen eigenen Stadtplan. Da gibt es ein ganzes Viertel, in dem nur Stoffe verkauft werden, das so groß ist wie in vielen anderen Städten der gesamte Markt, andere nur für Schuhe, Korbwaren oder Haushaltskram. Nachdem wir zwei Stunden in sengender Hitze durch dieses scheinbare Durcheinander gelaufen sind und gerade noch einmal dem Kauf äthiopischer Trachten entkommen sind, landen wir im «Recycling-Viertel». An einer Ecke werden leere Mineralwasserflaschen zu Bündeln verschnürt, leere Konservendosen gesammelt. Ein paar Meter weiter stoßen wir auf Berge alter Reifen, die zerschnitten und in jene Gummisandalen verwandelt werden, die schon Hemingway 1935 in «Die grünen Hügel Afrikas» beschrieb. Wir winden uns zwischen «you» rufenden Kindern und neugierigen Erwachsenen hindurch. Die Gasse wird immer enger und schmutziger, fällt ab, Ölschlieren schimmern in Pfützen zwischen dicken Wackersteinen. Ein lautes Hämmern ertönt, wir sind bei den Eisenwaren gelandet. Schwarzverschmierte Blaumänner schlagen auf ausrangierte Stoßdämpfer von Lastern und Bussen ein, andere sitzen im Schmodder und biegen Armiereisen. Zu Bündeln geschnürte Stahlstäbe ragen meterhoch in den Himmel. In einem Verschlag sitzt ein Mann und repariert Bügeleisen. Überall stapeln sich jetzt Elektroartikel und Elektroschrott, Laden an Laden, kein Knopf, kein Schalter, kein Motor, der sich hier nicht finden ließe. Käufer schieben sich durch die Gassen, Frauen tragen Körbe und Wannen hindurch, niemand steht still, alle suchen den Weg zu einem Gegenstand, der ihnen fehlt.

Was bei uns wahlweise als ökonomischer Luxus oder ökologische Zukunftsvision gilt, hier ist es blanke Überlebenskunst. Alles muss weiterverwertet werden, weil das Neue unbezahlbar ist. Die Alltagstechnik, die wir uns zu Hause einfach in einem Geschäft kaufen, ist hier ein schweineteurer Import, den sich nur die Upper Class leisten kann. Der Rest ist auf die Kunst des Recyclings angewiesen. Das mag auf den ersten Blick bemitleidenswert oder rückständig wirken, ist aber vielleicht eine

Notwendigkeit der Zukunft auf einem ausgelaugten Planeten. Wenn bei uns eine neue Ölkrise oder ein Crash der Weltwirtschaft die Hightech-Zivilisation zusammenbrechen ließe, wäre Addis längst gewappnet. Hier wüsste man die Lebensdauer der Technosphäre noch um Jahre zu verlängern, wenn man bei uns schon längst resigniert hätte, weil nichts mehr geht.

Hin und wieder kommt auch einmal die Weltpolitik nach Addis. Das Ereignis der letzten Woche war der Besuch von Bundespräsident Horst Köhler, der sich tatsächlich drei Tage Zeit nahm, um das hundertjährige Jubiläum der deutsch-äthiopischen Beziehungen zu würdigen. Im Gepäck hatte er einen Schuldenerlass von 70 Millionen Euro, umgerechnet 770 Millionen Birr. Wenn man berücksichtigt, dass im Alltag ein Birr eine ähnliche Kaufkraft hat wie ein Euro bei uns und der äthiopische Staatshaushalt überhaupt nur einen Umfang von zwei Milliarden Euro, ist das schon eine beachtliche Summe.

Nicht so beachtlich ist aber ein Lapsus der deutschen Delegation, den die hiesigen Zeitungen kritisch vermerkt haben. Seit Jahren verweigert der äthiopische Premier Meles Zenawi unabhängigen Medien die Teilnahme an seinen Regierungspressekonferenzen. Die Deutschen hatten im Vorfeld des Köhler-Besuchs den Wunsch angemeldet, dass das bei der gemeinsamen Pressekonferenz anders sein solle. Irgendein Ministerium versprach, sich darum zu kümmern. Das war's dann auch. Als die Konferenz stattfand, waren wie üblich nur die Journalisten der staatlichen Medien geladen. Das ist nicht nur peinlich, sondern skandalös. Es wäre ein Leichtes gewesen, für den Schuldenerlass so viel Entgegenkommen durchzusetzen. Stattdessen räsonierte Köhler in wohlfeilen Worten über die Probleme Afrikas mit Korruption und Demokratisierung. Der Wortlaut seiner Rede war auch in den englischsprachigen Zeitungen abgedruckt. Das meiste davon heiße Luft. Und einem Premier, der Äthiopien maßgeblich mit in den absurden Krieg gegen Eritrea (1998–2000) hineingeritten hat, erlässt man das Minimum demokratischer Pressekultur. Vor kurzem hat er immerhin einen Fünf-Punkte-Friedensplan für den Konflikt mit Eritrea vorgelegt. Das Erstaunliche: Zenawi begnügt sich nun damit, den Zustand vor dem Krieg von 1998 wiederherzustellen, den er vor zwei Jahren noch als inakzeptabel bezeichnet hatte. Die fünf Punkte selbst sind ein Witz. Punkt 1 beinhaltet zum Beispiel, dass sich Äthiopien dem Frieden verpflichtet fühlt. So füllt man diplomatisches Papier.

Die Wochenzeitung *Capital* titelt «Water crisis in Addis». Das Trinkwasser ist chemisch belastet, die Wasserversorgung in der Hauptstadt offenbar total verrottet und so schnell nicht zu reparieren. Das ist umso erstaunlicher, als große Teile Äthiopiens nicht unter erkennbarem Wassermangel leiden. Addis zum Beispiel liegt im zentralen Hochland, das saftig grün ist. Der Leitartikel von *Capital* ist dennoch tief pessimistisch, sein Fazit: «Ethiopia is dying».

Klar, wer bei uns zu Hause an Äthiopien denkt, wundert sich darüber nicht. Sofort stehen einem die Katastrophenbilder aus den Achtzigern vor Augen. Kinder mit aufgedunsenen Bäuchen, unzähligen Fliegen in jeder Kopföffnung und hungrigen, glasigen Augen. Tatsächlich wachsen hier aber Früchte aller Art in Hülle und Fülle, Mangos, Papayas, gigantische Bananen, Orangen. Eigentlich müsste hier niemand hungern. Doch würde wieder eine Ernte ausbleiben, wüsste sich auch heute keiner zu helfen, die Probleme wären die gleichen wie vor 20 Jahren. Noch immer gibt es keine nennenswerte Vorratshaltung oder irgendeine Katastrophenvorsorge, dabei sind aus den letzten tausend Jahren etliche Hungersnöte überliefert. Was von der letzten geblieben ist, ist der Glaube an die westliche Hilfe, vor allem in finanzieller Hinsicht. Warum dann planen? Beim nächsten Mal würde man ja wieder mit Hilfsgütern aus aller Welt überschüttet. Diese Lektion hat vor allem die Regierung gelernt, die zwei Drittel des Staatshaushalts aus Hilfsgeldern finanziert, aber für sich selbst Millionen auf Auslandskonten geparkt hat.

km 11 020 Weihnachten im Rift Valley

Als wir morgens um halb sechs am Busbahnhof von Addis ankommen, herrscht dort schon unüberschaubares Gedränge. Wir wollen den Bus nach Arba Minch nehmen, haben aber noch keine Karten. Ein junger Typ zeigt auf eine Schlange in der Menschenmenge, vor der ein Mann im Schein der Taschenlampe Tickets verkauft. Doch bevor wir auch nur in seine Nähe kommen, ist der Bus ausverkauft. Kein Problem, es fährt noch ein zweiter, sagt der Junge, der auch nach Süden will, und stellt uns seinen Bruder vor. Ihr seht euch aber nicht sehr ähnlich, stellen wir fest. Wir haben ja auch verschiedene Väter, antwortet er lachend.

Um acht sitzen wir endlich in dem alten Bus. Elf Stunden in quälender Enge liegen vor uns. Als der Bus nachmittags in Sodo vom Transafrica-Highway abbiegt, um weiter durchs Rift Valley zu fahren, sind wir längst wieder durchgeschwitzt und durchgesessen. Die jungen Männer neben uns haben es besser gemacht. Seit Addis holen sie aus einer dicken Plastiktüte ein Khat-Blatt nach dem anderen heraus und stopfen es sich in ihre dicken Backen. Das ist ihr Dope: Mit glasigen Augen starren sie teilnahmslos auf die Straße. Auf der kommen uns außer Eselskarren und einer Handvoll Fahrräder kaum noch andere Fahrzeuge entgegen, dafür alle paar Kilometer Rinderherden, durch die uns unser Fahrer im Schritttempo steuern muss. In jedem Dorf stehen Menschentrauben am Straßenrand, die den Bus heranwinken wollen. Aber er hält nie – seit Sodo ist noch niemand ausgestiegen.

Als wir im unteren Teil von Arba Minch ankommen, ist die Sonne schon untergegangen. Ein Minibus bringt uns hoch in die Oberstadt zum *Bekele Mola Hotel*. Das soll einen sagenhaften Ausblick ins Tal haben. Wir haben Glück: Bis zum ersten Weihnachtstag ist noch ein Zimmer frei. Danach müssen wir raus – dann wird die Urlaubswelle der NGOler in ihren Four-Wheel-Drives aus Addis heranrollen, jener nichtstaatlichen Hilfsorganisationen, bei denen Europäer vornehmlich zur Weihnachtszeit ihr Gewissen erleichtern. Die NGOler haben jedenfalls einen exquisiten Geschmack, denn der Blick von der Terrasse am nächsten Morgen haut uns um: 400 Meter über dem Grund des Rift Valleys spannt sich ein urwüchsiges Panorama vom Abaya-See zur Linken über den Nechisar National Park zu unseren Füßen zum Chamo-See zur Rechten.

Am Nachmittag fahren wir runter in die Unterstadt. In der *Flamingo Pastry*, einem Café an der Hauptkreuzung, spricht uns ein junger Typ an. Im Nacken baumeln ihm ein paar kurze geflochtene Zöpfe, wie manche Hip-Hopper sie tragen. Er stellt sich als Tourguide vor. Ob wir ins Omo Valley wollten? Wissen wir noch nicht. Er setzt sich zu uns. «Ich bin auf dieser Straße groß geworden», sagt Gech und zeigt auf die Buckelpiste vor der *Flamingo Pastry*. Das ist die Hauptstraße der Unterstadt. Aber Gech ist anders als die «Lost Generation», wie wir die jungen Männer zwischen 15 und 30 getauft haben. Gech kennt deren Traum. «Die glauben, dass in Europa das Geld auf den

Bäumen wächst.» Sie hoffen auf das schnelle Geld, das man den «Faranji», den Touristen, aus der Tasche ziehen kann. Natürlich ohne Arbeit. Bloß keinen Finger krümmen und sich am besten noch den Nagel vom kleinen Finger lang wachsen lassen. Und was macht die Lost Generation den ganzen Tag? «24 hours ass-working», sagt Gech trocken. Also rumsitzen und nach Touristen Ausschau halten.

Auch Gech hat wie die anderen angefangen, hat als kleiner Steppke am Busbahnhof für Touristen Rucksäcke getragen und dabei das erste Englisch aufgeschnappt. Aber irgendwann hatte er eine neue Idee, neu jedenfalls für diesen Ort. Er machte einen Büchertausch für Traveller auf. Engländer schickten ihm 50 gelesene Bücher als Startkapital zu, und dann zog er mit seinem Stapel durch die Cafés. Wer ein Buch tauschte, musste 5 Birr zahlen. Das brachte ihm schließlich genug Geld ein, um mit zwei Freunden für 30 Birr im Monat ein Zimmer zu mieten, ohne Wasser und Strom. Endlich weg von der Straße. Dann überzeugte er eine Reisegruppe, ihn mit ins Omo Valley zu den dort lebenden Stämmen zu nehmen. So fing er an, das Tal kennenzulernen, bis er schließlich selbst Tourguide wurde. Das Geld reichte dann, um ein ganzes Haus zu mieten. Mit seiner Mutter hat er neulich auch noch ein Waisenhaus aufgemacht. 40 Kleinkinder leben dort, ältere nicht, die könne man nicht mehr auf den richtigen Weg bringen, sagt er. Er hat auch für andere Straßenkinder Jobs organisiert. «Die Leute hier in den Läden», sagt er und zeigt auf die andere Straßenseite, «haben alle genug Geld. Von denen ist keiner arm. Aber sie kümmern sich hier um nichts.»

In sechs Monaten wird Gech selbst Vater. «Das Baby wird ein Makiato», sagt er lächelnd – ein Milchkaffee, denn die Mutter ist eine Engländerin, die er hier in Arba Minch kennengelernt hat, als sie als Englischlehrerin arbeitete. Jetzt ist sie wieder in

London, und im Frühjahr will er sie dort besuchen. «Aber ich will nach ein paar Monaten wieder zurück, am liebsten meine eigene Agentur aufmachen.» Warum gibt es nicht mehr Typen wie Gech? Es sind offenbar vor allem europäische Traveller gewesen, die ihn geprägt haben. «I love this generation from Europe», meint er. Für die Mutter seines Makiato will er putzen und kochen, wenn das sein muss, so wie das in Europa die jungen Männer inzwischen auch machen würden. Mit äthiopischen Frauen kann er nicht mehr viel anfangen. «Die waschen ihren Männern sogar die Füße.» Und vergäßen dabei das Leben, sagt er. Das Leben, das ihn fasziniert. Anfang 20 ist Gech erst, aber er ist sogar weiter als viele der von ihm bewunderten Generation in Europa.

Der Süden Äthiopiens ist, abgesehen von seiner Naturvielfalt, in jeder Hinsicht unterentwickelt. Und wenn es nach der Regierung geht, soll es offenbar auch so bleiben. Eigeninitiativen zur touristischen Erschließung dieser Region würden finanziell nicht unterstützt oder sogar vereitelt, erzählt uns Kapo Kansa, der das Tourist Office in Arba Minch im Alleingang schmeißt und diesen Boykott schon am eigenen Leib erfahren hat. Der Süden mit den Naturparks Omo Valley und Rift Valley werde vorsätzlich ausgeblutet, ist Kapos Meinung. Das ganze Geld geht in den Norden, dorthin, wo die meinungsstarke Wählerschaft sitzt. Was für die Reisenden eine faszinierende Ursprünglichkeit dieses Landstrichs ist, ist für dessen Bevölkerung eine himmelschreiende Ungerechtigkeit. Die nötigen Gelder für Wasserversorgung und Straßenbau bleiben aus, und der Norden blüht. Erst jetzt fällt uns auf, dass in den Bildbänden über Äthiopien, die in den Buchhandlungen in Addis verkauft wurden, kein einziges Foto dieser Region abgedruckt war – stattdessen nur die steinernen

Kirchen von Lalibela und all die anderen Attraktionen im Hochland. Nun wissen wir auch, warum.

Am Morgen von Heiligabend hängt eine graue Wolkendecke tief über dem Rift Valley, und der Nechisar National Park zu Füßen unserer Hotelterrasse wird noch einmal kräftig gegossen. Als wir nach dem Frühstück mit Kapo Kansa unsere Wanderung beginnen und den Steilhang hinuntergehen, kleben uns schon nach wenigen Minuten zentimeterdicke Schlammklumpen unter den Sohlen. Die Wolken haben aber auch ihr Gutes. Es ist angenehm kühl in dem friedlichen Wald unten in der Talebene, der die beiden Seen trennt. Doch von Urwald kann hier keine Rede sein. Der Wald ist stellenweise licht wie deutsche Stadtparks. Immer wieder hören wir eine Axt durchs Grün krachen. In einer Baumkrone entdecken wir einen Burschen, der einen Riesenast abhackt und mit Getöse zu Boden fallen lässt. An den Zweigen hängen Trauben von kirschenähnlichen Früchten. «Das sind Dokme», sagt Kapo und reißt einige für uns zum Probieren ab. So kann man also auch Obst ernten: Anstatt es zu pflücken, wird kurzerhand der halbe Baum umgehauen. Immer wieder sehen wir Frauen schwere Brennholzbündel aus dem Unterholz schleppen. Als wir nach Stunden schwitzend und schnaubend auf dem Hügel auf der anderen Seite des Waldes stehen – mit einem grandiosen Blick über beide Seen –, runzelt Kapo die Stirn. «Da hinten an dem Hang fehlen ein paar Bäume.»

Jeden Tag wird der Nationalpark ein wenig mehr ausgeplündert, bis eines Tages auch hier in Arba Minch das Tal so kahl sein wird wie in vielen der Gegenden, durch die wir seit Metema gefahren sind. Dann werden hier höchstens ein paar Eukalyptusbäume stehen, die zwar schön schnell wachsen, aber die Böden entwässern und auslaugen. Auf dem Rückweg durchqueren wir eine riesige Lichtung, die von Kühen und Ziegen halb kahl gefressen worden ist. Die blanke rote Erde lugt zwischen weit auseinanderstehenden, hohen Grasbüscheln hervor. Wolkenbrüche werden diese eines Tages in die Seen gespült haben.

Ein Weihnachtsessen der besonderen Art. Nach unserem Weihnachtsspaziergang quer durch das Rift Valley, dem anstrengenden achtstündigen Fußmarsch durch sumpfigen Dschungel und dem brüllend heißen Aufstieg auf den Hügel, machen wir es uns glücklich und erschöpft mit einem Bier auf der Hotelterrasse gemütlich und schauen auf unsere vollbrachte Leistung zurück. «May I get this chair?», frage ich einen Äthiopier am Nebentisch. «Ja, der ist frei», antwortet dieser mit gerolltem ‹R›. «Oh, Sie sprechen deutsch?» – «Ja, ein wenig», schmunzelt er. «Ich wohne seit 20 Jahren in Deutschland, im Siegerland.» «Mensch, das ist ja 'n Ding. Kennen Sie Müsen?» – «Ja, sicher, ich wohne in Kreuztal.» – «Ach was! Meine Schwester wohnt mit ihrer Familie in Hilchenbach.» – «Ja, das kenne ich, ist nur zehn Kilometer von uns entfernt, Zufälle gibt's», sagt er lachend und stellt sich vor: Bezabeh heißt er. Sein Sohn Daniel kommt dazu, ein aufgeschlossener Typ von 14 Jahren mit Wuschelkopf, aber wir müssen dringend duschen.

Als wir nach einer Dreiviertelstunde auf die Terrasse zurückkommen, erwarten uns die beiden schon am gedeckten Tisch, mit Blumen und brennender Kerze. «Das war Daniels Idee», sagt Bezabeh stolz. «Ich möchte Sie heute Abend einladen, hier in meinem Land, weil ich den Deutschen etwas zurückgeben möchte.» Wir sind platt und gerührt von so viel Herzlichkeit. Er fängt an zu erzählen, von seiner Anfangszeit in Deutschland Mitte der achtziger Jahre. Drei Monate habe er nur Pommes und Currywurst gegessen, weil er nicht wusste, wie er etwas anderes bestellen sollte. Heute ist er hier in Arba Minch, um nach seinem Schulprojekt zu schauen, das er mit privaten Spendengeldern ins Leben gerufen hat. «Klein, aber fein», sagt er. «Wir ermöglichen Kindern, die ihre Eltern durch AIDS verloren haben, eine Schulausbildung. Denn das ist die Voraussetzung für ein besseres Leben. Ich kann mich noch gut daran erinnern, wie ich mir mit meiner Schwester damals einen Bleistift teilen musste. Ich weiß, woran es hier mangelt.» Diesmal hatte er neben T-Shirts der Sparkasse Siegen zwölf Laptops im Gepäck, sein ganzer Stolz, alle finanziert mit privaten Spenden. Wir verabreden uns für den nächsten Tag, um das Schulprojekt zu besuchen.

Während wir reden und reden, hat sich unterdessen der Himmel mit drohend schwarzen Wolken zugezogen. Es blitzt und donnert und schüttet wie aus Eimern. Wir sitzen mitten im Gewitter unter der überdachten Terrasse, durch das Rift Valley schießen schwefelig-silbrige Blitze, die das ganze Tal erleuchten, eine gewaltige Szenerie. Während unserer angeregten Unterhaltung ziehen wir gemeinsam über die NGOler her und bekommen gar nicht mit, dass sich das Unwetter mittlerweile verzogen hat. Zum Schluss werden wir noch überhäuft mit Segen und guten Wünschen und fühlen uns zu Heiligabend wieder einmal sehr willkommen in der Ferne. Kann es Zufall sein, dass wir dieses liebenswerte Vater-Sohn-Gespann ausgerechnet heute getroffen haben?

Am nächsten Vormittag zeigt uns Bezabeh, unser Weihnachtsmann und eine wahre Seele von Mensch, sein Schulprojekt. Mit einigen Verwandten und Bekannten aus seiner Heimatstadt hat er in der Oberstadt von Arba Minch das private Omo Teachers Training Institute (Omo TTI) gegründet. «Ich habe allen auf unserer Sitzung heute Morgen klargemacht, dass das hier kein Profitunternehmen ist», erzählt er uns. Für ihn ist es echte Hilfe zur Selbsthilfe, vorbei an NGOlern und internationalen Großprojekten, in denen das Geld oft versickert. Am Omo TTI werden 300 Grundschullehrer ausgebildet. Zehn Monate dauert das Programm, das in zwei Etagen eines Versicherungsgebäudes abgehalten wird. Ein Lehreranwärter benötigt für diese Zeit samt Miete und Essen 480 Euro. Was für eine Summe für uns, die wir zu Hause womöglich an einem langen Urlaubswochenende in einer europäischen Großstadt auf den Kopf hauen.

Bezabehs nächstes Projekt ist die Errichtung einer Modellgrundschule, an der die frischgebackenen Lehrer des Omo TTI das Gelernte gleich umsetzen können. Wenn er das realisiert, hat er mit seinen Freunden ein Modell für all die Kommunen geschaffen, die die Misswirtschaft in Addis links liegenlässt. Selber machen statt eloquent zu lamentieren oder neoliberalen Effizienzträumen nachzuhängen. E. F. Schumacher, der Schöpfer der Idee «Small is beautiful», hätte seine Freude gehabt.

Bezabeh ist Äthiopier und Siegerländer zugleich. Dass Ausländer hier in Äthiopien manchmal «Sonderpreise» aufgedrückt bekommen, beschämt ihn, vor allem, wenn es seine Freunde sind. Über die Wasserversorgung in Arba Minch gerät er richtig in Rage. Obwohl es regelmäßig schüttet und die Stadt vierzig natürliche Quellen hat – daher der Name: «Arba Minch» bedeutet «vierzig Quellen» –, fällt alle paar Tage die Wasserversorgung aus. Von den zwei Pumpen des Wasserwerks, die vor 20 Jahren aus Deutschland kamen, funktioniert nur noch eine richtig.

Nachdem wir das Omo TTI angeschaut haben, lädt uns Bezabeh mit seinen Freunden zum Essen auf der anderen Straßenseite ein. Es gibt die ganze Palette der phantastischen äthiopischen Küche, die man ohne Besteck, nur mit den Händen isst. Man reißt sich ein Stück Injera ab, das wie ein flacher Brotfladen den ganzen Teller ausfüllt, greift damit in eine der Soßen und macht daraus ein Bällchen, das man sich in den Mund schiebt. Es gibt auch Kitfo, rohes Rinderhack. Das sollte man eigentlich mit Vorsicht genießen, weil das nicht immer ganz frisch ist und manchmal sogar Rinderbandwürmer überträgt. Aber wir können nicht widerstehen, weil Kitfo wirklich gut schmeckt, und irgendwie kommen uns solche Bedenken in diesem Augenblick auch kleinlich vor. Mitten im Essen streckt Bezabeh plötzlich den Arm aus und sagt, wir sollten mal unseren Mund aufmachen. Dann füttert er uns mit Injera-Bällchen. «In Äthiopien bedeutet das, dass ihr jetzt zu den Freunden der Familie gehört», sagt er feierlich. Dann muss er doch grinsen, weil wir ziemlich verdutzt dreinschauen. Eine große Auszeichnung, die uns da zuteil geworden ist.

Am ersten Weihnachtstag müssen wir und auch Bezabeh und Daniel raus aus dem *Bekele Mola Hotel*, die NGOler werden bald da sein. Wir ziehen mit den beiden in ein einfaches Guesthouse am anderen Ende der Straße. Bezabeh sieht etwas bekümmert drein: Seit letzter Nacht plagen ihn Bauchschmerzen. Ob es am Kitfo gelegen hat? Seine Frau würde ihn immer wieder ermahnen, die Finger davon zu lassen, wenn er in Äthiopien ist, sagt er, aber dann überkomme es ihn doch jedes Mal. Unser Magen ist nach den letzten Wochen offensichtlich ziemlich robust geworden, denn wir fühlen uns pudelwohl. Mit Bezabeh, Daniel und deren Freunden sitzen wir auf der Veranda und schauen das Endspiel des Ostafrika-Cups. Äthiopien spielt diesmal sehr souverän und schlägt Burundi mit 3:0. Für den Rest des Tages ist in Arba Minch Straßenparty angesagt, und wir kaufen eine Flasche von dem leckeren äthiopischen Ouzo.

km 11 110 In Anti-Äthiopien

Von der Balkonveranda des *St. Mary Hotels*, des einzigen dreistöckigen Hauses in Konso, neunzig Kilometer südlich von Arba Minch gelegen, beobachten wir die zentrale Kreuzung dieses Bergortes. Die zerschlissene äthiopische Fahne flattert über der Verkehrsinsel im Wind. In der morgendlichen Sonne werfen Menschen und Kühe noch lange Schatten über die rote Schotterstraße. Alles scheint wie in Zeitlupe abzulaufen. Niemand eilt irgendwohin. Nur ein paar Jungen rennen kurz hinter einem Jeep her. Spätestens mit 13 werden sie sich das abgewöhnt haben. Danach werden sie nur noch schlendern wie alle erwachsenen Männer hier. Die Straße rauf und wieder runter, einmal um die staubige Verkehrsinsel, um dann für eine halbe Stunde auf der Mauer der einzigen Tankstelle von Konso – die aus einer einzigen alten Zapfsäule besteht – zu sitzen. Warten sie auf etwas? Vielleicht ist schon «warten» ein falsches Wort, ein westliches Wort. In Konso wird heute, an einem Sonntag, nichts passieren. Der Bus aus Arba Minch ist schon angekommen, der aus Jinka wird gleich da sein, und das war's dann. Mehr Busse kommen nicht. Ein paar Faranji fahren in der Jeep-Kolonne einer organisierten Tour in den Hof gegenüber. Nur ein paar Frauen ackern schwer und schleppen tiefgebückt riesige Brennholzbündel auf dem Rücken über die Kreuzung. Die Männer hängen lieber rum und palavern – eine Rollenverteilung wie in vielen Weltgegenden.

An diesem Leben prallen sämtliche Konzepte der westlichen Moderne ab. «Effizienz», «Produktivität», das lässt sich wahrscheinlich in der hiesigen Sprache, die ebenfalls Konso heißt, nur umständlich umschreiben. Alles ist Bricolage, Improvisation, reine Gegenwart, aber ohne jede Romantik, ganz schier. Mit einer Gemächlichkeit, die im Stillstand endet. Nicht das, was sich der stressgeplagte Westler unter einer Lektion «Entschleunigung» vorstellt, die ja am Ende auch wieder produktiv sein soll. Für einen Westler gibt es keinen Weg, der dort unten auf die Kreuzung führt, weil er sie nie verstehen wird.

In einem Isuzu-Lkw fahren wir nachmittags mit Leo, einem sehr netten Holländer, den wir schon kurz in Addis und in Arba Minch getroffen hatten, von Konso in eins der umliegenden Bergdörfer. Äthiopien ist hier längst zu Ende. Die Menschen sprechen nicht mehr Amharisch, sondern Konso. Wie Vogelnester thronen die Dörfer auf 1500 Meter hohen Gipfeln. Was wir dort finden, ist eine Überraschung: eine fast mittelalterliche Stadt, Machekie. Von engen Steinmauern eingefasste Gassen ziehen sich zwischen Familiengrundstücken mit Strohlehmhütten dahin, öffnen sich zu großen Plätzen. 5000 Menschen leben hier auf engstem Raum, davon allein 1000 Kinder im Grundschulalter oder jünger. Für die sind wir die Attraktion, sie folgen uns schnatternd und fragend auf Schritt und Tritt. Dinote, unser Guide, erzählt uns, dass noch vor einigen Jahren die Menschen weggerannt sind, als er erste Touristen hierherbrachte. Er musste die Einwohner geradezu anbetteln, für ein Foto näher zu kommen. Aber die Leute hier haben schnell begriffen, dass dabei etwas zu holen ist. Heute recken sich unzählige Hände nach einem Birr-Schein. Frauen posieren mit einer Wollspindel in Aktion oder einem Baby an der Brust. Eine fragt Leo sogar, ob er für 100 Dollar das Baby mitnehmen will!

Alle 18 Jahre errichten die Machekianer einen neuen Generationspfahl auf ihren Plätzen. Daran machen sie ihre Zeitrechnung fest, erklärt Dinote. Wie alt jemand genau ist, wissen sie nicht, nur ob derjenige vor oder nach dem Aufstellen eines bestimmten Pfahls geboren wurde. Die Gesellschaftsordnung ist noch strikt. Junge Männer müssen zwischen ihrem zwölften Geburtstag und der Heirat in Gemeinschaftshäusern wohnen. Sex vor der Ehe ist verboten. Wo sollte er auch stattfinden, in dem engen Dorf bleibt nichts unbemerkt, kennt jeder jeden. Wovon träumen die Jungen, die auf uns einreden? «Willst du hierbleiben oder nach Addis gehen, wenn du groß bist?», fragen wir einen, aber er schaut uns nur verständnislos an. Wer weiß, was passiert, wenn hier der erste Dörfler Satellitenfernsehen anschleppt. Leo erzählt von einem Erlebnis auf dem Markt in Jinka, wo er vor ein paar Tagen war. Dort habe er eine Frau in Stammestracht fotografiert und das Foto mit einem Stück Seife bezahlt, weil ihm der Guide das empfohlen habe. Die Frau aber habe die Seife angeschaut wie einen außerirdischen Gegenstand, als wisse sie nicht, was sie damit machen solle.

Südwest-Äthiopien ist ein Flickenteppich von Stämmen und Sprachen, die mit der Moderne bisher vor allem über Kameraobjektive von Touristen, Alkohol und Birr-Scheine in Berührung kommen. Sie empfinden die «typischen» Äthiopier, also die tonangebenden Stämme der Amhara (23 Millionen), Oromo (25 Millionen) und Tigrinya (5 Millionen) aus dem Norden, ebenso als Kolonialherren wie diese früher die Briten oder Italiener. Für sie ist die äthiopische Nation ein sinnloses Konstrukt. Die Machekianer sind im Übrigen die Einzigen in Ostafrika, die seit Jahrhunderten eine Landwirtschaft auf befestigten Terrassen betreiben. Dadurch haben sie verhindert, dass an den Berghängen der Boden durch Erosion abgetragen wird. Vielleicht gibt es ja doch ein Konso-Wort für Effizienz.

Durchs Rift Valley. Ich bin glücklich wie ein Kind, das stundenlang in einem Spielzeuglaster umhergefahren wird. Fühle mich zurückversetzt in jene Zeit vor 30 Jahren, als wir aus dem Ruhrgebiet nach Hessen zogen und ich zwischen Kisten, Teppichrollen und anderem Kram rumtollte. Das gleiche Durcheinander herrscht auch auf der Ladefläche des Lasters, auf den wir mittags in Konso gestiegen sind. Mangokisten, Khat-Bündel, Autoreifen, Kartoffelsäcke, darauf und dazwischen unglaublich viele Menschen ... Während Dorothee und Leo weiter hinten eingekeilt zwischen anderen Passagieren debattieren, bläst mir vorne der heiße Fahrtwind über das Dach des Führerhauses ins Gesicht. Täler öffnen sich zu weiter Savanne, gewaltige Bergrücken nähern sich und verschwinden wieder, während die ausladenden afrikanischen Bäume vorbeifliegen. Da, drei Dik-Diks, hasengroße Antilopen, überqueren die Straße, dann eine Pavianfamilie.

Wir halten in einem ausgetrockneten Dorf. Eine dicke Frau verkauft von unserem Laster herunter bündelweise Khat, diese Wachmacherblätter zum Draufrumkauen. Arme recken sich, Birr-Scheine werden über den Wagenrand gereicht, aufgeregte Gesichter, aufgebrachte Stimmen, Gerangel – das wöchentliche Dope ist da. Dann fahren wir weiter und lassen eine rote Staubfahne zurück. Termitenhügel säumen die schnurgerade Piste wie Insektenwolkenkratzer. Ein paar Männer tauchen am Horizont auf, einige Rufe, wir halten. Alle fünf haben ein Gewehr umgehängt, einer eine Kalaschnikow. Aber sie haben nichts Übles im Sinn. Auch sie warten nur auf ihre Khat-Ration, die sie für die nächsten Stunden high machen wird. Ein Kick, den diese wunderbare leere Landschaft nicht hergibt. Wir lassen die Knarrenträger und das Tal hinter uns, der Truck quält sich jetzt die Berge hinauf, die Bäume stehen dichter, alles ist saftig grün.

Irgendwo knabbern Kamele an Zweigen. «You» sagt der junge Bursche mir gegenüber, «photo», und zeigt auf die Kamele. Ich schüttele den Kopf. Diese Bilder kann man gar nicht alle festhalten. Es sind zu viele. Großartiger als Kino. Nach drei phantastischen Stunden kommen wir in Yabelo an, wo wir wieder auf den Trans-Africa-Highway, die Nord-Süd-Achse von Äthiopien, treffen, auf der es morgen an die kenianische Grenze geht.

Ein Schulaufsatz. Heute sind wir Bus gefahren, von Äthiopien nach Kenia. Wir haben viele Tiere gesehen. Zwei Dik-Diks und eine Antilope und einen großen Leoparden. Alle tot. Plattgefahren auf dem Trans-Africa-Highway. Wie schade.

In Moyale, dem einzigen offiziellen Grenzübergang zwischen Äthiopien und Kenia, gehen wir erst mal ins Internet-Café. Wir sind seit Addis offline gewesen und wollen allen zu Hause frohe Weihnachten wünschen. Aber hier im Grenzland ist es mit dem Global Village noch nicht so weit her. Die Internetverbindung ist grottenlangsam, die Bits tröpfeln förmlich in den Rechner. Wir fragen den Chef vom Laden, der an einem Terminal neben uns sitzt, was los ist. Das Internet kommt aus Addis, und Addis ist ziemlich weit weg, meint er. Deswegen ist das so langsam. Wir schmeißen uns innerlich fast weg vor Lachen über diese Begründung. Aber dann sehen wir, dass der Typ sich einen Life-stream eines Fußballvideos auf seinem Rechner anschaut. Bei den läppischen Bandbreiten hier bedeutet das maximale Verstopfung. Kein Wunder, dass sich auf unserem Bildschirm nichts tut.

Dann gehen wir mit Leo, der dieselbe Route wie wir hat, zum Grenzübergang. Das ist immer eine unangenehme Prozedur, weil man nie weiß, wie Grenzbeamte in verschiedenen

Ländern so drauf sind. In der Dritten Welt sind Grenzen noch richtige Grenzen, an denen die Staaten ihre Autorität demonstrieren wollen. Jeder, der die Seite wechseln will, wird als Verdächtiger behandelt. Die Beamten sind meistens ähnlich gut gelaunt wie früher die berüchtigten DDR-Grenzer. Aber es kommt ganz anders. Als unser kenianischer Grenzer nicht das exakte Wechselgeld für die Visa finden kann, gibt er uns kurzerhand zwanzig kenianische Shilling zu viel raus – ungefähr zwei Euro. «It's o. k. You're my brothers», sagt er. Wann ist man je so freundlich in ein wildfremdes Land eingelassen worden?

km 11 490 Master & Servant

Die Freude währt nicht lange. Die kenianische Hälfte von Moyale ist ziemlich muffig. Offenbar gilt hier die Losung: «Come to where the Mullah is, come to Muslim Country.» Bier ist auf einmal wieder verpönt, stattdessen dürfen wir zwischen Limo, überzuckertem Tee und Tüten-Kaffee wählen. Der internationale Vertrieb von Coca-Cola hat ganze Dienste geleistet, in jedem noch so abgelegenen Kaff gibt's Coke oder Fanta. Wir ärgern die Leute, indem wir ihnen erklären, dass das Zeug aus Amerika kommt, aus dem Land von George W. Bush. Keiner scheint zu verstehen, dass man Bier auch wegen des Geschmacks trinkt und nicht nur, um sich damit zu besaufen. Ab hier ist es auch vorbei mit den feingliedrigen schlanken Naturschönheiten wie im Sudan oder Nordäthiopien. Frau ist eher bäuerlich plump und unelegant, trägt gerne Schneidezähne aus Weißgold und verhüllt ihren ungeahnten Charme unter undurchsichtigen Tüchern, auch diese mit Metallfäden durchzogen. Mann sitzt dagegen stumpf in der Ecke, kaut Miraa, wie Khat in Nordkenia genannt wird, und glotzt nur scheel. Bekommt er doch mal die Zähne auseinander, versteht man kein Wort, weil er das Zeug als einen dicken, kleingekauten Klumpen in der Backe hat. Vielleicht auch besser so, denn «what's your name» und «where you come from» haben wir schon zur Genüge gehört.

Moyale entpuppt sich als echte Herausforderung. Langsam und schleichend kitzelt es den weißen Kolonialherren in dir heraus. Du redest auf einen Kellner in einem Straßenrestaurant ein und sagst ihm, was du essen möchtest. Er nickt, behält kein Wort, und innerlich rollst du schon wieder mit den Augen. Oder lachst in dich hinein. Erklärst dem Typen im Hotel, dass das Zimmer nicht sauber, dass die vollmundig versprochene Dusche nur ein Rinnsal ist.

Aber Leo, unser holländischer Reisecompañero, macht den Nachtkappen dieser Welt mit subtilem und pädagogischem Witz Beine. Plötzlich laufen sie, versprechen, alles in Ordnung zu bringen, weil er in Aussicht stellt, noch über den Preis des Zimmers reden zu wollen. Als wir im *Medina Hotel* in Moyale nach Handtüchern fragen, kommt ein paar Minuten später einer der Angestellten mit einem einzigen Handtuch. Für uns drei. Er erklärt Leo, dass gerade kein weiteres da sei, aber morgen bestimmt. Morgen sind wir schon in Marsabit, entgegnet Leo. «Can you forgive me?», fragt der Hotelscherge Leo. «Well, I have to think about it», antwortet der trocken, und wir brechen in Lachen aus, als der Handtuchüberbringer wieder abgezogen ist. Aber eigentlich ist das nicht zum Lachen: Can you forgive me – was für ein erschreckender Satz. Das muss man sich mal überlegen, 40, 50 Jahre nach dem Zeitalter des Kolonialismus.

Am Ende reden auch wir schon mit den Leuten in einem

Tonfall, als ob sie nicht alle Tassen im Schrank hätten. Das ist schlimm genug. Noch schlimmer ist, dass wir aufgehört haben, die 20-, 25-Jährigen überhaupt ernst zu nehmen. Sonne, Schmutz und Anstrengung vernebeln uns zuweilen den Verstand, und zuletzt ziehen wir uns hilflos in die Rolle dessen, der das Geld für alles hat, zurück. Lassen uns genau in die Rolle hineindrängen, die uns die Einheimischen ohnehin wegen unserer Hautfarbe zugeschrieben haben. Wir, die seltsamen «Faranji» mit den Rucksäcken voller Geld, das wir in Europa von den Bäumen gepflückt haben. Wie kommen wir da wieder raus?

Am nächsten Morgen wollen wir um sieben den Bus nach Marsabit nehmen. Der fährt zu unserer Erleichterung seit kurzem wieder, nachdem auf der einzigen Straße nach Süden jahrelang wegen Raubüberfällen nur bewaffnete Konvois verkehrten. Als wir an dem Platz ankommen, wo der Bus abfahren soll, steht da allerdings keiner. Der Bus sei noch in Marsabit. «Mechanical breakdown», lautet die Begründung. Dann müsst ihr eben morgen fahren, meinen die Leute am Fahrkartenschalter der Busgesellschaft. Bloß das nicht. Keine Stunde länger in diesem Grenzkaff, in dem man Bier nur in der *Prison Canteen*, einer Kneipe neben dem Gefängnis, trinken kann. Plötzlich ist da ein Jeep und ganz schnell eine Menschentraube drum herum. Einer der Busleute winkt uns herbei, er hat drei Plätze für uns organisiert – natürlich gegen ein kleines Trinkgeld. Als Leo beim Einladen bittet, doch eine Plastikplane über die Dieselöllache im Kofferraum zu legen, wird er angeblafft. Vom Fahrer, wie sich herausstellt. Leo versucht es mit seinem Standardtrick und sagt: «Look in my eyes.» Keine Ahnung, wo er den herhat, aber er behauptet, Afrikaner fühlten sich unbehaglich, wenn sie in die böse funkelnden Augen eines Europäers schauen. In Westafrika sei das so gewesen. Der Fahrer ist allerdings ziemlich unbeeindruckt von dieser Nummer und meint nur: «I have seen many eyes.» Gut gekontert, alle Achtung.

Danach ist die Atmosphäre im Wagen, den wir mit drei Kenianerinnen teilen, erst einmal vergiftet. Unser Fahrer ist äußerst übellaunig, aber gottlob haben wir um zwölf bereits die halbe Strecke und die meisten Schlaglöcher hinter uns. Um Viertel vor eins halten wir plötzlich in einer Ebene, die mit schwarzen Lavabrocken übersät ist. Der Fahrer springt aus dem Wagen, öffnet die Motorhaube und fummelt an irgendetwas im Motor herum. Dabei macht er ein langes Gesicht. Wir steigen aus. Was ist los? «Der Motor ist zu heiß», sagt er in gebrochenem Englisch. Mehr nicht. Dann holt er einen Wasserkanister und beginnt, den offenbar leeren Kühler aufzufüllen. Das Wasser rauscht durch und pladdert unten wieder raus auf die Piste. Wir schauen den Motor näher an. Alles ist irgendwie geflickt, aus dem Motorblock quillt durch eine Ritze überhitztes Öl. Da stehen wir also. Es geht nicht weiter. Die Sonne brennt erbarmungslos, die Luft kocht.

Unser Fahrer setzt sich in den Staub und starrt in die Ferne. Als ein Truck vorbeikommt, macht er keinerlei Anstalten, diesen um Hilfe anzuhalten. Stattdessen wäscht er sich die Füße, breitet ein Tuch auf der Piste aus und betet. Die Richtung von Mekka trifft er nicht ganz. Eine der kenianischen Frauen betet ebenfalls. Dann passiert wieder lange nichts. Auch wir verfallen in die afrikanische Starre der Ereignislosigkeit, die Ryszard Kapuściński in *Afrikanisches Fieber* so schön beschrieben hat. Auf der Rückklappe des Jeeps, im Schneidersitz mit geschlossenen Augen, ist Stoffwechseln im Schatten der Klappe angesagt. Nach zwei Stunden, in denen nichts passiert, kommt ein weiterer Truck und hält. Der Fahrer hat glücklicherweise Ahnung, denn es ist ein Überlandtruck für Traveller, der gerade ohne

Tour unterwegs ist. In zwei Minuten hat der Mann das Problem entdeckt: Ein Schlauch vom Kühler zum Motor hatte sich gelöst, weil er nur lose aufgesteckt war – ohne Flansch natürlich.

Uns wird klar, dass unser Fahrer keinen Schimmer von diesem Wagen hat, obwohl er die Strecke jeden Tag hin- und zurückfährt. Der Jeep wird gestartet, der Truck entfernt sich in Richtung Moyale, und wir fahren weiter. Nach einer halben Stunde bitten wir den Fahrer, nochmal das Kühlerwasser zu kontrollieren. Das tut er und würgt dabei den Motor ab – der danach nicht mehr anspringt. Kein Wunder, da einer der Batteriekontakte lose herumschlackert und nur mit einer unter die Motorhaube geklemmten Badelatsche in Position gehalten wird. Mit seinem einzigen Werkzeug an Bord, einer Zange, fummelt er vergeblich an dem Kontakt herum. Wir müssen den Wagen anschieben, damit er anspringt. Von da hält der Fahrer alle halbe Stunde, um seinen Kühler mit Wasser zu besprengen. Drei Kilometer vor Marsabit, unserem Ziel, bleibt er dann endgültig stehen. Er wolle seinen Motor nicht riskieren, sagt der Fahrer. Endstation? Wir schwanken zwischen sarkastischen Lachanfällen und Beschimpfungen, und unser Fahrer verflucht uns, vielleicht auch, weil wir seine ganze Blödheit vor den drei Frauen bloßgestellt haben. Der Typ fährt tagein, taugaus seinen Jeep ein Stück weiter dem Exitus entgegen, und plötzlich packt ihn das Risikobewusstsein? Der Wagen ist mit Sicherheit nie gewartet worden, seit er ihn fährt. «That's Africa», beruhigt uns eine der Kenianerinnen, als wir, so kurz vorm Ziel, in den Sonnenuntergang starren. «Take it easy.»

Marsabit entpuppt sich leider als freudlose, amorphe Kleinstadt auf einer grünen Felseninsel in der steinernen Einöde ringsum. Unser Jeep-Abenteuer spülen wir in einer ramschigen Kneipe mit einem Tusker Lager herunter, in der sich Nichtmoslems besaufen, denn in unserem Hotel, dem «Jay-Jay Center» herrscht striktes Alkoholverbot. Eigentlich wollten wir hier einen Tag ausspannen, bevor uns der Jeep von Gametracker, der Safari-Agentur aus Nairobi, einsammelt. Aber der nächste Tag ist eher ein Ausharren. In einem schlammigen Tümpel sehen wir Jugendliche Brackwasser in Plastikkanister abfüllen, und an dem einzigen öffentlichen Brunnen wartet eine Schlange von vielleicht 50 Marsabitern. Durch die sandigen «Straßen» fegt der Müll, die Gesichter sind verschlossen bis verdrossen, nichts lädt zum Verweilen ein, nicht mal einen Tee möchte man hier auf irgendeiner Veranda trinken.

No Photo. Auf dem Weg zum Postamt in diesem muffigen Kaff komme ich an einem ulkigen Laden vorbei. «For the best chips, cold drinks, s.tea, pudding & sausage» steht da in weißen Lettern auf der blauen Hauswand. Pudding, erstaunlich, was die Engländer hier so zurückgelassen haben. Ich hole die Kamera aus der Hosentasche und schaue durch den Sucher. Mit einem Mal hebt wildes Geschrei an. «Stop», «No Photo» prasselt es von allen Seiten auf mich ein. Ich setze die Kamera ab, aber da ist niemand, kein Mensch ungefragt vor der Linse, darauf achte ich seit Jahren auf Reisen. Vor einem anderen Laden sitzt ein Mann auf der Veranda und brüllt besonders laut herüber. «Warum willst du ein Foto machen?» Ich nehme keine Notiz von ihm, bin ich dem Kerl etwa Rechenschaft schuldig? Doch er gibt keine Ruhe. «Das ist mein Besitz. Das geht nicht, ohne vorher zu fragen.» Wie? Ich gehe zu ihm hin. «Warum willst du ein Foto von meinem Laden machen?», fragt er schon wieder. «Als Erinnerung», antworte ich, «mir gefällt die Beschriftung des Ladens.» – «Ist das auch nicht für Business?», setzt er misstrauisch nach. Ich bin verblüfft. Was meint er denn damit? «Nein, nur für mich, ich bin Tourist.» Er entspannt sich immer noch nicht. «Woher kommst du? Bist du Amerikaner oder Engländer?» «Nein, ich komme aus Deutschland.» – «O. k.», grummelt er und gibt mir dann die Erlaubnis, seinen Laden zu fotografieren. Und fügt hinzu: «Britain is a very bad country.»

Um drei Uhr nachmittags warten wir am staubigen Hauptplatz von Marsabit in der *Kenya Lodge* auf den Gametracker-Jeep. Zum ersten Mal haben wir eine Safari gebucht, denn den Turkana-See auf eigene Faust zu erreichen, ist nur etwas für ganz Hartgesottene wie diesen Dreadlock-Deutschen, der in der *Kenya Lodge* abgestiegen ist. In der Bank war er gestern schon nicht zu übersehen gewesen, in seinem indischen Anzug mit der überlangen Kurta, seinem Bart und der Riesenrastawollmütze, der typischen Goa-Uniform. Seit 1993 ist er aus Deutschland weg, sagt er, und lebt die meiste Zeit in Indien, kommt nur hin und wieder mal zurück und reist viel durch die Weltgeschichte. Jetzt wartet er auf einen Truck an den Turkana-See, zu dem keine Busse fahren. Es ist einer dieser Augenblicke, in denen wir uns mit unserer Hamburg-Kapstadt-Route als totale Durchschnittsreisende in dieser abgelegenen Weltgegend fühlen. Es gibt immer einen, der noch viel verrückter drauf ist und wirklich auf die harte Tour die Welt erkundet.

Dann ist der Jeep da, ein smart aussehender Typ steigt aus und stellt sich als Nikos vor: unser Fahrer und Guide für die nächsten sieben Tage, in denen wir in einem langen Bogen über den Turkana-See durch den kenianischen Teil des Rift Valleys bis nach Nairobi fahren werden. Wir steigen ein und holen am Hotel das Gepäck und Leo ab, der seine Pläne am Tag zuvor kurzerhand über den Haufen geworfen und sich uns angeschlossen hat. Eine halbe Stunde später sind wir im Marsabit National Park und bauen auf dem Lagerplatz im Urwald mit drei weiteren Safarikumpanen – Alan aus Neuseeland, Vali aus Australien und Oliver aus München – unsere Zelte auf. Nur zwei Kilometer vom Zentrum von Marsabit Town entfernt, und doch liegen Welten dazwischen.

Jetzt sind wir also auf einer Safari – Kisuaheli für «Reise» –, diesem Relikt kolonialen Reisens. Aber schon kurze Zeit später, als wir durch den feuchtgrünen Wald noch einmal zu den Kraterseen fahren, Elefanten und Wasserbüffel sehen, ist das Unbehagen der letzten Tage verflogen. Hier können wir wieder zur Ruhe kommen. Das Grenzgebiet hat uns alle drei, Leo eingeschlossen, ziemlich geschafft. Mit Goodwill allein kann man diesem Ansturm von Glücksrittern, Nachtkappen und Durcheinander nicht standhalten. Wir fliehen vor dem heranschleichenden Zynismus und unserer eigenen Hilflosigkeit in die afrikanische Natur.

Unsere Safari-Truppe ist eine bunte Mischung von Abenteuerlustigen. Leo, der 45-jährige Stadtplaner aus Holland, ist nun schon seit Konso/Äthiopien unser Reisegefährte. Vali, ein 22-jähriger Inder, ist seit seinem elften Lebensjahr in Australien aufgewachsen, mathematik- und computerbegeistert, mit Angehörigen in Nairobi und dem Rest der Welt. Natürlich in den Geschäftsmetropolen, tüchtig, wie die Inder nun mal sind. Sein Studienfach «Internationale Finanzen» macht ihm offensichtlich schwer zu schaffen, nach seinen malträtierten Fingernägeln und Nagelbetten zu urteilen. Der Dritte im Bunde ist der etwas farblose Ingenieur Oliver aus München, 35 Jahre. Lange Reden sind seine Sache nicht: Frage, konkrete Antwort, Punkt. Seit drei Monaten ist er im Overland-Truck unterwegs, war schon in Uganda und im Kongo. Und zu guter Letzt ist da Alan aus

Christchurch, Neuseeland. Nachdem seine Frau gestorben war, verkaufte er kurzerhand seine Firma und widmet sich seither dem Reisen. Es gibt kaum ein Land, das dieser 74-jährige robuste Ruhepol unserer Reisegemeinde noch nicht gesehen hat. Es macht Spaß, sich mit ihm zu unterhalten. Sein unterschwelliger Humor und wacher Verstand machen Mut für das Alter, seine Neugier und Offenheit wünscht man so manchem 30-Jährigen.

Mit diesem internationalen Potpourri verlegen wir unser gemeinsames Silvester auf elf Uhr vor. Denn es ist sinnlos, bis zwölf abzuwarten, wenn der große Augenblick in Australien und Neuseeland längst vorbei ist und in Deutschland erst in zwei Stunden kommt. Mit handwarmem Bier prosten wir uns am Lagerfeuer ins neue Jahr und verkriechen uns dann in die Schlafsäcke. Irgendwann in der Nacht klingelt plötzlich das Handy. Schlaftrunken klappen wir es auf: Am anderen Ende ist tatsächlich unser Freund Pit, der sich gerade weit, weit weg in Berlin auf der Silvesterparty am Brandenburger Tor tummelt, während wir in einem Wald in Nordkenia schlummern. Wir freuen uns wie die Schneekönige über diesen Anruf, der aus einer anderen Welt zu kommen scheint.

Am nächsten Morgen brechen wir früh auf und lassen die Felseninsel von Marsabit schnell hinter uns. In der verbrannten Halbwüste, durch die wir jetzt nach Westen fahren, wächst nicht viel. Hin und wieder sehen wir Kamele in kargen Baumgruppen weiden. Kilometerlange gewaltige Mauern aus Basaltbrocken durchziehen die Landschaft. Die hätten die Briten als Schutzwälle gegen die Italiener während deren Besetzung Äthiopiens von Einheimischen aufschichten lassen, erklärt Nikos. Am Rande von Kalacha, einem Dorf im Nichts zwischen Marsabit und Turkanasee, schlagen wir schließlich unser Lager auf, gehen in der Abendsonne auf einen ausgetrockneten See hinaus, der sich bis zu den Bergen am Horizont erstreckt. Die Erde ist aufgesprungen, hier wächst nicht einmal ein Grashalm. Zwei Männer kommen uns entgegen, der eine ist gut und gerne schon 70. Sie kämen von ihrer Herde zurück, die irgendwo am anderen Ende des Sees weide, sagt der Jüngere. Alle paar Tage machen sie die zwölfstündige Tour über den harten Lehmboden, um dort nach dem Rechten zu sehen, zu Fuß natürlich.

Tags drauf fahren wir weiter nach North Horr, ein Ort, der dem Klang seines Namens alle Ehre macht: heiß, staubig und trostlos. Die Einheimischen, die am einzigen Laden abhängen, mustern uns misstrauisch, und einer wird ziemlich aggressiv, als einige von uns Bilder machen wollen. Nikos, der selbst Kenianer ist, weist ihn lautstark zurecht. In North Horr gibt es immerhin eine große, erstaunlich moderne Kirche. Der Pfarrer kommt aus Augsburg, erfahren wir von Nikos. Welch bewundernswerte Kraft muss der haben, in dieser Einöde seine Schäfchen den rechten Glauben zu lehren. Nach einer Stunde preschen wir auf einer staubigen Piste Richtung Turkanasee davon.

km 11 990 Im Rausch der Weite

Du sitzt am Ufer eines riesigen Sees in einem gemütlichen Korbsofa, die Sonne scheint, der Horizont ist weit. Klingt wie eine afrikanische Postkartenidylle. Doch es gibt kein kühles Bier, nur warmes Mineralwasser, und ein heißer Wind schlägt dir pausenlos ins Gesicht. Du schwitzt dumpf vor dich hin. Der See ist kühl, aber voller Krokodile. Kein Baum weit und breit, kein Boot auf dem See, am Horizont türmen sich nur graue, unheimliche Berge auf. Das ist der Turkanasee im Rift Valley in Nordwestkenia, bis 1975 als Rudolfsee bekannt. Ein verbranntes Niemandsland, in dem einige Menschen in trostlosen Dörfern das Überleben meistern. Das Seewasser ist zu salzig, als dass man damit auch nur einen Tomatenstrauch, eine Gurkenstaude wässern könnte. Die Leute leben in Hütten, die wie fragile, übergroße Graspillen am Seeufer stehen.

Auf einer trockenen Landzunge fristet eine der letzten beiden Elmolo-Gemeinden ihr Dasein, ein Stamm, von dem nur noch 200, 300 Angehörige übrig sind. Ihre Sprache ist bereits ausgestorben, heute sprechen sie Turkana. Schatten spenden hier nur die Pillenhütten. Zum Frühstück gibt es für alle Porridge, zum Abendessen Stockfisch mit Brot. Tag für Tag. Nur Weihnachten habe es für das ganze Dorf Gemüse gegeben, sagt der junge Mann, der uns herumführt. Im Unterschied zu den anderen Stämmen dieser Region, den Gabra, Turkana, Rendile oder Samburu, hätten die Elmolo keine Kamele, von denen sie frisches Blut abzapfen könnten, um damit ihren Vitaminbedarf zu decken. Manche Kinder hätten deshalb verkrüppelte Füße, erklärt der Mann. John Lennons Stimme erklingt im Geiste: «He's a real nowhere-man, sitting in his nowhere-land, making all his nowhere-plans for nobody.» Hier ereignet sich nichts mehr, hier enden die staubigen Pisten. Eine Schule gibt es immerhin, aber der Unterricht nach den Weihnachtsferien kann noch nicht beginnen, weil der Lehrer fehlt. Wahrscheinlich sitzt er in North Horr fest und wartet auf einen Truck, der ein paar Kisten Bier und Soda nach Loyangalani, dem größten Dorf am südöstlichen Turkanasee, bringt.

«Das hier ist nicht Kenia», hat ein Mann in Loyangalani treffend festgestellt. Wie eine große, tote Meeresbucht, über die eine steife Brise von den Bergen herunterkommt, liegt der See da, der so lang ist, dass man das andere Ende nicht sehen kann. Kenia, das ist Nairobi, und das ist hier weit weg. Seltsamerweise gibt es in Loyangalani eine Luxuslodge, die einem Deutschen gehört. «Der trinkt den ganzen Tag Whisky und hat immer junge Frauen um sich herum», sagen ein paar Jungen auf der Hauptstraße grinsend. Kann man ihm eigentlich in dieser traurigen Gegend nicht verdenken. Auf der Suche nach einem wirklich kühlen Getränk statten wir ihm schließlich einen Besuch ab und finden ihn auf der Terrasse der Lodge. Halb lallend erklärt er uns mit hessischem Akzent, die wenigen kühlen Drinks, die noch übrig seien, müsse er für seine Gäste aufsparen. Seine Zähne sind gelb wie die eines Kamels, er ist irgendwie ein schmieriger Zeitgenosse, und wir hauen schnell wieder ab.

Dann trinken wir notgedrungen eine ziemlich warme Cola in einem kleinen Laden auf der Hauptstraße. Die Hitze macht uns matt, und wir schleppen uns auf einen Hügel hinauf, um auszuruhen. Endlich versinkt die Sonne hinter den schwarzen Vulkankegeln der Südinsel im Turkanasee, und wieder ist ein Tag im Niemandsland rum. Morgen werden die Samburu, Rendile, Turkana und Elmolo wieder ihre wenigen Ziegen und Kühe im harten, stachligen Gras am See weiden lassen, dessen Wasserspiegel seit Jahrzehnten dramatisch sinkt. Irgendwann wird nur eine Pfütze übrig sein, und dann wird der Turkanasee Tolkiens Mordor an faszinierender Trostlosigkeit in nichts mehr nachstehen.

Ganz langsam quält sich der Toyota Landcruiser die Geröllpiste vom Ufer des Sees herauf. Das ist kein Weg mehr, nur noch zwei Rillen im groben Schotter. Irgendwann bleibt der Jeep in den Steinen stecken, die Räder graben sich bei jedem Druck aufs Gaspedal noch tiefer ein. Sami, unser Koch, und ein Junge geben dem Wagen schließlich den Schubs, um wenigstens zurücksetzen zu können. Dann prescht Nikos, unser Fahrer, den Schotterhang hinauf, dass die Steine fliegen, und wir stapfen hinterher. Eine Stunde später haben wir den See hinter uns gelassen, als ein kleiner Peugeot mit Stuttgarter Kennzeichen an uns vorbeizockelt. Wie um alles in der Welt hat der Wagen das bloß hierher geschafft?

Eine Turkanafamilie taucht aus den Savannenbüschen am Straßenrand auf, gestikuliert. Ob wir Wasser haben, fragen sie Nikos. Dann werden ihre Schüsseln und Bottiche aus dem Wassertank des Jeeps aufgefüllt. Die Frauen tragen eine Art Irokesenhaarschnitt, ihre Ohren sind mit großen Ringen behängt, einige haben Babys auf dem Arm. Verschämtes Gelächter, als wir uns ein paar Fotos von ihnen «stehlen». Aber Nikos besteht als Gegenleistung für das Wasser auf der Erlaubnis zu knipsen. Wir fahren weiter, und sie ziehen ihres Weges durch die ausgedörrte Landschaft. Durch trockene Bachbetten treibt Nikos den Wagen steile Hänge hinauf, immer höher, bis wir auf einem Pass ankommen. Eine atemberaubende Landschaft öffnet sich, eine endlose geschwungene Savannenebene, eingefasst von schroffen Bergrücken. Der Fahrtwind ist heiß wie ein Föhn.

Nach drei Stunden erreichen wir schließlich Tuum, ein Dorf am Rande eines weiten, flachen Tals. Vier junge Samburu, sie sind vielleicht Anfang, Mitte zwanzig, laden unser Gepäck auf Kamele, die wütend brüllen und lieber an den Bäumen knabbern würden. Dann setzen wir uns im Gänsemarsch in Bewegung und machen uns auf den Weg zu unserem Camp. Die Samburu hinter uns lachen und stimmen irgendwann einen rhythmischen Sprechgesang an. Der Erste singt eine Zeile, der Zweite übernimmt, dann der Dritte, der Vierte. So ziehen wir am Fuße der Berge durch die Savanne. Bis Baragoi, zur nächsten «Stadt», sind es 50 Kilometer. Leeres Land. Nicht ganz: Manchmal kreuzt eine Ziegenherde unseren Weg, dann sind es einige Rinder mit dem typisch afrikanischen Fetthöcker.

Unsere Samburu-Kameltreiber sind ganz anders als ihre mürrischen Zeitgenossen in den traurigen Dörfern am Turkanasee. Sie scheinen keine schlechte Laune zu kennen. Man hört sie nur reden und lachen im Camp, während Sami, der Koch, auf dem Feuer unser Abendessen herbeizaubert. Von den Hängen hinter dem Camp klingen Kuhglocken, Ziegengemecker und vereinzelte Rufe von nomadisierenden Samburu durch den frühen Abend. Im Unterschied zu den «Städtern» tragen sie hier nicht alte Fußballtrikots und Stoffhosen, sondern eine Art gewickelte Herrenröcke aus kariertem Stoff. An die Gegenwart erinnern nur die Digitaluhren, die unsere Kameltreiber zwischen ihren traditionellen Armreifen am Handgelenk tragen. Am nächsten Morgen bringen sie uns zur Straße, hinten in der Savanne, wo wir wieder auf Nikos und den Jeep treffen. Dann preschen wir erneut in die endlose Weite, während die vier Samburu mit ihren Kamelen zurückbleiben, immer kleiner werden und schließlich zwischen den Bäumen verschwinden.

Zwei Tage später kommen wir am Baringosee an, einem der vielen Seen, die wie auf einer Perlenschnur aufgereiht im Rift Valley liegen. Das Wasser ist kaum tiefer als einen Meter, auch hier wimmelt es von Krokodilen, und ans Baden ist schon wegen der Krankheiten, die in diesen Seen lauern, nicht zu denken. Wir fahren mit zwei Einheimischen auf einem Boot hinaus. In der Nähe einer Familie von Nilpferden machen sie den Motor aus. Während wir uns noch über den friedlichen Anblick freuen, dreht ein Hippo plötzlich seinen Kopf in unsere Richtung und prescht wütend auf unser Boot zu. Wellenschlagend pflügt der Koloss durch das seichte Wasser, und unsere Bootsführer reißen hektisch an der Startleine des Motors. Der springt gerade noch rechtzeitig an, und wir suchen das Weite. Aufgebrachte Nilpferde können selbst im Wasser locker 20 Stundenkilometer erreichen. Sie bringen in Afrika jedes Jahr mehr Menschen um als all die anderen wilden Tiere, vor denen sich die Reisenden in wohligem Schauer gruseln. Bevor wir nach dem Abendessen am Seeufer in unseren Zelten verschwinden, warnt uns Nikos, nachts auf keinen Fall zum Pinkeln rauszugehen, auch wenn es noch so dringend ist. Die Hippos kommen dann an Land und grasen auch auf der Wiese unseres Camps. Tatsächlich werden wir mitten in der Nacht von einem Schnaufen wach, das direkt hinter der Zeltplane zu sein scheint. Der Gedanke, dass da ein fleischgewordener Viertonner neben den Zeltheringen herumtapert, lässt uns in einen unruhigen Halbschlaf fallen. Am nächsten Morgen liegt der See wieder so friedlich da, als sei alles nur ein Spuk gewesen.

Wir verlassen das Rift Valley und erreichen nach 50 Kilometern die große Ost-West-Straße, die Nairobi mit Uganda verbindet. Der Verkehr nimmt zu, immer dichter folgen die Orte aufeinander, Lastwagenkolonnen brettern in die Hauptstadt. Wir fahren über den Stadtteil Westlands nach Nairobi rein, um Vali bei seiner weltläufigen Verwandtschaft abzusetzen. Westlands ist ein erster Vorgeschmack auf «Nairobbery», wie die Kenianer ihre Hauptstadt nennen: eine Ansammlung aus Festungen, in denen sich Villen verstecken. Auch in der Innenstadt stehen in fast jedem Hauseingang Wachmänner. Trotzdem gefällt uns die Stadt sofort. Es gibt Supermärkte mit Joghurt – man träumt ja irgendwann in der Wildnis wie besessen von solchen Nebensächlichkeiten –, Cafés mit Espresso, Zeitungen, asphaltierte Straßen, Hochhäuser, Bars und schnelle Internetverbindungen. In einem Buchladen finden wir sogar unseren Footprint-Reiseführer Ostafrika wieder, der uns in Äthiopien abhanden kam. Kein Zweifel, Nairobi ist die modernste Stadt zwischen Beirut und Südafrika, mehr noch als Kairo. Wir genießen es, wieder in der Zivilisation zu sein. Heute Abend werden wir in die *Trattoria* gehen, in der Salami, Schinken, Antipasti und Parmesan in der Theke liegen!

Amüsant ist eine Neujahrsmail, die uns unser Freund Moschess aus Deutschland geschickt hat. Er habe mit seinen Nachbarn eine seltsame Diskussion über unsere Reise geführt. Aus dem Alter wären wir doch wohl raus, dass wir uns noch so durch die Weltgeschichte schlagen, ohne all die Annehmlichkeiten eines gutorganisierten Urlaubs, hätten die gemeint. Da sind wir echt platt. Alan, der Neuseeländer mit dem knochentrockenen Humor, widerlegt diesen Unsinn gründlich. Er fährt mit seinen 74 Jahren jedes Jahr zweimal für mehrere Monate auf eigene Faust in die sogenannte Dritte Welt. Wir haben ihn inzwischen «Sorbas von Christchurch» getauft.

Nairobi – Nungwi

km 12 640 Welcome to Nairobbery

Man soll den Tag nicht vor dem Abend loben. Es sind nur wenige hundert Meter von der *Trattoria*, wo wir mit Leo und Alan zu Abend gegessen haben, zu unserem Hotel. Es ist bereits halb elf, aber die Straßen sind hell erleuchtet, sollen wir wirklich ein Taxi nehmen? Der vorsichtige Leo ist dafür, Alan dagegen meint, das sei doch für den kurzen Weg nicht nötig, das finden wir auch, also laufen wir zurück. Kurz hinter der Kenyatta Avenue sehen wir – Leo und Alan gehen einige Meter hinter uns – plötzlich einen Haufen herumlungernder Typen an einer Straßenecke. Sie sitzen da, trinken und palavern. Wir wechseln instinktiv die Straßenseite und sind schon fast drüben, als wir lautes Geschrei hinter uns hören. Wir drehen uns um und sehen sieben, acht dieser Nichtsnutze von Alan und Leo, der sie mit einem kehligen Urschrei anbrüllt, wegrennen. Was ist passiert, Leo? «Sie haben mich festgehalten und alle gleichzeitig in meine Taschen gegriffen», sagt er, sichtlich schockiert. Doch außer einem Notizbuch fehlt ihm nichts, weil er den Rest im Hotel gelassen hat. Auch Alan haben sie angegrabscht, aber Leos geistesgegenwärtige Reaktion hat sie dann vertrieben. Wir alle sind fassungslos, weil auch hier noch einige Wachleute auf den Bürgersteigen vor sich hin dösen. Als wir zwei Minuten später in der nächsten Querstraße im *Terminal Hotel* ankommen, erzählen uns die Männer im Foyer, die Polizei habe die Innenstadt längst aufgegeben. Überrascht wirken sie nicht. «Solchen Halunken legt man am besten einen Reifen mit Benzin drin um den Hals und zündet ihn an», sagt einer und grinst tatsächlich dabei. Während Alan cool bleibt und sich auf sein Zimmer verabschiedet, kommt Leo noch mit zu uns. Er ist völlig fertig und kreidebleich. Wir gießen ihm erst mal einen Ouzo ein, den wir noch aus Arba Minch in unserer Wasserflasche haben. Eine ganze Weile sitzen wir zusammen und rauchen eine Zigarette nach der anderen, um von dem Schreck wieder runterzukommen.

Jagdszene in Downtown. «3 Gangster gelyncht», lautet eine der Schlagzeilen am nächsten Morgen in einer Tageszeitung. Auf dem Lande in Kenia wird nicht lange gefackelt. Es geht auch ohne Polizei und Rechtsstaat. Ein Schauder überkommt mich in dem Café in Downtown, in dem ich mit Dorothee beim Frühstück sitze. Plötzlich Geschrei auf dem Bürgersteig, ein Mann rennt vorbei, drei, vier andere sind ihm auf den Fersen. «Der hat was gestohlen, die werden ihn umbringen», sagt der Kenianer im Kaftan am Nebentisch trocken und liest weiter in seiner Zeitung. Die Straße vor dem Café gerät in Bewegung, ich stehe auf, schaue der Meute nach, die jetzt mit jedem Meter anschwillt. Wachleute kommen aus den Eingängen von Banken und Läden und schließen sich der Verfolgungsjagd an. Schon haben sich an die hundert Passanten in der Straßenflucht versammelt, hinter einem querstehenden Müllabfuhrlaster ertönen wütende Rufe und Beschimpfungen. Vorsichtig bahne ich mir den Weg durch die Menge, da vorne in ihrer Mitte klafft eine Lücke, umgeben von hasserfüllten Gesichtern, die auf den Bürgersteig starren. Ich erhasche einen Blick durch die Körper und Beine, ein Mann liegt am Boden, Fußtritte prasseln auf ihn ein. Einige ältere Männer und Wachleute sind jetzt in der Mitte, versuchen, ihn abzuschirmen, aber die Menge scheint außer Rand und Band. Dann schaffen sie es, den Verdächtigen auf die Beine zu stellen. Er blutet bereits an der Stirn. Rotz und Wasser laufen ihm übers Gesicht. Er zittert am ganzen Leib, während ihm Verwünschungen entgegenschlagen. Die Wachleute ziehen ihn in einen Hauseingang in Sicherheit, und die Menge beruhigt sich langsam. Nach drei Minuten ist der Spuk vorbei, und alle gehen wieder ihren Geschäften nach. Dieser Vulkan von einer Stadt hat kurz sein wahres Gesicht gezeigt.

Ist Nairobi die Zukunft? Ist das die Richtung, die der globalisierte Kapitalismus nimmt? Je weiter wir nach Süden kommen, desto roher erscheint der Alltag, desto weiter klafft die Lücke zwischen dem bloßen Überleben der vielen und dem teilweise obszönen Reichtum der wenigen. Nairobi ist eine kapitalistische Metropole im permanenten Belagerungszustand. Die Reichen und die Weißen verschanzen sich hinter meterhohen Mauern, auf denen unter Strom stehender Natodraht thront. Die Gesichter der Großstädter verraten Anspannung, nur selten huscht ein Lächeln darüber. Jeder versucht, hier im Zentrum von Nairobi die bitter nötigen Shilling zu ergattern. Wovon träumen all die Kellner, Angestellten, Verkäufer, wenn sie abends in ihren Vorstädten angekommen sind? Sehnen sie sich nach den Dörfern in Samburuland oder Kikuyuland zurück, oder wollen sie weiterkommen auf dem Weg zum Wohlstandsleben der Moderne?

Als wir abends aus dem Kinosaal kommen, haben wir für kurze Zeit vergessen, wo wir eigentlich sind. Wir trinken mit Leo ein Bier an der Bar des *Kenya Cinema Plaza* und reden über den Film *Oceans 12*. Durch die Fenster scheinen die Lichter der Großstadt. Wie zu Hause. Dort würden wir jetzt aus dem Kino gehen, nach Hause laufen und unterwegs noch irgendwo auf einen Absacker einkehren. Aber draußen ist nicht Hamburg, sondern Nairobi. Der öffentliche, städtische Raum ist hier eine Nahkampfzone. Wer Zeit hat, flaniert nicht, sondern lauert.

Denn wer Zeit hat in einer Stadt wie Nairobi, ist ganz unten. Auf der Straße. Im Café sitzen, sich Geschichten erzählen oder über Gott und die Welt diskutieren, ist ein Luxus, den sich hier kaum jemand leisten kann. Nairobi ist Business: Geld scheffeln, in einem Servicejob malochen oder stehlen, es sind nur Varianten des rohen Rat Race, das keinen Platz für andere Lebensentwürfe lässt.

Nach den beiden Vorfällen haben wir dann doch genug von dieser Stadt. Leo hat der Fast-Überfall mehr mitgenommen, als wir dachten. Seine souveräne Art, mit der er bisher jede noch so nervige Situation entspannt hat, ist wie weggeblasen. Er sieht richtig zerknautscht aus. Nach längerer Diskussion beschließen wir, nicht nach Mombasa, das ein ebenso heißes Pflaster wie Nairobi sein soll, sondern gleich nach Arusha in Tansania zu fahren. Vielleicht ist es da friedlicher, mit all den berühmten Naturparks in der Nähe, auch wenn wir lieber ans Meer fahren würden.

km 12 910 Geschäft mit wilden Tieren

Wer in Arusha ankommt, will wilde Tiere sehen. Alle dort wissen das. Serengeti und Ngorongoro-Krater sind das Kapital der zweitgrößten Stadt in Tansania. Nirgendwo auf der Welt muss man so wenig tun, um die Wahrzeichen Afrikas zu präsentieren. Das einzige Problem ist: Wie bekommt man die Touristen in seinen Wagen, wenn sich 200 Safari-Agenturen um sie balgen? Erste Möglichkeit: Versprich ihnen alles. Zweite Möglichkeit: Verpack die Tour in eine tolle Hülle und mach eine Safari erster

Klasse daraus. Die Touristen wiederum haben die Qual der Wahl. Die erste Klasse können wir uns natürlich nicht leisten, und so klappern wir mit Leo einen ganzen Tag Low-Budget-Agenturen ab, um herauszufinden, welche Versprechungen wirklich ernst zu nehmen sind. Denn auf eigene Faust in die Naturparks zu fahren, haben wir uns schnell abgeschminkt. Das ist unsinnig, wenn man sich mit der Landschaft nicht auskennt. Schließlich überzeugt uns David von Lasi Tours, der einen Landcruiser hat – angeblich zuverlässiger als Landrover. Das Programm klingt ganz vernünftig, und seine Agentur ist sogar in einem französischen Handbuch empfohlen worden. Wir buchen also Lake Manyara, Serengeti und Ngorongoro-Krater, das Standardprogramm eben. In unserem Hotel *Spices & Herbs*, das einer recht wohlhabenden Äthiopierin gehört, können wir einen Teil unseres Gepäcks deponieren, bis wir wieder zurückkommen.

Zusammen mit Steve, einem Amerikaner Mitte vierzig, geht es am nächsten Morgen los. Man versteht ihn zwar kaum, so breit ist sein Akzent, aber er ist in Ordnung. Masauda, unser Koch, macht ein Gesicht wie ein geprügelter Hund. Wir fragen uns, ob er eine Lachmuskellähmung à la Silvester Stallone oder einen Todesfall in der Familie hat. Rael, unser Guide und Fahrer, ist hingegen eine gutgelaunte Quasselstrippe. Auf unserem ersten Game-Drive am Lake Manyara sehen wir auch die berühmten Baumlöwen, die es nur dort gibt. Der Rummel im Park hält sich noch in Grenzen, viele Jeeps sind dort nicht unterwegs. Das ändert sich schon am nächsten Tag an der Olduvai-Schlucht, wo die Paläontologen Louis und Mary Leakey in den Dreißigern einige Urmenschenschädel entdeckten. Als wir dort Mittagspause machen, tummeln sich gut und gerne 15 Safarigruppen in der Picknickhütte. Masauda, unser Koch, gibt uns unsere Lunchpakete. Hühnchen, Obst, einen Muffin, ein Saftpäckchen, Brot, all das ist in eine Tupperbox eingepackt. Eine Safarigruppe der ersten Klasse lässt sich neben uns nieder. Jeder hat eine schicke Pappbox mit dem Logo der Agentur in der Hand. Vorsichtig schauen wir den Reisenden – alle in Klischee-Khaki gekleidet, hallo, wir gehen auf Safari! – über die Schulter. Und siehe da, in ihrer Pappbox ist exakt das Gleiche drin wie in unserer Tupperbox. Der einzige Unterschied ist, dass eine Flasche Rotwein rumgereicht wird. Als wir später am Parkeingang der Serengeti ankommen, türmen sich bereits die Markenlunchboxen der ersten Klasse zu beachtlichen Müllhaufen.

Dann brausen wir durch die weite Grasebene zum Camp. Wir fangen an, unser Zelt aufzubauen, doch die Teile passen nicht zusammen. Die Stangen sind zu kurz für die Hülle, na klasse, und wir müssen wohl oder übel in diesem windschiefen Etwas schlafen. Rael, unser Fahrer, entschuldigt sich wortreich und gibt seinem Chef David die Schuld, den er ohnehin für einen krummen Hund halte. «Soll ich euch was sagen? Ich glaub Rael kein Wort», sagt Leo sibyllinisch, der seit dem Vorfall in Nairobi an allem zweifelt.

Vielleicht hat Leo recht, denn je länger wir unterwegs sind, als umso unfähiger entpuppt sich Rael. Ständig heizt er an irgendwelchen Tieren vorbei und reagiert gereizt, wenn wir ihn bitten, langsamer zu fahren oder ein paar Meter zurückzusetzen. Wir witzeln schon, ihm zum Abschied eine Blindenbinde zu schenken. Plötzlich eine Nachricht aus seinem Funkgerät: Irgendjemand hat Leoparden in einem Baum gesichtet, und in Windeseile spricht sich die Neuigkeit zwischen den Fahrern herum. Als wir am Leopardenbaum ankommen, sind wir der fünfte Jeep, zehn Minuten später drängeln sich dort 23 Wagen, um die Meisterjäger der Nacht zu sehen. Artikel 1 der Serengeti: Vor dem Leoparden sind alle Touristen gleich. Da gibt es keine

Safari erster oder zweiter Klasse mehr. Dieses Spiel wiederholt sich den ganzen Tag. Wo Löwen und andere Raubtiere sind, bildet sich im Nu ein Jeepauflauf, den man kilometerweit sehen kann. Nach einiger Zeit erkennt man sogar die Gesichter wieder, die aus den Dachluken der Wagen herausschauen. So beeindruckend die weite Graslandschaft und all die Tiere auch sind, man wird das Gefühl nicht los, dass das Serengeti-Business sich unaufhaltsam zu einer Farce entwickelt. Schon beschleicht uns wieder dieser ungute Sarkasmus, der von dem Schauspiel, das die Massai entlang der Serengeti-Route aufführen, noch genährt wird.

Immer wieder stehen Massai-Jungen mit martialischer weißer Gesichtsbemalung und schwarzen Umhängen am Straßenrand. Mit diesem Aufzug müssen sie nach ihrer Beschneidung, dem Ende der Kindheit, drei Monate lang leben, bevor sie wie ihre männlichen Stammeskollegen das rote Schultertuch tragen dürfen. Vermutlich hat der Dorfälteste die so dekorierten Jungen an die Straße geschickt, um sich für vorbeifahrende Touristen in Pose zu werfen. Ein Stückchen weiter hat ein älterer Kollege Sitzdienst, er hat es besser getroffen als der neben ihm Stehende, der heute Speerschicht schieben muss. In unbequemer Haltung verrenkt dieser seine Arme, um damit auf den Schultern seinen Speer zu balancieren. Der andere Massai verharrt dagegen in der Hocke und streichelt den Boden. Und wenn ein Tourist auf die Idee kommen sollte, von diesen zugegebenermaßen sehr eindrucksvollen Motiven ein Foto schießen zu wollen, wird er mit fünf Dollar zur Kasse gebeten. Man könnte fast glauben, dass diese Deko Massai, wenn sie nach der Straßenschicht zurück ins Dorf kommen, ihre lästige Arbeitsklamotte gegen T-Shirt und Boxershorts eintauschen und sich gar ein eisgekühltes Bier aus dem Keller einer Hightech-Hütte holen. Dann setzen sie sich vor ihren Rechner, um sich per E-Mail mit ihren Kollegen im Kaokoveld in Namibia über das Geschäft auszutauschen. Okay, das ist vielleicht etwas böse, aber wir haben das Gefühl, in ein riesiges Kostümspektakel geraten zu sein.

Wenn es einen Ort auf der Welt gibt, wo einem die Brutalität des «Survival of the fittest» klar wird, ist es der Ngorongoro-Krater, unsere letzte Etappe auf der Safari. Tausende von Tieren leben auf dem fast baumlosen Boden dieser riesigen, Millionen Jahre alten Caldera, die einen Durchmesser von gut zehn Kilometern hat. Ob mit Hörnern oder ohne, mit Zähnen oder nur mit Kauleisten – für keinen Pflanzenfresser gibt es hier eine Möglichkeit, dem Tod ein Schnippchen zu schlagen. Zebras stehen Seite an Seite, mit den Köpfen in entgegengesetzte Richtungen, um die Kraterebene ganz im Blick zu haben. Gazellen stapfen hypernervös durchs Gras, durch das der Tod schleichen kann. Die ganze Existenz besteht nur aus Fressen und Auf-der-Hut-Sein. Kein Blick in die phantastischen Wolkenformationen über dem Kraterrand, kein Innehalten vor der Schönheit dieser Landschaft, nur ein stumpfes Sein bis zum Exitus, der schon heute Nacht, vielleicht auch erst morgen Mittag in der prallen Sonne kommen kann. Der Kraterrand pfercht alle zusammen zu einer Gemeinschaft, aus der es kein Entkommen gibt. In der es keinen Fortschritt gibt, weil alle Energie ins Fressen und Nicht-gefressen-Werden fließt. Sozialdarwinistische Argumente sind zwar immer fragwürdig, aber erst hier im Krater wird klar, wie primitiv die Zeitgenossen sind, die im «Survival of the fittest» irgendeine Inspiration für die heutigen Probleme des menschlichen Zusammenlebens sehen. Soll Darwin im Krater bleiben, in der Zivilisation hat er nichts zu suchen.

Zurück in Arusha wollen wir uns eigentlich nur einen faulen Tag machen. Aber daraus wird nichts. Als wir mittags aus der Stadt ins Hotel zurückkommen, stellen wir fest, dass ein paar unserer Reiseschecks weg sind. Wir haben zuerst Rael in Verdacht. Könnte er sich vielleicht auf der Tour an unserem Rucksack zu schaffen gemacht haben? Aber das Handy fehlt auch, das hatten wir gar nicht mit, und 200 Dollar haben sich ebenfalls in Luft aufgelöst. Die Sachen müssen am Vormittag aus dem Zimmer unseres ach so ehrenwerten Hotels gestohlen worden sein. Kein aufgebrochenes Türschloss, keine eingeschlagene Fensterscheibe. Der Dieb kam mit dem Schlüssel, während wir im Ort ein paar Dinge erledigten. Wer könnte es gewesen sein?

War es die Frau an der Rezeption, die schwört, den ganzen Vormittag bei den Schlüsseln gewesen zu sein, die in einem Körbchen an der Bar liegen? Ihre Nonchalance, mit der sie unsere Entdeckung aufnimmt, macht sie verdächtig. War es die schüchterne Putzfrau, der wir idiotischerweise gesagt hatten, sie möge heute bitte nicht putzen, weil wir nach der Safari unseren Kram im Zimmer verstreut hätten? Ihre Schüchternheit macht sie verdächtig, die könnte ja gespielt sein. War es der Hotelmanager, der uns allen Ernstes erzählt, er habe den Gast aus Zimmer 2 im Verdacht gehabt und vorsorglich schon mal dessen Gepäck durchsucht – natürlich ohne dessen Wissen –, aber da seien unsere Sachen nicht drin gewesen? Wenn das kein Ablenkungsmanöver ist. Oder war es die Hotelbesitzerin selbst, die, kurz bevor die Polizei kommt, im Jeep heranrauscht, an die Rezeption eilt, um eine große Tasche zu holen, und wieder davonbraust, ohne uns, die Opfer und immerhin ihre Gäste, eines Blickes zu würdigen? Sie ist ebenfalls verdächtig, auch wenn sie zur Upper Class von Arusha gehört. Vor ein paar Jahren organisierte sie das Essen für das große Bill-Clinton-Dinner, als der auf seiner Afrikatour auch in Arusha vorbeikam, weil dort das Ruanda-Tribunal sitzt. Erst letzte Woche ist ein angesehener Geschäftsmann aus Arusha als Kopf einer großen, hier ansässigen Gang verhaftet worden. Der Fisch stinkt ja meistens vom Kopf her. Vielleicht war es aber auch der ewig lächelnde und leicht unterbelichtete Kellner, in dessen Zimmer unser Gepäck während der Safari «in Sicherheit» gewesen sein soll. Zeit genug hatte er ja, um sich an den Vorhängeschlössern unserer Rucksäcke zu üben. Verdächtig, einfach verdächtig. Aber es ist wie früher, als wir als Kinder «Cluedo» gespielt haben. Man steht wie der Ochs vorm Berg, wer der Mörder sein könnte, gewonnen haben immer die anderen.

Frustriert fahren wir mit den Polizisten auf die Wache, um den Diebstahl aufnehmen zu lassen. Da sitzen wir dann mit einer toughen jungen Polizistin, die unsere Schilderung auf ein Stück Papier kritzelt. Der Bericht würde noch abgeschrieben, wir könnten ihn dann morgen früh abholen, sagt sie. Beim Rausgehen erhaschen wir einen Blick in eine Kammer, in der sich vergilbte Papierstapel bis unter die Decke türmen. Da ahnen wir, welches Schicksal unser Fall nehmen wird. Im Hotel treffen wir die Besitzerin, die ein paar Tage vorher noch ziemlich freundlich war, als wir das äthiopische Essen im Hotel lobten. Mit Augen kalt wie Stein hört sie sich unsere Geschichte an und bemerkt dann nur kurz, woher solle sie wissen, ob wir die gestohlenen Sachen wirklich mit ins Hotel gebracht hätten? Sie unterstellt uns tatsächlich, die ganze Nummer erfunden zu haben. Wir fragen sie noch, ob wir telefonieren könnten. Nein, geht nicht, und dann wendet sie sich wieder ihrer Bekannten zu. Wir haben die Schnauze voll von Arusha, dieser rotznasigen kleinen Cousine von Nairobi. Wer hierherkommt, sollte gezinkte Karten und mindestens ein Pokerface im Gepäck haben, toi, toi, toi!

km 13 430 Abkürzung nach Sansibar

Leo und wir beide sind uns einig, dass wir keine Naturparks, keine Städte mehr sehen wollen. Nur weg, endlich nach Sansibar, jener sagenhaften Insel, die wie kaum eine andere die Phantasie der Reisenden kitzelt. Der normale Weg würde in einer endlosen Busfahrt nach Daressalam, der Hauptstadt von Tansania, führen, wo wir die Fähre nehmen könnten. Aber auf der Fahrt über den Nasser-Stausee hatte uns Hans, der Motorradfahrer, erzählt, wie er vor Jahren auf einer Dhau, dem traditionellen arabischen Segelschiff, von Tanga aus übergesetzt hatte. Eine abenteuerliche Tour war das gewesen, das Boot war um etliche Kilometer vom Kurs abgekommen und erst in der Dunkelheit irgendwo an der Küste gelandet. Als wir Leo davon erzählen, ist er als alter Segler sofort Feuer und Flamme für diesen Plan. Im Tansania-Handbuch von Steve, unserem Serengeti-Kumpan, haben wir herausgefunden, dass es im Küstenort Pangani südlich von Tanga einen «Schiffsmakler» namens Iddi gibt, der Überfahrten auf lokalen Dhaus vermittelt. Wie oft Schiffe hinüberfahren, steht dort allerdings nicht. Und wenn Iddi gar nicht mehr in Pangani lebt oder wir ihn nicht finden? Wir diskutieren lange hin und her, und dann siegt doch die Abenteuerlust. Wir wagen es einfach. Wenn wir in Tanga umsteigen, könnten wir mit dem Bus schon morgen Abend in Pangani sein.

Im Schwitzkasten. Der überschwänglich angepriesene Full Luxury Bus nach Tanga entpuppt sich mal wieder als das übliche afrikanische Klappergestell: ein ausrangierter Volvo oder Isuzu, der irgendwo außerhalb Afrikas gerade noch vor der Schrottpresse gerettet werden konnte. Die Sitze sind mit Plastikfolie überzogen, sodass man während der sechs Stunden dauernden Fahrt durch klammes subtropisches Klima auch ordentlich ins Schwitzen kommt. Kurz vor der Abfahrt kriegt Niels ein Kind. Der Busfahrer drückt ihm ein anderthalbjähriges Mädchen auf den Schoß, das bei seiner Mutter keinen Platz mehr gefunden hat, weil da schon seine dreijährige Schwester sitzt. Mit diesem zusätzlichen Schwitzkissen im Arm heizen wir mit halsbrecherischen 120 Sachen über die Landstraße von Arusha nach Tanga an die Küste. Während der gesamten Fahrt geben die beiden keinen einzigen Mucks von sich, kein Weinen, kein Gequengel, nichts. Nicht einmal, als die Mutter bei einem Zwischenstopp für zehn Minuten im Gewühl des Busbahnhofs verschwindet, um ein bisschen Proviant einzukaufen. Das Mädchen guckt nur kurz der Mutter hinterher und wartet dann brav auf Niels' Schoß. Wie kann das sein, frage ich mich. Sind sie so grundzufrieden? Oder sind sie vielleicht bereits von klein auf durch das Getragenwerden im Hängetuch auf dem Rücken der Mutter zur Bewegungslosigkeit verdammt, aufs Ausharren konditioniert? Wenn ich mich in den Reihen der Erwachsenen umschaue, scheint mir Letzteres gar nicht so unwahrscheinlich. Was werden diese beiden Mädchen in zwanzig Jahren wohl machen? Werden sie überhaupt überleben, werden sie Aids bekommen, wie so viele Afrikanerinnen? Wo werden sie leben, in welchem Land? Was ist die afrikanische Zukunft?

In Tanga angekommen, wartet dann bereits der Bus nach Pangani. Gleiches Modell, nur dreimal so voll. Es wird gestanden, voll bis zum letzten Quadratzentimeter. Wir werden reingeschoben und aufgefordert, weiter nach hinten durchzugehen. Aber wohin denn, es ist doch alles schon brechend voll? Den

Busfahrer hält das nicht davon ab, jeden weiteren Wartenden am Straßenrand mitzunehmen, der Bus platzt aus allen Nähten. Dann und wann huscht mal etwas warmer Fahrtwind durch die geöffneten Fenster, es ist brüllend heiß. Jeder schwitzt aus sämtlichen Poren. Meine Nase dicht neben der streng riechenden Achselhöhle des Haltsuchenden neben mir, hoffe ich bei jedem Stopp inständig, dass diesmal doch bitte jemand aus- anstatt einsteigen möge. Auf den klitschnassen Gesichtern neben, um und an mir sehe ich wachsende Ratlosigkeit. Auf den Platz- und Frischluftmangel hingewiesen, antwortet der Busfahrer bloß: «I know, but what can we do about it?» Ja, das ist eine gute Frage! Afrika, was meinst du dazu?

Als wir mit Leo schwitzend wie die Berserker aus dem Rumpelbus von Tanga nach Pangani aussteigen, ist es schwülheiß. Vorbei das angenehme Sommerwetter des Hochlands. Aber da hinter den Palmen, da ist das Meer. Der Indische Ozean, von dessen Wüten wir mit einiger Verspätung erfahren haben, weil wir in Nordkenia aus der Welt waren, als der Tsunami heranrollte. Jetzt ist der Ozean wieder friedlich und unschuldig, als wäre nie etwas passiert. In der einst geschäftigen Hafenstadt an der Swahiliküste ist heute nicht mehr viel los. Die Flussmündung des Pangani River ist teilweise verlandet, und die Schiffe fahren inzwischen Tanga an, 50 Kilometer weiter nördlich. Der Ort ist ein heißes, verschlafenes Nest, und die Flussmündung hat gar etwas von dieser Beklommenheit aus Joseph Conrads *Herz der Finsternis*. Hier ereignet sich nichts. Nicht nur wir, auch die Einheimischen schwitzen dumpf vor sich hin. Hin und wieder legt eine Dhau nach Sansibar ab. Schlanke Boote mit dreieckigen Segeln, die schon seit Jahrhunderten diesen Teil des Indischen Ozeans befahren. Aber gerade dieses Aus-der-Welt-Sein ist nach Nairobi und Arusha eine Wohltat. Die Leute lächeln verhalten, und wenn wir ein paar in unserem Sprachbüchlein nachgeschlagene Worte auf Kisuaheli stammeln, strahlen sie sogar. Niemand will einem etwas verkaufen.

Auf der Suche nach Iddi, dem «Schiffsmakler», gehen wir nachmittags in die *Pangadeco Bar* hinter dem Strand, dem Treffpunkt von Pangani. Wir fragen einen der Männer, die den Laden betreiben, ob sie Iddi kennen. Ja, klar. Und wo finden wir ihn? Wartet hier, sagt der Barmann und verschwindet. Nach einiger Zeit kommt er mit einem kleinen Mann mit Schlapphut zurück. «Ich bin Mr. Iddi», sagt der freundlich lächelnd und setzt sich zu uns, «was kann ich für euch tun?» Wir suchen einen Platz auf einer Dhau nach Sansibar. «Ihr habt Glück, heute Nacht fährt eine hinüber», antwortet er und greift zum Handy. Nach einem kurzen Telefonat verkündet er uns strahlend: «Ihr könnt mit, für 15 Dollar pro Person.» Wir können unser Glück kaum fassen. Das klappt ja wie am Schnürchen. Wir verabreden uns mit Iddi für später hier in der *Pangadeco Bar* auf ein Bier und brechen auf, um unsere Rucksäcke, die noch im Guesthouse außerhalb von Pangani sind, zu holen.

Als wir abends wieder in die Bar kommen, dröhnt der Reggae so laut, dass wir uns mit Iddi und seinem Kumpel, Mr. Sekibaha, anschreien müssen. Gibt es morgen genug Wind? «Wartet mal», sagt Iddi, zückt wieder sein Handy und schickt eine SMS an einen «Wetterdienst». Zwei Minuten später erscheint die Antwort-SMS: «Kein Regen, Windstärke 2» steht da tatsächlich auf dem Display. Selbst Pangani, das an der Oberfläche wie ein Hightech-Nirwana daherkommt, gehört also zum Digital Village! Wir ordern noch eine Runde Bier, und inmitten des Lärms hat Mr. Sekibaha plötzlich eine philosophische Anwandlung. Er erzählt von der Notwendigkeit eines neuen Weltbildes für das 21. Jahrhundert, von einem Schriftsteller namens Bruno Vogelmann, streift die deutsche Kolonialgeschichte – «When they built the railway to the hinterland», ja, er sagt wirklich «hinterland» – und regt sich über die Atombombe als Sünde der westlichen Wissenschaft auf. Der Rest seiner bemerkenswerten Gedanken geht leider in den dröhnenden Reggaebeats verloren, zu denen draußen auf der Straße ein paar Panganier tänzeln, die sich hier drinnen keinen Drink leisten können.

Nachts um kurz vor drei klopft Iddi in unserem Guesthouse am Hafen an die Zimmertür. Wir schnappen unser Gepäck und gehen runter zum Fluss, durch Halden von Kokosnussschalen. In der Dunkelheit wartet die Dhau, die schon am Abend vorher prallvoll mit Früchten beladen worden war. Das ist unsere Passage nach Sansibar. Wir waten durchs Wasser und klettern mit klitschnassen Hosenbeinen an Bord. Die Milchstraße leuchtet und hinter uns im Ort eine einsame Neonröhre. Dann schiebt die Crew das Boot in den Fluss und setzt das Segel. Kein Lufthauch bläht den Stoff. Langsam, ganz langsam treiben wir mit der Ebbe aus der Flussmündung in die Bucht. Keiner redet. Es gibt nichts zu sagen. Nur das Rauschen von Wellen, die in der Ferne auf eine Sandbank schlagen, ist zu hören. Rechts über dem Segel steht das Kreuz des Südens, hinter uns der Große Wagen. Einer aus der Crew schöpft Wasser aus dem Bootsrumpf. Vor fünfhundert Jahren kann es nicht anders gewesen sein. Zusammengekauert hocken wir mit Leo achtern am Ruder, auf dem letzten Flecken, der nicht mit Mangos, Bananen und Holzkohle beladen ist. Irgendwann später beginnt sich der Himmel vor uns aufzuhellen. Wir sind höchstens fünf Kilometer vorwärts gekommen. Noch immer kein Wind.

Hinter uns im Meer erscheint plötzlich ein Delfin und begleitet uns gemächlich. Grauschwarz taucht sein Körper aus den glatten Fluten auf. Der anbrechende Tag zaubert die wildesten Wolkengebilde an den Himmel, wie in alten Gemälden von Seeschlachten. Da sind gigantische Hasen, Elefanten und Riesen, die vorbeieilen. Sansibar ist noch nicht in Sicht. Die Seeleute wechseln sich mit dem Wasserschöpfen ab. Eine erste leichte Brise, wir nehmen Fahrt auf. Wechseln mit der Crew, die kein Englisch spricht, mit Hilfe unseres Sprachbüchleins ein paar Worte auf Kiswahili. «Kuna upepo kidogo», es gibt nicht viel Wind. Zustimmendes Lachen. Im Morgenlicht tauchen weitere Segel am Horizont auf. Eine große Dhau auf dem Weg von Tanga nach Stone Town, der Hauptstadt von Sansibar, kreuzt dicht hinter uns. Das Meer ist jetzt tiefblau, alles ist perfekt, nur ein Kaffee fehlt. Einer aus der Crew summt leise ein Lied, die anderen dösen. Die Sonne steigt höher, erscheint über den Wolken, der Wind kommt und vergeht doch wieder.

In der Crew entspinnt sich plötzlich eine Diskussion, lauter und immer lauter, unterbrochen von kurzen Lachern. Wer schreit, hat recht, auch hier. Wir lauschen dem angenehmen Klang des Kiswahili, ein paar Zahlen lassen sich immerhin heraushören. Dann verfallen alle wieder in Schweigen und ergeben sich in die heraufziehende Hitze. Ein Schluck Mineralwasser, eine Mango, eine Zigarette, das ist unser Frühstück. Doch dann, endlich, tauchen am Horizont die ersten Palmen von Sansibar auf, Wind kommt auf, jetzt geht es voran, ein wenig Gischt spritzt, die Dhau schaukelt durch die langen, flachen Wellentäler des Indischen Ozeans. Der Strand von Nungwi kommt immer näher. Wir zahlen den Rest unserer Passage, und nach neun Stunden landet die Dhau am Korallenstrand. Einigen Touristen fallen in ihren Beach-Resort-Liegen die Augen aus, Kameras klicken, als wir da wie aus einem anderen Zeitalter von Bord ins türkise Wasser springen. Wir setzen uns in den Sand und können es kaum glauben – wir sind in Sansibar. Währenddessen hat die Crew das Boot schon wieder zurück ins Meer geschoben und nimmt Kurs auf die kleine Nachbarinsel Tumbatu. Wir hingegen sind mitten in einer Bacardi-Werbung angekommen.

Nungwi – Tofo

km 13 490 SwahiliWorld

Der Koch vom *Union Beach Resort* ist an unserem Tisch eingeschlafen. Sein Kopf liegt auf der Tischkante, die bestickte Kappe daneben. Eben noch hat er den *Economist* genommen und mit einer leichten Belustigung um die Mundwinkel darin geblättert. Aber er ist schon wieder müde. Die Mittagshitze ist bereits herangekrochen, und noch hat niemand Essen bestellt. Die restliche Belegschaft döst im Schatten zwischen den Bäumen. Draußen im Meer sammeln Frauen im seichten Wasser der Ebbe zwischen Strand und Korallenriff irgendetwas in ihre Eimer ein. Ein Fischerboot segelt in der Ferne vorbei. Frieden.

Die Idylle in Nungwi ist perfekt und doch irgendwie verstörend. Da ist zum Beispiel dieses Fitnessstudio eines italienischen Edelresorts am Südende von Nungwi auf einem Pier im Meer, in dem übergewichtige Europäer im Angesicht des Sonnenuntergangs auf Laufbändern traben oder sich gar – fünf Meter über dem Meer! – auf Rudermaschinen abmühen. Massai rennen als Strandwächter in ihren traditionellen roten Roben herum und haben ultracoole Sonnenbrillen auf. Die Fischerboote am Strand sind malerisch, aber sie wirken wie eine Dekoration, in der Afrikanern nachempfundene Roboter so tun, als ob sie Fische fangen. Nungwi am Nordzipfel von Unguja – das ist die Hauptinsel von Sansibar, die meistens mit Sansibar gleichgesetzt wird – ist so glatt wie «Westworld», jener roboterbestückte Ferienpark aus dem Siebziger-Thriller mit Yul Brynner, in dem sich Westler glückliche Tage in einer Simulation kaufen können. Fast wundert man sich, dass man überhaupt nass wird, wenn man ins Wasser geht, und nicht einfach nur ein Loch in der blauen Leinwand hinterlässt und sich am Set-Buffet eines Werbedrehs wiederfindet, neben verdutzten Beleuchtern und Bühnenarbeitern.

Der reale Nungwier ist Anfang zwanzig und fischt höchstens noch nach guten Deals mit Touristen. Morgens kommt er aus dem Dorf in die Kulisse der Hütten und Bungalows am Strand und sagt ständig «Karibu» (willkommen), aber es klingt wie «Karibu, dollar». Das alte Leben an der Swahiliküste interessiert ihn nicht mehr. Er träumt davon, hip zu sein, Teil der ewigen Party, für die die Westler hierherkommen, weit weg von Afrika, das irgendwo hinter dem Meer, hinter dem Horizont im Westen liegt. Aber wer kann ihm das verdenken? Die Reisenden schmökern tagsüber in diesen dicken, bunten Urlaubsthrillern, abends pendeln sie zwischen *Willie's Bar* und dem *Cholo's* am Strand. Begleitet von der unvermeidlichen Lounge-Musik dieser Tage genehmigen sie sich noch einen Cocktail und noch eine Tüte. Wenn die Shilling knapp werden, ist das kein Problem, Nachschub gibt es in der Visacard-Bude hinter dem Strand.

Tage vergehen, alle gleich schön und auch ein wenig belanglos, Gedanken verebben am Korallenriff. Nachts heißt es «schöner träumen mit Lariam», dieser Hammerchemikalie von einem Malariamittel, das wir seit ein paar Wochen nehmen. Morgens wachen wir vom Flapflap des Ventilators auf und fühlen uns seltsam benommen. Draußen bahnt sich längst wieder die Hitze der Tropen an.

Wie fast alle hier gehen auch wir irgendwann auf eine Schnorcheltour. Mit einem Boot werden wir zu dem Atoll vor Mnemba Island gebracht. Diese Miniinsel, ein Privat-Resort für Steinreiche, darf nur derjenige betreten, der pro Übernachtung 500 Dollar hinblättert. Der Rest darf immerhin vor ihrem

Strand im seichten Wasser planschen. Wir stürzen uns in die Fluten und finden uns wieder zwischen Myriaden von Fischen. Sie sind um, über und neben uns und kommen neugierig an uns heran. Man fühlt sich wie ein schwebendes Teilchen in einem Fisch-Mobile.

Die Hüfte von Zimmer 12. Abgestumpft wie eine Krankenschwester nach langjähriger Sozialtätigkeit bringe ich langsam kein Mitgefühl mehr auf. Ich gucke mir die Leute hier in Nungwi an, diagnostiziere eine Mentalthrombose und lasse sie dann mitten in ihrem Touri-Blabla einfach stehen. Sollen sie doch lieber andere Gehörgänge fluten. Bei mir gibt's gerade nichts mehr zu holen. Zum einen, weil wir ohnehin schon in Arusha mutwillig unserer Barschaft entledigt wurden, und zum anderen, weil mein Goodwill-Pensum mittlerweile erheblich überschritten ist. Hier ist Dollar-Country, und die Landeswährung Shilling wird nur widerwillig akzeptiert. Die Insel hat sich komplett dem Tourismus verschrieben, und die Zukunft ist gesichert, dank TUI & Co. Die eigenen Traditionen wurden längst über Bord geworfen und dümpeln irgendwo im türkisblauen Wasser. So gut, wie es die Natur mit dieser Insel gemeint hat, grenzt es schon an Unerträglichkeit: kilometerlange feinste Sandstrände, von Kokospalmen gesäumt, ein vorgelagertes Riff. Verschwenderisch schön, aber zu geballt für meinen Geschmack. Wie bei einer Wackelpostkarte warte ich ständig darauf, dass das Blatt sich wendet und die Insel mir ihre getarnte Fratze zeigt. Trotz der übernatürlichen Schönheit kann ich mich hier nicht entspannen, zu groß ist mittlerweile das Misstrauen. Jeden Tag hören wir eine neue Horrorgeschichte von Diebstählen, Überfällen auf Touristen oder gefaketen Trinkwasserflaschen, die über ein winziges Loch am Boden mit unbehandeltem Wasser gefüllt werden, sodass der Deckel versiegelt bleibt. Die Inszenierung des Paradieses kann mich mal, ich will auf den Arm.

Einige Tage nach unserer Landung mit der Dhau nehmen wir Abschied von unserem guten Reisecompañero Leo, mit dem wir viereinhalb Wochen zusammen durch Ostafrika gezogen sind. Sein Rückflug aus Kapstadt rückt allmählich doch näher, und er hat noch eine weite Strecke vor sich. Diese SwahiliWorld ist zwar auch nicht sein Ding, aber die Zeit hier hat ihm trotzdem ganz gutgetan. Sein Gesicht ist schon wieder viel glatter, und er hat seine alte Schlagfertigkeit zurückgewonnen. Weil er in zwei Tagen Geburtstag hat, besorgen wir ihm noch ein paar tansanische Zigarren und Gin in Plastikbeuteln. Diese Alkoholbomben sind hier unter den jungen Einheimischen der letzte Schrei und in den einfacheren Strandbars zu bekommen. Das Zeug sieht zwar aus, als ob es blind macht, aber Leo wird das schon vertragen.

Am selben Vormittag tauchen zwei neue Gesichter im *Union Beach* auf, Heinz und ein Freund. Die beiden launigen älteren Typen aus Zürich sind gerade aus Stone Town hochgekommen. Heinz, der im Zürcher Langstraßenviertel eine Eisdiele betreibt, ächzt bei jeder Bewegung, aber nicht, weil er eingerostet ist. Die beiden sind vor ein paar Tagen in Stone Town direkt vor ihrem Guesthouse überfallen worden. Heinz rissen die Diebe so heftig den Rucksack von der Schulter, dass er aufs Pflaster fiel und sich eine Rippe brach. Man könnte auf den Gedanken kommen, dass sich die Einschläge um uns häufen.

Am siebenten Morgen ist uns schlagartig klar: Die Zeit in Nungwi ist um. Genug Banana Boat Cocktails in *Willie's Bar*, genug malerische Fischerboote am Riff, genug Gelaber von unserem Resortschergen, der sich am ersten Tag mit «My name is flexible» vorgestellt hatte und am Ende ebenso bräsig wie alle anderen war. Im staubig-schmuddeligen Dorf hinter der Strandkulisse steigen wir in ein Dala-Dala nach Stone Town, einen offenen Pritschenwagen mit zwei notdürftig gepolsterten Bänken. Aber der Fahrtwind kühlt, die einsteigenden Dörfler grüßen uns mit einem ehrlichen «Jambo», und als die Palmen und Mangobäume am Straßenrand vorbeifliegen, fühlen wir uns «on the road again». SwahiliWorld fällt zurück, schön war's dort, keine Frage, aber nicht viel mehr als der Versuch, Kraft aufzutanken in einer Parallelwelt.

km 13 540 Malindi-Landungsbrücken

In Stone Town landen wir wieder in der Wirklichkeit und finden im Hafenviertel Malindi ein Zimmer in einem alten sansibarischen Stadthaus. Von der Dachterrasse sieht man auf den Kai, an dem die Fischkutter am Morgen ihre Fracht gelöscht haben. Die ganze Straße ist ein Gewusel aus Fischhändlern und Kunden, und ein kräftiger Fischgeruch liegt über dem Viertel, der sogar durch die Fensterritzen dringt. Stone Town wirkt wie ein überdimensioniertes Piratennest mit seinen unzähligen verwinkelten Gassen und den undurchdringlichen Gesichtern seiner Bewohner. Überall werden Fisch, Kräuter und Gewürze feilgeboten. Die alten Gebäude, von denen viele noch aus der Sultanszeit stammen, sind von einer dicken schwarzgrünen Patina überzogen, die der Monsun hinterlassen hat. An einem Abschnitt des Strandes werden noch ganz traditionell Dhaus gebaut oder repariert. In Stone Town verknoten sich arabische, afrikanische und europäische Spuren zu einem geheimnisvollen Knäuel, das Touristen aus aller Welt magisch anzieht.

Noch 30 Minuten bis Sonnenuntergang. Auf der Terrasse des *Africa House*, des ehemaligen British Club von Sansibar, ist der Bär los. 200 meist gestylte Leiber lümmeln sich in schweren Barsesseln, stehen am Terrassengeländer, reden, schreien, lachen in allen möglichen Sprachen. Alle stürzen Bier oder Cocktails hinunter. Sehen und gesehen werden, Fleischbeschau, es ist wie eine Mischung aus der *Bar Rossi* und der *Strandperle* (für die Nichthamburger: eine Schickibar und «das» Strandcafé an der Elbe). Nach der Zeit im Nahen Osten und in Ostafrika ist das fast ein Kulturschock. Überflüssig zu erwähnen, dass sich außer den Kellnern kein Sansibari in diesem Sundowner-Gelage tummelt. Auch das ist Teil des neuen Kolonialismus, der den alten von Briten, Deutschen und anderen Europäern beerbt hat. Statt Kanonen abzufeuern, wedelt man einfach mit Dollarscheinen. Alles ziemlich versnobt, und nach dem Bier machen wir uns schnell aus dem Staub.

Szenenwechsel, 500 Meter entfernt, 30 Minuten nach Sonnenuntergang: die Forodhani-Gärten an der Uferpromenade von Stone Town. Zwanzig Garküchen bieten alles, was der Indische Ozean an Leckerem herzugeben hat: riesige Krebse, Hummer, Fische in allen Größen ... Sansibaris bummeln mit Kind und Kegel an den Ständen entlang, es ist Wochenende, Zeit zum Flanieren unter den ausladenden Bäumen des Gartens. Wir setzen uns mit einer «Zanzibar Pizza» – Ei, Zwiebeln und Hackfleisch in einer Teigtasche frittiert – und Tintenfisch an einen Plastiktisch hinter einem der Stände. Ein älterer Sansibari spricht uns an und wundert sich, dass wir von den bevorstehenden Wahlen gehört haben. Seit wann interessieren sich Touristen für Politik? Wir fragen ihn nach dem Tourismus und der Kriminalität auf der Insel. Die Schurken kommen aus Daressalam, stellt sich heraus – es seien «die» Festländer, die hier in Stone Town Touristen überfallen und an den Stränden das große Geld machen. Dazu muss man wissen, dass die Verbindung von Sansibar und Tanganjika, des Festlandteils, zur United Republic of Tanzania eine Vernunftehe ist, die beide Seiten nicht sonderlich begeistert. Die Einheimischen aus den Dörfern würden selten zum Zuge kommen, wenn die Inselregierung Konzessionen für neue Resorts vergebe, sagt der Mann. Das klingt nicht sehr begeistert. All is not well in Zanzibar.

Lustiges Vespa-Gestümper. Mit 17 habe ich davon geträumt, eine Vespa zu fahren. 20 Jahre später habe ich zum ersten Mal die Gelegenheit, und das geht fast in die Hose. Der Typ vom Motorradverleih in Stone Town zeigt mir die Ersatzzündkerze und erklärt mir kurz die Gangschaltung. Ich sitze zum vierten Mal im Leben überhaupt auf einem Moped, und davor hatten die Maschinen alle eine Automatikgangschaltung. Die ersten vier Startversuche würge ich unter allgemeinem Gelächter der umstehenden Sansibaris ab. Dorothee lässt sich davon nicht erschüttern. Dann zockeln wir im ersten Gang wie eine Schildkröte los. An der Ampel kurz vor unserem Guesthouse – wir haben die Sonnenbrillen vergessen – säuft das Gerät zweimal ab, als die Ampel auf Grün springt. Das wird ja lustig. Mit 20 km/h schleichen wir dann mit viel Getöse und untertourigem Motor im ersten Gang aus der Stadt. Ich frage Dorothee gerade, wofür eigentlich dieses komische Pedal zwischen meinen Füßen ist, da winkt uns schon der erste Polizist an den Straßenrand, wohl in der Hoffnung, einen «Mzungu» zu finden, der ohne internationalen Führerschein fährt. Denn das kostet Geld in Sansibar. Ich versuche, mit der Handbremse am Lenker das Ding anzuhalten. Eine blöde Idee, denn auf derselben Seite ist auch der Gaszug, und die Vespa macht einen Satz wie ein wildgewordener Bulle, anstatt zu stoppen. 20 Meter weiter komme ich mit rausgestellten Hacken zum Stehen.

«Careless driver, careless driver», sagt der Polizist in seiner strahlend weißen Uniform, und ich sehe schon die Dollarzeichen in seinen Augen aufblitzen. Wir ergehen uns in blumigen Erklärungen, aber ich muss leider zugeben, dass ich keine Ahnung habe, dass dieses kleine schwarze Pedal da unten die Fußbremse ist. Immerhin sind unsere Papiere alle in Ordnung. Dann muss ich unter den strengen Augen des Polizisten probebremsen. Es klappt, und wir schwören Stein und Bein, die vorsichtigsten Fahrer der ganzen Insel zu sein. Fast habe ich am Ende den Eindruck, als könne sich der Mann das Lachen nur mühsam verkneifen. Und tatsächlich wünscht er uns eine gute und sichere (!) Fahrt, ohne uns einen Dollar für diese Kapriole abzuknöpfen. Zehn Kilometer außerhalb von Stone Town meistere ich dann den zweiten und den dritten Gang. Mit 50 km/h knattern wir jetzt durch eine prallgrüne Gartenlandschaft. Wir werden noch dreimal rausgewunken, aber mein internationaler Führerschein verhindert das Extracash zum mageren Gehalt. Inzwischen klappt auch das Bremsen.

Als wir am Spätnachmittag von der Ostküste zurückkehren, hat sich alles entspannt. Zwei Polizisten auf ihrem Heimweg winken uns gar freundlich zu, und wir winken zurück. Die Insel hat Feierabend, die Straßenhändler und Bauern schlendern in ihre Dörfer zurück. Zum ersten Mal ist Sansibar ganz bei sich selbst. Als wir schon wieder in Stone Town sind, werden wir ein letztes Mal angehalten. «Woher kommen Sie?», fragt der Weißgekleidete. «Aus Paje», antworten wir wahrheitsgemäß, das ist der Ort an der Ostküste, in dem wir eine Stunde vorher losgefahren sind. «Wie viele Jahre sind Sie schon in Sansibar?» – «Was?» «Wie viele Jahre?», fragt er nochmal. «8 Tage», sagen wir, und dann müssen wir alle lachen. Er hatte eigentlich nur «from Germany» hören wollen.

Unser Plan, noch ein paar Tage nach Pemba, der zweiten großen Insel Sansibars, zu fahren, erledigt sich, als wir bemerken, dass die schnelle Fähre außer Betrieb ist. Wir könnten mit einem alten Kahn über Nacht rüberfahren, aber danach steht uns nach der Reise über den Nasser-Stausee nicht mehr der Sinn. Und wenn wir es recht überlegen, wollen wir raus aus Tansania. Also setzen wir mit der Fähre zum Festland über. Stickige Hitze schlägt uns entgegen, als wir in Daressalam an Land gehen. Die nächtlichen Regengüsse haben die Stadt in eine dampfende Sauna verwandelt. Jeder Schritt treibt uns das Wasser aus den Poren und hinterlässt dunkle Spuren auf den Klamotten. Wir schwitzen nicht, nein, wir sind Schweiß.

Verglichen mit Nairobi ist Daressalam provinziell. In einigen Straßen stehen sogar noch ein paar Häuser aus der deutschen Kolonialzeit, die hier in Afrika ziemlich seltsam aussehen, so als ob man eine Häuserzeile aus einer süddeutschen Kleinstadt an die Küste des Indischen Ozeans transplantiert hätte. Im Hafen organisieren wir gleich für den nächsten Morgen Zugfahrkarten, um Richtung Malawi aufzubrechen.

Ebony & Ivory. Nachts liege ich wach, die Luft klebt. Der Deckenventilator durchsäbelt die feuchte Hitze und lässt dicke Scheiben auf uns runterklatschen. In mir dreht sich alles, die Gedanken zentrifugieren in meinem Kopf, während ich versuche, meine bisherigen Eindrücke von Afrika zu sortieren. Doch alles ist überladen und schwammig, die Luft, die Nacht, mein Gehirn. Draußen tobt wieder ein Sturm, der Regen prasselt auf die benachbarten Metalldächer, die Vögel in ihren Käfigen auf den Balkonen kreischen hysterisch. Fragen rauschen mir durch den Kopf, während ich auf die kreisenden Rotorblätter starre und die Unordnung immer größer wird. Was habe ich mir von dieser Reise versprochen: ein klareres Bild von diesem Kontinent, Erkenntnis oder einfach bloß eine Erfahrung? Hier in diesem Teil Afrikas passt nichts zueinander. Solange Weiße hierherkommen, sind sie per se immer an allem schuld. Und solange in Afrika die Kinder schwarz geboren werden, wird die Hautfarbe als Generalentschuldigung für alles benutzt, weil es so schön praktisch ist. Womit sie dann auf der Benachteiligungsskala ihrer Meinung nach ganz oben stehen. Ich frage mich, was wir hier eigentlich zu suchen haben. Ich komme mir ohnehin eher wie ein ungebetener Eindringling vor als wie ein willkommener Gast. Was würde mit Afrika passieren, wenn sie die Türen zum Westen für die nächsten zehn Jahre dichtmachten, um erst mal mit sich ins Reine zu kommen, ungeachtet der westlichen Maßstäbe? Ist es dafür vielleicht schon zu spät? Der allgegenwärtige Rassismus in diesem Teil des Kontinents richtet sich allerdings nicht nur gegen die weiße Übermacht, selbst innerhalb der einzelnen Länder sind sich die Stämme gegenseitig nicht grün. In Äthiopien können sich die achtzig verschiedenen Stämme nicht als eine Nation fühlen, in Kenia gehen sie gar immer wieder so heftig aufeinander los, dass es Tote gibt. In Tansania hat man sich darauf geeinigt, das gesamte Land dem Tourismus zum Fraß vorzuwerfen. Das bringt Ruhe in die 120 Stämme, weil so jeder etwas abkriegen kann. Political Correctness wird hier jedenfalls nicht praktiziert und wirkt als westliches Verständigungskonstrukt auch deplatziert. Nach fast 14000 Kilometern, nach Sonnenbränden und Mückenstichen, die nicht mehr auf einen einzigen Körper passen, bin ich keinen Zentimeter weitergekommen in meinem Wunsch, Afrika besser zu verstehen. Aber wahrscheinlich kann das auch nur, wer hier geboren wurde – und zwar schwarz.

km 13 590 Im Sambia-Express

Die Halle der Tazara Railway Station in Daressalam erinnert eher an ein Flughafen-Terminal. Ein riesiger, wuchtiger Bau, vor dem die Taxis über eine Rampe auf der Abfahrtsebene vorfahren. Wir haben erste Klasse gebucht, weil wir uns bei dieser Nachtfahrt das übliche Gewusel ersparen wollen, und werden gleich in die Bahnhofslounge komplimentiert. Schwarze, leicht zerschlissene Ledersessel, dicker Teppich, livrierte Kellner mit Fliege. Augenblicklich verfällt jeder Neuankömmling in diesen diskreten Flüsterton. Auf dem makellos sauberen Bahnsteig wird noch der Zug startklar gemacht. Einer von fünf Zügen, die hier in der Woche abfahren. Mehr passiert auf diesem überdimensionierten Bahnhof nicht.

Wie auf ein unsichtbares Zeichen hin springen plötzlich alle auf, und dann eilen Hunderte aus der Halle auf den Bahnsteig. Wir haben Plätze in zwei verschiedenen Waggons bekommen, getrennt nach Männern und Frauen. Kann das wahr sein? Wir reden auf eine Schaffnerin ein, dass wir gerne einen Platz tauschen würden. Kommt überhaupt nicht in Frage, sagt die Frau resolut, es sei denn, wir würden ein ganzes Abteil mieten (und nochmal zwei Tickets zahlen). Der Ton erinnert schwer an alte Reichsbahnzeiten im Westberlin-Zug durch die DDR. Aus den Lautsprechern in den Abteilen plärrt inzwischen eine brüllend laute Ansage. Ein Reisender, der sich als Sambier vorstellt, schimpft lautstark auf Tansania und den Zug: «Alles chinesischer Mist.» Der Zug ist tatsächlich in China gebaut, und die Sambia-Linie stammt noch aus den Zeiten des tansanischen Sozialismus-Experiments unter Julius Nyerere. Glücklicherweise finden wir einen Engländer, der kurzerhand seinen Platz mit einem von uns tauscht.

Wir holen tief Luft und lassen uns in eins der Sofas in der Bordbar fallen. Richtige Sofas, gar nicht so schlecht, der chinesische Mist. Die Fenster sind geöffnet, das Castle Lager ist kühl und läuft gut, während draußen eine tropische Landschaft vorbeirauscht. Eine Giraffe knabbert an einem Baum neben dem Bahndamm, und da, gleich fünf Giraffen. Wir rauchen mit anderen Reisenden eine Zigarette an der offenen Waggontür und sehen Paviane im Gras neben den Gleisen sitzen. Zum ersten Mal seit Luxor in Ägypten sind wir wieder in einem Zug, es ist großartig, so viel Platz, noch ein Castle, noch ein Schnack mit anderen Travellern. Abends wird im Abteil von übellaunigen Kellnern Fisch mit Reis serviert, und durchs Fenster dringt das Lärmen von Fröschen und Insekten aus der Dunkelheit herein. Das Reisefieber hat uns wieder gepackt.

Am nächsten Mittag kommen wir nach fast 900 Kilometern Fahrt in Mbeya an. Dawn und James, ein Paar aus England, mit denen wir das Abteil geteilt haben, wollen wie wir an die malawische Grenze, die noch 100 Kilometer entfernt ist. Die beiden haben sich für anderthalb Jahre von zu Hause abgemeldet und wollen in zwei Wochen in Malawis Hauptstadt Lilongwe bei einem Überland-Truck nach Südafrika zusteigen. Ein Typ auf dem leeren Busbahnhof sagt uns, es gäbe noch eine Expressverbindung nach Kyela, das in der Nähe der Grenze liegt. Aber die entpuppt sich als ein besonders ausgelutschter, zerjuckelter Minibus, der gnadenlos mit Frachtgut und Passagieren vollgestopft wird.

Reingefallen. «Oh no, just three stops!», hatte uns der Ticketverkäufer vorher noch vielversprechend zugegrinst. Wer's glaubt, wird selig! So halten wir dann auch an jedem Bastkörbchen am Straßenrand, um es samt Besitzer in die überfüllte Chaise reinzuquetschen. Nach dem dritten Halt hätte es dann ja wie angekündigt nonstop weitergehen sollen. Aber Pustekuchen. Nach dem zehnten Ein- und Ausladcmanöver am Straßenrand schnappe ich mir den vermeintlichen Geldeintreiber des Busses und erkläre ihm unmissverständlich: «No more stops, you promised!» Mal gucken, was es bringt. Natürlich bringt es überhaupt nichts. Denn beim nächsten Stopp steigt er aus, winkt mir nochmal freundlich zu, und ich stelle fest, dass ich einen Passagier zugetextet hatte. Ich drehe mich um, und Niels, Dawn und James grinsen sich eins ins Fäustchen. Sie haben es schon vorher gewusst.

Nach 20 Stunden im Zug und drei in dem schrottreifen Minibus erreichen wir schließlich Kyela, den letzten Ort vor Malawi am Nordzipfel des Malawi-Sees. Staubig, laut, unerheblich, schreibt der *Rough Guide*. Von wegen. In der Hauptstraße am Markt dröhnt afrikanischer Pop aus den Boxen des Musikladens, die Leute sind freundlich und hilfsbereit, kein Jambo-Gequatsche mit anschließendem Verkaufsgespräch. Tansania, wie es mal gemeint war. Kinder winken und lachen, als wir zu viert mit

Dawn und James durch den Ort tapern, um Fahrkarten für die Fähre zu kaufen. Die soll morgen früh fünf Kilometer von hier ablegen, Richtung Mbamba Bay und Nkhata Bay. Irgendwann landen wir schließlich im Tourist Office, und was hören wir da? «Die Fähre ist seit einer Woche ausgefallen», sagt der Manager. In drei, vier Wochen fahre sie wieder. Zum ersten Mal seit Hamburg Dammtor sind wir gestrandet.

Aber das macht gar nichts, dann geht es hier eben nicht weiter. Wir setzen uns mit Dawn und James auf die Veranda unseres Hotels und schauen bei einem Bier dem abendlichen Treiben auf Kyelas Hauptstraße zu. Eigentlich eine ziemlich coole Sackgasse. Als wir im Bett liegen, läuft im Hinterhof sogar Country, Telly Savalas' tiefe Stimme brummt durch die Nacht. Am nächsten Morgen gehen mit Sonnenaufgang die Boxen auf der Straße wieder an. Diesmal läuft fetter Hip-Hop. Von wegen Hinterland. Während noch die Bürgersteige heruntergelassen werden, nehmen wir zu viert ein Taxi zum Grenzübergang nach Malawi, der nicht weit von Kyela entfernt ist. Im Niemandsland zwischen den Posten tauschen wir bei einigen Geldwechslern unsere restlichen Shilling, die außerhalb Tansanias wertloses Papier sind, in Kwacha um. Wir sind wieder einmal zurück auf Los: neues Land, neues Glück.

Vor dem malawischen Grenzhäuschen treffen wir auf drei rauchende Kanadier, und zack, beschließen wir, zu siebt weiterzufahren. Kurzerhand mieten wir einen ganzen Minibus nach Süden. Zwei der Kanadier haben eine deutsche Mutter: Norbert und Karl, der sich als begnadeter Eisbrecher entpuppt. Ein dummer Spruch, ein Witz, ein Lächeln, und jede Situation entspannt sich augenblicklich. Zum Beispiel, als ein Polizist unseren Minibus anhält und den Fahrer und seinen «Schaffner» zu 2000 Kwacha (etwa 20 Dollar) Strafe verdonnert, weil ein

Scheibenwischer fehlt. Nicht, dass das etwa den ersten Polizeiposten auf unserem Weg gestört hätte. Aber dieser hat offenbar die Gunst der Stunde erkannt: Wo Mzungu drinsitzen, fährt viel Geld vorbei. Und an einem afrikanischen Minibus wird man immer einen Grund für ein Bußgeld finden. Als Fahrer und Schaffner lang und breit mit dem Bullen verhandeln, tritt nun Karl in Aktion. Er behauptet, Nico, der dritte Kanadier im Bunde, habe Malaria und hohes Fieber, wir hätten es sehr eilig. Nico ist zwar nur auf der Rückbank eingeschlafen, aber er sieht überzeugend aus in seinem Schlummer, und schon dürfen wir weiterfahren. Schneller wird die Fahrt aber nicht. Der Minibus ist totaler Schrott und keucht auf nur einem Zylinder die Hänge am Ufer des Malawi-Sees in Zeitlupe hoch.

km 14 875 Tropische Kreuzfahrt

Am Spätnachmittag, Dawn und James sind vorher in Mzuzu ausgestiegen, erreichen wir endlich Nkhata Bay. Eine kleine quirlige Hafenstadt am Malawi-See, mit dick zugewachsenen Ufern, die zum Wasser hin abfallen, wie man sie auch an der Côte d'Azur findet. Nach dem dritten «Green», wie das in Malawi gebraute Carlsberg genannt wird, dreht Karl eine Tüte. Es ist unsere erste seit Hamburg. Wir sitzen in einer lauen Sommernacht unter Bäumen hoch über dem See, und hinten, auf der anderen Seite über Mosambik, zucken Blitze über den Nachthimmel. Endlich kommt auch unsere gute alte Ska-CD zum Einsatz, die Tüte wirkt, wir erzählen viel Quatsch und lachen noch viel mehr. Karl, den wir wegen seines Nachnamens Kouri Curry-Kalle taufen,

Norbert, der so herrlich «this is pure shit, man» fluchen kann, und Nico, der Besonnene, entpuppen sich als wahre Phiestaner im Geiste. Kein Wunder: Der Stadtteil Le Plateau ist für Montreal, wo die drei herkommen, das, was St. Pauli für Hamburg ist. Norbert und Nico ziehen nach zwei Tagen weiter, weil sie im Süden Malawis eine Trekkingtour machen wollen. Carl dagegen bekommt Besuch von einer Französin, die er unterwegs kennengelernt und hierher gelotst hat. Offensichtlich ist sie ruck, zuck seinem Charme verfallen, und die beiden verschwinden ziemlich bald in seiner Hütte.

Kakumbi ist eins der Dörfer, die oberhalb des Seeufers um Nkhata Bay herum liegen. Zusammen mit Carl, seiner Liebschaft und einem Guide laufen wir hinauf, um Dr. Viwanda zu treffen. «Ich bin kein Hexendoktor, den Namen habt ihr mir gegeben», sagt er lächelnd, aber mit dem Hauch eines Vorwurfs, als wir ihn begrüßen. «Ich bin ein Naturheiler.» Der Unterschied zwischen Hexendoktor und Naturheiler ist für ihn, der sich uns als William vorstellt und so um die 40 sein dürfte, eine Frage der Ehre. Denn Hexendoktoren, klärt er uns auf, beschränken sich darauf, böse Geister auf arglose Menschen zu hetzen. Er als Naturheiler hingegen will alles, was die Leute quält, aus ihren Körpern und auch Seelen vertreiben. Dazu sammelt er in den umliegenden Wäldern Wurzeln, Blätter und Baumrinden. Mahlt sie zu einem schwarzen feinen Pulver, dass die gleiche Wirkung wie Aspirin hat. Sagt er. Gut möglich, dass in dieser Mischung aus mehr als 20 Pflanzen so viel Salicylsäure drin ist wie in Aspirin. Dieses Chapika genannte Pulver ist Williams Allzweckarznei gegen Kopfweh, Schmerzen und Fieber. Stressgeplagte, falls es die in Nkhata Bay geben sollte, können mit einem Trunk zur Ruhe kommen, in dem das Extrakt zweier Wurzeln – Lipulanda und Subala – steckt. Ein anderes Wurzelpulver hilft gar gegen Malaria.

Aber William hat auch so manche obskure Behandlung im Angebot. In einem Fläschchen schwimmen ein paar Münzen in einer nach Terpentin riechenden Flüssigkeit. Das Mittel werde verabreicht, wenn jemand Glück brauche, zum Beispiel ein gutes Geschäft abschließen wolle. Einfach ein paar Tage vor dem großen Augenblick ein wenig auf den Kopf reiben und warten, bis das Glück wirklich lacht. Hirnhautentzündung wird angeblich dadurch geheilt, dass man dem Kranken einen Strick um den Hals legt. Recht straff, bis die Krankheit verschwindet. Und wer sich vor der Verwünschung eines richtigen Hexendoktors schützen will, kann sich von William zehn kleine Schnitte an verschiedenen Körperstellen beibringen lassen, in die er dann ein Pulver streut.

Der Übergang von der Chemie zur Magie ist in der Medizin des Dr. Viwanda fließend. In seinem Weltbild sind «harte» Fakten und «weiche» Mythen nicht getrennt, alles gehört zusammen. Selbst als Exorzist verdingt er sich manchmal. Dann wird die von den Geistern der Vorfahren heimgesuchte Person einer zwei- bis dreistündigen Trancesession unterzogen, bis William mit den Geistern direkt kommunizieren und sie vertreiben kann. Er selbst sei mit 18, 19 voller böser Geister gewesen, erzählt er, habe nur Mist geredet und sich von der Dorfgemeinschaft abgesondert. Dann ging er anderthalb Jahre nach Simbabwe, wurde geheilt und lernte selbst die Naturheilerei.

In Kakumbi sorgt er seit zehn Jahren für das Wohlergehen der Dörfler. Natürlich nicht aus reiner Selbstlosigkeit. Wer zu Dr. Viwanda kommt, muss auch zahlen. Eine dreitägige Behandlung mit dem Chapika Pulver kostet 100 Kwacha, etwa einen Dollar. Klingt billig, aber es ist ein Fünfzigstel eines durchschnittlich schlechten Monatseinkommens in Malawi. Das ist so, als ob bei uns eine schlichte Aspirinpackung 30 Euro und mehr kostet. Für eine Glücksbehandlung mit seiner Münztinktur nimmt er gar 300 Kwacha. Wenn das keine schwarze, ja kapitalistische Magie ist: Geld zieht Geld an. Das ist auch in Afrika nicht anders.

Um sieben Uhr abends gehen wir in Nkhata Bay an Bord der *Ilala*. Knapp zwei Tage «tropische Kreuzfahrt» liegen vor uns, ans Südende des Malawi-Sees. Wir haben die Deck-Klasse gebucht, die dritte von insgesamt fünf, die hier als «erste Klasse» bezeichnet wird. Man schläft unter dem offenen Himmel auf Matratzen. Als wir auf das Deck kommen, sitzen da schon Dawn und James, die es sich in den Korbsesseln der Bar gemütlich gemacht haben. Wo man auch hinkommt auf dem Pfad nach Süden, man trifft immer wieder bekannte Gesichter. Aus ihrer Wandertour sei nichts geworden, erzählen sie. Jetzt wollen sie ein paar Tage auf einer der Inseln im See ausspannen. Wir trinken ein paar Greens mit ihnen und nicken schließlich auf unserer Matratze ein. Zwei Stunden später geht der erste Wolkenbruch los, der Wind treibt das Wasser auch unter das riesige Sonnensegel vor der Bar, unter dem wir liegen. An Schlaf ist jetzt nicht mehr zu denken. Wir flüchten hinunter aufs Kabinendeck, wo sich die Deckspassagiere zusammenkauern. Mitten in der Nacht erreichen wir dann Likoma Island, wo fast alle anderen Traveller von Bord gehen. Wir erhaschen ein paar Stunden Schlaf und finden uns am nächsten Morgen allein auf dem Deck wieder. Ein Kaffee bringt uns wieder auf die Beine. Dann spannen wir unsere Hängematte auf und lassen den Tag an uns vorbeiziehen, passieren entlegene Stranddörfer am Ostufer, das zu Mosambik gehört. Weil das Wasser zu seicht ist, werden die Rettungsboote heruntergelassen und bringen brüllende Ziegen, Fracht und Passagiere an den Strand. Ein junger Typ ist mit dem zurückkehrenden Boot an Bord gekommen, springt kurz vom Deck ins Wasser und schwimmt zurück an den Strand. In der Ferne ballen sich schon wieder neue Gewitterfronten zusammen, hinter denen die Sonne verschwindet. Die Bar auf unserem Deck ist geschlossen, denn außer uns gibt es niemanden mehr, der hier noch trinken will. Wir köpfen zur Feier des Tages – Niels hat Geburtstag – unseren eigenen Rotwein, genießen den Frieden dieses riesigen, stillen Sees, auf dem selten ein anderes Boot zu sehen ist, und hängen unseren Gedanken nach.

Trainingslager für Philanthropen. Zwei Monate fahren wir nun schon durch Ostafrika, und mit jedem Kilometer verstehen wir weniger. Die Oberfläche ist phantastisch, Rift Valley, Savannen mit Zigtausenden von Tieren, tropische Palmenstrände, überbordende Märkte, Menschen in bunten Gewändern, Moscheen und Kirchen selbst in der hintersten Halbwüste. Das Auge schlingt und schlingt, bis mir flau wird von all den Eindrücken. Aber Afrika selbst scheint mir dabei zu entgleiten, ja, mich zurückzuweisen, je näher ich mich herantastete. Keine spirituelle Faszination schlägt mich in ihren Bann wie etwa in Asien.

Stattdessen fühle ich den Kolonialismus von einst wie einen Bumerang auf mich niedersausen, auf mich, den Mzungu, den Faranji, weiß wie ein Leuchtturm, der sich nicht verstecken kann. Ich will nur Beobachter sein und werde überall auf meinen vermuteten Geldsack hin abgescannt. Jedes Gespräch, jede hilfsbereite Geste endet in einer ausgestreckten Hand.

Ostafrika am Anfang des 21. Jahrhunderts ist mir ein unentwirrbares Knäuel aus Träumen von einem besseren Leben, latenter Gewalt, Enttäuschung und Ausbeutung. Mir brennt sich ein Bild ein, wieder und wieder: von Menschen – eigentlich sind es fast immer junge Männer –, die am Straßenrand warten und nicht wissen, worauf. Alte sind eine Rarität, die Jungen dafür allgegenwärtig mit ihrer Gier nach Leben, ihrer Rohheit, ihrem Machismo und ihrem Nicht-wissen-wohin-mit-sich. Nicht anders als bei uns, nur in einem Ausmaß, das ich von zu Hause nicht kenne. Ostafrika, das sind künstliche Nationen in einer kollektiven Pubertät.

Der Westen leuchtet und ist doch verhasst, weil zu mächtig, er scheint so erwachsen, gütig und brutal zugleich, eine unerträgliche Anmaßung, die allzu oft auch wahr ist. Und gerade deshalb eine allzu billige Entschuldigung. «But what can we do?» und «This is Africa» sind die ewigen letzten Worte, wenn wieder etwas irreparabel im Eimer ist, wenn eine neue einheimische Elite zur nächsten Bereicherungswelle ansetzt oder der Geldstrom des Westens verdunstet, bevor er ein Pflänzchen in der Provinz benetzen konnte, wenn man seinen Arsch nach 24 Stunden «ass working» wieder nicht hochbekommen hat.

Afrika, ja gerade Ostafrika, war die Wiege der Menschheit, und hier liegt auch die Zukunft. Denn irgendwo zwischen Baobabs, Akazien und Grashütten muss die Frage beantwortet werden, ob und wie Hass und Gewalt überwunden werden können und ein gutes Leben auch für die drei Viertel der Menschheit möglich ist, die nicht im Westen geboren wurden.

Wir Westler haben keine überzeugenden Antworten mehr, haben auch lange genug die Klugscheißer gespielt. Uns bleibt nur, nicht auch noch in den Nihilismus zu verfallen, mit dem unser kanadischer Freund Curry-Kalle seine Afrikaerfahrung resümiert, und gleichzeitig mit diesem philanthropischen Flanieren und Posieren auf dem Laufsteg intellektuellen Goodwills zu Hause aufzuhören. Kümmern wir uns lieber um unseren eigenen Mist, der sich im Westen hoch genug auftürmt.

Um ein Uhr nachts reißt uns ein Höllenunwetter aus dem Schlummer. Die *Ilala* fährt jetzt direkt durch ein gewaltiges Gewitter, rechts und links schlagen Blitze in den See ein und tauchen für Sekundenbruchteile die regengepeitschte Oberfläche in grelles unwirkliches Licht. Der Donner ist ohrenbetäubend. Das gesamte Deck ist triefnass, und wir ducken uns in die letzte trockene, windgeschützte Nische an der Bar. Nach einer Stunde haben wir den tropischen Gewittersturm überstanden. Wir legen uns wieder in die Hängematte und auf die Bank daneben. Als wir aufwachen, ist die Sonne schon wieder über dem mosambikanischen Ufer im Osten aufgegangen. Ein neuer Tag auf dem See hat begonnen. Ankern, Boote zu Wasser lassen, Fracht aufnehmen, so geht es stundenlang weiter, diesmal am malawischen Westufer entlang, bis wir nachmittags Monkey Bay erreichen. Seelengewaschen gehen wir von Bord.

Monkey Bay ist eine Oase des Friedens. Ein breiter Strand mit Palmen liegt in einer langgeschwungenen Bucht, eingerahmt von grünen Hügeln. In der Ferne überragt eine schroffe Bergkette den Malawi-See. Fischer lassen ihre Einbaum-Kanus ins Wasser, Kinder planschen. Niemand nimmt Notiz von uns zwei Mzungus, die im *Venice Beach*, dem einzigen Guesthouse weit und breit, ihren Kaffee trinken. Kein Gequatsche, keine Verkäufer. Als im Hintergrund Eddy Grants alter Anti-Apartheid-Song *Gimme Hope, Joanna* läuft, geht eine Frau gemessenen Schrittes unter einem aufgespannten Sonnenschirm den Strand entlang. Stolz. In diesem Augenblick scheinen Apartheid, Kolonialismus, Rassismus und das afrikanische Elend nur ein fernes

Echo düsterer Zeiten zu sein. Hier in Monkey Bay treffen wir wieder auf das Afrika, von dem wir so naiv geträumt haben. Auf dem Fußballacker hinter dem Dorf spielen die Schulmannschaften von Monkey Bay und Mangochi gegeneinander. Die Spieler umkurven kleine Palmenstummel, die auf dem Spielfeld wachsen. Das Publikum ist bereits in Partylaune, am Spielfeldrand probieren einige Fans aus Mangochi «Stage Diving» und lassen sich von der Menge über deren Köpfe umhertragen. Ihr Team führt mit 1:0, und es sind nur noch wenige Minuten zu spielen. Auf der Dorfstraße erschallen die unvermeidlichen Beats, und in einigen Bars werden die ersten Greens geköpft. So muss Sansibar vor 30 Jahren auch mal gewesen sein. Die Monkey-Bayer können glücklich sein, dass der Touristenscheiß noch nicht über sie gekommen ist.

Von Monkey Bay nach Blantyre, dem Industriezentrum von Malawi im Süden, nehmen wir zunächst einen Pick-up und steigen in Mangochi in einen Minibus um. Voll und heiß wie immer. Als wir in einem Ort halten, um Leute aus- und einsteigen zu lassen, kommt es zu einem Streit unseres Minibus-Schaffners mit einem anderen. Zuerst schreien sie sich an, bis der andere plötzlich eine volle Fanta-Flasche aus dem Bauchladen eines Verkäufers zieht und wutentbrannt auf dem Boden zerschlägt. Da ist er wieder, dieser kurze unerklärliche Ausbruch maßloser Aggression. Zum Glück für unseren Schaffner reden ein paar Passanten auf den Mann mit dem kaputten Flaschenhals ein, bevor der auf dumme Gedanken kommt.

In Blantyre angekommen, stellen wir fest, dass Dorothees Rucksack die ganze Zeit in einer Fischlache auf dem Boden des Minibusses gelegen und sich ordentlich damit vollgesogen hat. Wir fragen den Fahrer, was er denn davon hält, aber der antwortet nur gelangweilt: «I don't know, can you forgive me?»

Fällt hier denn keinem mal was Besseres ein als andauernd dieser beharrliche Stumpfsinn? O Herr, wirf Hirn vom Himmel oder wenigstens ein kleines Päckchen Waschpulver. Mit übel stinkendem Rucksack kehren wir im *Doogle's* ein. Im Handbuch als «das» Guesthouse von Blantyre angepriesen, entpuppt es sich als eine stacheldrahtbewehrte Trutzburg, in der Traveller und reiche Malawier unter sich sind. Die Musik ist mies – die spielen allen Ernstes Marusha – und das Essen auch nicht der Hammer.

Als uns der Hunger drückt, flüchten wir rüber auf die andere Straßenseite ins *Safari Restaurant*. Aus den krächzenden Boxen dröhnt ein übersteuerter Radiosender. Ein Green, bitte, und dazu ein ganzes Hähnchen mit Nsima, der malawischen Polenta. Die Hähnchen sind phantastisch. Wir erzählen der grauhaarigen alten Dame hinter der Theke, wie traurig die mageren Legehennen in Deutschland schmecken. «Ich züchte sie selbst, und sie bekommen bei mir Gemüse und gutes Futter», sagt sie und stellt sich als Mrs. Makhumula vor. Ihre Hähnchen können es locker mit dieser Gaststätte in Kreuzberg, *Neue Welt* oder so, aufnehmen, die in Berlin als die beste Hähnchenbraterei der Stadt gilt.

Aber Mrs. Makhumula ist mehr als nur die Chefin vom *Safari Restaurant*. Sie erzählt uns, dass sie sich letztes Jahr als unabhängige Kandidatin für das malawische Parlament zur Wahl gestellt hat. Daraus wurde aber nichts, denn allein gegen die große Politik anzukommen, das geht auch in Malawi nicht. Vom neuen Präsidenten Bingu wa Mutharika hat sie allerdings eine hohe Meinung. Am Anfang hätten alle gedacht, er sei nur eine Marionette des alten Präsidenten Muluzi gewesen. «Aber im letzten Jahr hat er gezeigt, dass er wirklich mit der Korruption Schluss machen will.» Er habe nicht interveniert, als nach und nach Politiker, ja sogar Minister seiner Regierung angeklagt wurden, sagt Mrs. Makhumula.

Man wünscht sich solche Frauen überall in Ostafrika an der Macht. Resolut, würdevoll, integer. Das wäre schon mal ein Anfang. Als wir sie auf die «Lost Generation» ansprechen, lächelt sie. Nein, die jungen Männer hätten es tatsächlich nicht so mit dem Arbeiten. Ihr Vater und ihr Großvater seien da noch ein anderer Schlag gewesen. «Die haben hart gearbeitet und auch die Feldarbeit gemacht», sagt sie. «Damals haben die Frauen sich noch mehr auf die Hausarbeit konzentriert.» Heute machen die Frauen in Ostafrika fast alles: Familie, Geschäft, Markt, Landwirtschaft ... «Aber früher ist auch die Arbeitslosigkeit noch nicht so hoch gewesen», fügt sie wie zur Entschuldigung der jungen Männer von heute hinzu.

Veilchen ohne Schlägerei. Es fängt an mit einem seltsamen Schmerz unter dem linken Auge. Wenn ich's nicht besser wüsste, würde ich glauben, mir hätte jemand am Vorabend eins aufs Jochbein gegeben. Aber da ist nichts zu sehen – noch nicht. Als ich am nächsten Morgen aufwache, hat sich mein linker Tränensack mächtig aufgepumpt. Eine rote Schleifspur zieht sich darüber. Können das – diese Chilischoten in Monkey Bay gewesen sein? Klein, grün und so höllenscharf, dass ich Schluckauf bekam, hatte ich mir dieses «Vogelaugenchili», wie es hier genannt wird, über meinem Reis zerkrümelt. Den anschließenden Schwitzanfall im Gesicht kurz mit der Hand weggewischt. Als ich am folgenden Morgen aufwache, ist aus dem aufgepumpten Tränensack eine einzige Brandblase, ja, ein stattliches Veilchen geworden, und über das linke Auge hat sich von der Nasenwurzel kommend eine Hautfalte gelegt. Im Spiegel starrt mich ein

«Elefantenauge» (O-Ton Dorothee) an, Himmel, was geht hier vor? Kleine Eiterpusteln leuchten jetzt auf der Tränensackblase. Mein Sichtfeld auf dem linken Auge ist halbiert, und bei jeder Grimasse spannt die Haut. Am dritten Morgen kann Dorothee das Elend nicht mehr mit ansehen und organisiert an einer Getränkebude am Busbahnhof ein Stück Eis. Das halte ich mir aufs Auge, während wir von Blantyre zur Grenze nach Mosambik fahren, und Dorothee erklärt den irritierten Malawierinnen im Bus, dass sie mich nicht geschlagen habe. Nach einer Stunde ist zumindest das Elefantenauge abgeschwollen. Zurück bleibt ein riesiger roter Schorfring.

km 15 700 Planet Mosambik

Ein heißes und trostloses Nest sei Tete, eine Provinzhauptstadt am Sambesi im Westen Mosambiks unweit von Blantyre, stand im *Lonely Planet*, diesem Hitchhiker's Guide to Planet Earth. Daraufhin hatten wir beide eine grün zugewucherte Hölle vor Augen gehabt. Doch als wir die riesige Sambesi-Brücke, die letzte vor dem Indischen Ozean, passieren, kommen wir in eine aufgeräumte, weitläufige Innenstadt. Schicke Frauen, dicke Autos, breite Straßen und gepflegte Männer – die erste mosambikanische Stadt hinter der malawischen Grenze fühlt sich ganz anders als die Ex-Empire-Kolonien an. Englisch ist passé, hier schnattern alle auf Portugiesisch, und wir müssen erst mal im Kopf kramen, was wir an spanischen Wörtern und portugiesischen Fetzen noch draufhaben. Angeblich sollte es in Tete keinen einzigen Geldautomaten geben, doch wir entdecken auf

Anhieb mindestens drei. Durch die Hauptgeschäftsstraße weht gar ein Hauch von Hamburger Schanzenviertel: Die Auslage in den Schaufenstern – den ersten seit Ägypten – ist ein ähnliches Sammelsurium aus Alt und Neu, es gibt sogar Schuhläden und in Cafés Galao, portugiesische Törtchen und Schinken-Käse-Toast. Das Bier kommt in Tete in dicken 550-Milliliter-Flaschen und nicht in diesen Carlsberg-Fläschchen. Das Einzige, was uns nicht ganz so begeistert, ist unser runtergekommenes Hotelzimmer – und die Busse: Die fahren hier nämlich wie in Äthiopien wieder «de noite», also mitten in der Nacht. Muito früh und ohne Galao.

Aber das Meer ruft, die Weite des Ozeans, da wollen wir hin, nach Vilanculo, es soll großartig dort sein, und dafür schleichen wir morgens um vier durch die Kühle der Nacht, um einen Sitzplatz im Bus zu ergattern. Schwitzen schon bald nach Sonnenaufgang und werden wieder von Schlaglöchern durchgeschüttelt. Kilometer um Kilometer fahren wir durch grüne Wände aus Bäumen und Sträuchern, keine Orte weit und breit in dieser endlosen Savanne, Mosambik scheint ein leerer Planet zu sein. In der Hitze des Mittags erreichen wir dann endlich die Ausläufer von Chimoio. «Wählt gegen die Mörder von der Renamo», schreit ein Graffito von einer Mauer, und es sieht noch recht frisch aus. 16 Jahre nach dem Bürgerkrieg sind die Gräuel der vom damaligen Apartheid-Regime Südafrikas bezahlten Söldnertruppe noch lange nicht vergessen. Wir fahren durch breite Alleen, über einen riesigen rechteckigen Platz, vorbei an einem Kreisel mit einem Betonmonument in Form eines fünfzackigen Sterns, es riecht auf einmal förmlich nach Sozialismus, ja, nach Kuba. Auf den Dächern prangen riesige alte Neonreklamen für Bier und Batterien, wie man sie aus Lissabon oder Madrid kennt. In den Cafés gibt es den guten portugiesischen Delta-Kaffee und gezapftes Bier, die Kellner tragen Fliegen, und die Hotelmenschen sind wie aus dem Ei gepellt.

In der *Pensao Flor de Vouga* bekommen wir kein Zimmer, Niels' dunkelrotes Chiliveilchen ums Auge und sein schwarzes Piratentuch gegen die Sonne müssen wohl zu wüst für diese romanische Eleganz sein. In der *Residencial Flor de Vouga* ein paar Meter weiter mustert ihn die alte Portugiesin unbehaglich von oben bis unten und lässt uns erst nach kurzem Zögern ein Zimmer begutachten. Das bekommen wir dann auch.

In einer Kneipe um die Ecke treffen wir ein weiteres Sozialismusrelikt. Es steht an einem Billardtisch und kommt uns auf Deutsch zu Hilfe, weil keiner ein Wort versteht, als wir auf Portugiesisch zwei Tosta Mista zu bestellen versuchen. Wie, Sie sprechen Deutsch? Ja, sagt Pedro Dove, «ich war früher in der DDR, in Dresden». 1988 war das, damals als Frelimo und Renamo noch jenen Bürgerkrieg führten, der die stolpernden Minenopfer in den Straßen von heute hervorgebracht hat. Drei Monate hat er sich im sozialistischen Bruderstaat hoch oben im Norden im Wesentlichen von Bier ernährt, weil ihm das Essen seltsam vorkam. Es sei sehr, sehr kalt gewesen, sagt er und beschreibt uns theatralisch, wie viele Kleidungsstücke er sich damals anzog. Heute handelt er mit Billardtischen und -queues und profitiert von dem neuen Geld, das sich offenbar auch im armen Mosambik mit Dingen verdienen lässt, die über den Alltag hinausgehen. Ein 24-jähriger Barbesitzer in Tete bezahle ihn jedes Mal cash in Dollar, es sei unglaublich, wie viel Geld der habe. Noch drei Jahre will er hart weiterarbeiten, bis seine Tochter volljährig ist. «Dann kann ich mich entspannt zurücklehnen, dann muss sie selbst das Leben meistern.»

In Chimoio werden wir zum ersten Mal seit Äthiopien wieder von einem Einheimischen eingeladen, nach all den Drinks, die wir unseren «What's-your-name»-Schatten in Tansania spendieren konnten. Als wir in einem Straßenrestaurant zu Abend essen, lässt uns ein junger, freundlicher Mann mit einem runden Gesicht, der mit einem Kumpel am Nebentisch sitzt, ein Bier bringen. Wir prosten ihm zu, und er stellt sich auf Englisch als Ricardo Julio Langa vor. Er ist Geologe bei der staatlichen Wohnungsbaugesellschaft in Chimoio und zufrieden mit dem Fortschritt in Mosambik. Es herrsche Frieden, und langsam gehe es bergauf. Obwohl Europa natürlich noch viel, viel besser zum Leben sei, setzt er dazu und lacht dabei. Beim vierten Glas, als uns das Bier schon zu den Ohren rauskommt, überrascht er uns dann mit ungeahnten Fußballkenntnissen: Rummenigge und Littbarski seien klasse Spieler gewesen, da könne David Beckham überhaupt nicht mithalten. Du kennst Rummenigge? Ja, seine Fußballleidenschaft habe bei der WM 1982 in Spanien angefangen. Im Finale 2002 gegen Brasilien sei er auch für die Deutschen gewesen – mit dem vierten Titel hätten sie endlich mit Brasilien gleichziehen können. Dann verabschiedet er sich und braust in einem modernen Pick-up der Wohnungsbaugesellschaft davon. Uns schwirrt vom Bier der Kopf, in sechs Stunden müssen wir schon wieder aufstehen, weiter mit dem Bus durch grüne Wände rasen, denn wir wollen ja ans Meer.

Der Fahrer unseres Busses, den uns Pedro vermittelt hat, ist auch in der DDR gewesen. «In Leipzig», sagt Luis grinsend. Da muss ihm preußische Pünktlichkeit in die Knochen gefahren sein. Als wir morgens um vier in seinem Bus sitzen, bereit für die nächste schweißtreibende Etappe, fehlen noch Passagiere. Einige halten ein kleines Schwätzchen vor dem Bus, andere kommen, ihre Koffer gemächlich hinter sich herziehend, gerade erst an. Da platzt Luis der Kragen. «Bleibt zu Hause», flucht er, «ich habe doch nicht umsonst ins Fenster geschrieben, dass dieser

Bus um vier abfährt. Um vier!» Von wegen this is Africa. Here is Planet Mozambique. Hier ist alles anders als in Ostafrika.

Als wir zwei Tage, nachdem wir Blantyre verlassen haben, endlich Vilanculo erreichen, sind wir enttäuscht. Der heißersehnte Strand ist eine Geröllhalde, die wenigen Backpacker absurd teuer, die Ebbe zu stark – man kann hunderte Meter rauslaufen, fast bis zum Riff, und das ausgerechnet nachmittags. Und die Leute im Dorf fangen auch schon wieder an, uns zu betrügen. Haben wir nicht erst gestern in Chimoio noch so nett mit Pedro und Ricardo zusammengesessen? Vilanculo ist bereits im Tourismus angekommen, wenn auch noch nicht so sehr wie Sansibar. Aber es ist schon verloren.

Schweren Herzens quälen wir uns weiter, und so sitzen wir am nächsten Morgen schon wieder im Bus, halb fliehend, halb suchend, den vierten Tag hintereinander. Unsere letzte Hoffnung ist die Küste bei Inhambane. In Maxixe steigen wir auf eine Fähre um, die uns über einen weit ins Land hineinragenden Meeresarm hinüber nach Inhambane bringt. Als wir dort nach einer Bank suchen, fragt uns plötzlich ein Mosambikaner: «Bamboozi?» Klick. «Bist du von der *Bamboozi-Lodge* in Tofo?» Das ist exakt der Backpacker am Tofo Beach, 20 Kilometer von Inhambane entfernt, zu dem wir wollen. Dann taucht noch ein rothaariger, bärtiger Südafrikaner auf, der gerade ein paar Zutaten für die Küche einkauft, und die Weiterfahrt ist geritzt. Wir klettern auf den Pick-up, nicht ohne noch eine Stange Grande-Turismo-Zigaretten gekauft zu haben, und fühlen uns wie Lottogewinner. Als wir eine halbe Stunde später auf der Bar-Terrasse des Bamboozi auf dem Dünenkamm stehen, haut's uns lang hin. Das ist «The Beach» – jedenfalls fürs östliche Afrika. Eine weite, fast leere Bucht mit breitem Strand und mächtiger Brandung, eingefasst von hohen Dünen und Palmenhainen. Die Bar ist knallvoll, es herrscht eine Stimmung wie sonntags im Sommer an der Elbe, schnell ein Bier, und Mucki, der liebenswerte Kölner hinter dem Tresen, lacht uns an, als wären wir alte Bekannte. Nach ein paar Stunden kennen wir die Hälfte aller Traveller, im Hintergrund läuft bester Hip-Hop, das Essen, mosambikanisches Krabencurry, ist phantastisch, ein paar Leute tänzeln vor der Bar auf und ab. Redet da noch einer von Sansibar?

Tofo – Kapstadt

km 16 780 Begegnungen der anderen Art

Die Brandung kracht rechts von uns an den Strand, dumpfe Beats treiben links von uns aus der *Bamboozi-Bar*, oben über den Dünen, heran. Ein tropisches Ennui liegt über diesem Ort, an dem Europas Travellergeneration eine Auszeit nimmt. Tagsüber tauchen, abends rauchen, trinken, Geschichten erzählen, grooven – unsere Ska-CD ist hier ein Renner geworden. Amerikaner findet man hier nicht mehr. Seit 9/11 bleiben sie offenbar zu Hause, sehen sich nicht mehr um, während die Europäer unverdrossen ausschwärmen. Abends sitzen wir am Strandfeuer, Engländer, Deutsche, Schweizer, Franzosen, Belgier, Spanier, und es ist kaum zu glauben, dass sich unsere Großeltern vor 60 Jahren noch Kugeln und Granaten um die Köpfe jagten. Wir seien die erste Kindergartengeneration, sagt Bo, der Schwede mit der Trendglatze, der schon 47 ist und uns alle mit einer gewissen Belustigung betrachtet. Der Kindergarten habe uns darauf konditioniert, die Gruppe zu suchen, um das ewige Spielen fortzusetzen. Am Strand von Koh Phangan, Goa, Mykonos oder eben hier in Tofo. Eine interessante Hypothese.

Die Tage gehen dahin in dieser Spielwelt, die nichts mehr zu sein vorgibt außer reiner Spaß. Hier an der Küste haben sich die Einheimischen in die Küchen und Palmengärten der Resorts und Guesthouses verzogen. Anders als in Ostafrika mischen sich auch die Jüngeren nicht mehr unter die Reisenden. Südafrika ist nahe, wir spüren eine Veränderung, als ob das Erbe der Apartheid über die Grenze sickert und weiße Spaßvögel und schwarze Bauern trennt. Aber niemand nimmt Notiz davon, weil es allen so gutgeht. Wer liest, schmökert die üblichen Thriller wie den allgegenwärtigen *Da Vinci Code*. In BambooziWorld gibt es nichts, mit dem wir ringen und hadern müssten, weil Afrika hier zu Ende ist, und wir sind im Moment nicht einmal traurig darüber. Nur einmal raffen wir uns auf und gehen auf eine «Ocean Safari». Vom Dorfstrand in Tofo fahren wir mit zehn anderen in einem Schlauchboot raus in die blaue Weite, wo wir einen ziemlich ungewöhnlichen Meeresbewohner kennenlernen.

Das große Grinsen. Ich lasse mich rückwärts vom Schlauchboot ins Wasser fallen und schaue in das breiteste Grinsen des Planeten, anderthalb Meter von einem Knopfauge zum anderen. Ich traue meinen Augen nicht, auf Armlänge vor mir schiebt sich ein Walhai, der größte Fisch der Welt, majestätisch durch das Wasser. Zahnlos wie ein alter Opi macht mir dieses sieben Meter lange Exemplar nicht die geringste Angst. Im Gegenteil, seine Friedfertigkeit springt auf mich über, und wir grinsen um die Wette. Dieses tonnenschwere Supermodell meint es heute besonders gut mit uns, er wirft sich in Pose und zeigt sich von seinen besten Seiten. Richtig eitel, dieses Kerlchen. Und er macht sich einen Spaß daraus, eine halbe Stunde lang mit uns Schnorchlern zu spielen. Für einen Fisch doch eher ungewöhnlich. Mein weißes T-Shirt gefällt ihm offensichtlich besonders gut, denn als ich etwas von der Schnorchlermeute zurückbleibe, um ihn mir in voller Länge anzusehen, macht er eine behäbige Wende und kommt direkt auf mich zu. «Bloß nicht anfassen!», hat man uns vorher noch gesagt. Ich schwimme ein Stückchen auf Augenhöhe neben ihm her, fast kommt es mir vor, als würden wir uns angucken und uns was erzählen. Dann habe ich genug, schöner kann es nicht mehr werden, und klettere wieder ins Boot zurück, während die anderen weiter im Wasser herumturnen. Doch der Koloss kommt tatsächlich hinter mir her und hebt seinen gigantischen Kopf aus dem Wasser, als wolle er mir sagen, dass ich doch wieder reinkommen soll, um weiterzuspielen, Wahnsinn. Nach einer Weile sind dann auch die unermüdlichen Schnorchler, darunter ein Apnoetaucher aus Südafrika, der vier Meter unter Wasser tollkühne Kunststückchen vor dem Hai vollbracht hat, glücklich und erschöpft wieder an Bord. Erneut kommt der kolossale Kopf aus dem Wasser, genau neben mir. Er will uns tschüs sagen, der Fisch. Ich winke ihm mit meinem grünen Kopftüchlein zu, bin sprachlos und habe eine Gänsehaut. Was für ein Erlebnis!

Mit Sabrina und Roger, zwei sehr entspannten Schweizern, die wir im allabendlichen Kindergarten auf den Dünen kennengelernt haben, ziehen wir schließlich weiter. In Inhambane steigen wir mit ihnen zum wer weiß wievielten Male in einen engen, ausgeleierten Bus. Den ganzen Tag quält sich das Teil über die Nord-Süd-Landstraße nach Maputo, aber wir nehmen das Geschwitze und Gezockel schon gar nicht mehr richtig wahr. Die Stunden vergehen irgendwie, bis wir nach Sonnenuntergang in der Hauptstadt von Mosambik eintreffen, die zu Zeiten der portugiesischen Kolonialherrschaft Lourenço Marques hieß.

Maputo wirkt wie eine alternde Diva, die nie ein Star war. Die das Zeug zu etwas Großem hatte, sich aber auf schlechte Gesellschaft einließ. Die breiten Alleen mit ihrem mediterranen Flair sind heruntergekommen, Kolonialgebäude und vom Bauhaus inspirierte Wohnblöcke vom Monsun angefressen. Senhora Maputo sieht am Abend im funzligen, gelben Schein sozialistischer Laternen verlassen und traurig aus. Obwohl Wochenende ist, laufen nur wenige Menschen durch die Straßen. Überall türmt sich Müll auf, und auch die paar neuen Bankentürme mit ihren Neonschriftzügen können nicht über die Melancholie dieser Stadt hinwegtäuschen.

Große Freiheit in Maputo. Während es Dorothee und Sabrina nach dem Abendessen ins Hotel zieht, wollen Roger und ich noch einen Absacker nehmen. Wir bringen die beiden bis zum Hotelfoyer und gehen dann weiter. Irgendwo muss es doch hier noch eine Bar geben. Die Straße verengt sich zu einer dunklen Gasse, und plötzlich stehen da zwei Bullen und fragen uns scheinheilig nach unseren Pässen. Die haben wir natürlich im Hotel gelassen, damit sie nicht geklaut werden. Nein, wir dürften nicht ohne Pässe rumlaufen, erwidern sie und kalkulieren im Geiste wohl schon ihren heutigen Nebenverdienst. Aber Roger schaltet schnell und fängt an, auf Portugiesisch auf sie einzureden, bis sie tatsächlich entnervt abwinken und uns weiterziehen lassen.

Wir biegen um die Ecke und landen in einer kleinen Ausgabe der Großen Freiheit auf St. Pauli. Grelle Leuchtreklamen, stampfende Beats aus den Lokalen, dazwischen Nachtschwärmer auf der Suche nach Zerstreuung. Roger und ich stolpern in eine laute Bar, die zumindest keine Discohöhle ist. Wir sitzen noch keine zehn Minuten am Tresen, als plötzlich ein geschminktes Gesicht rechts neben mir auftaucht und eine Hand meinen Rücken krault. «Do you like me?», fragt eine Frau, die höchstens 20 sein kann und zwei Freundinnen im Schlepptau hat, die genauso aufgedonnert sind. Ich bin echt baff. Die sind ganz offensichtlich auf Fischzug, hier unten im Hafenviertel in der Rua de Bagamoyo. Das muss ja nicht sein, und so stürzen wir unser restliches Bier hinunter und flüchten zurück ins Hotel.

Nicht immer lässt Senhora Maputo nur ihren billigen Charme spielen. Sie kann auch anders, und das müssen Sabrina und Roger am nächsten Morgen am eigenen Leib erfahren. Als wir vom Frühstück aus dem *Café Continental* zurückkommen, tritt ein nicht gerade heiterer Roger aus dem Hotelfahrstuhl. «Wir sind überfallen worden», sagt er bleich. Gleich um die Ecke. Was? Am helllichten Tag? An einem Samstagmorgen in der belebten Innenstadt? Wir fahren mit ihm hoch aufs Zimmer, wo wir eine völlig fertige Sabrina treffen, die sich einen Eisbeutel auf ihre immer noch blutende, geschwollene Nase hält. Wie ist das passiert?

Die Diebe mussten wohl schon beobachtet haben, wie sie aus der Bank gekommen waren. Als sie dann die Avenida Samoa Machel entlanggingen, wurden sie plötzlich von hinten blitzartig in den Würgegriff genommen. Roger verlor das Bewusstsein und sackte auf dem Pflaster zusammen, Sabrina hingegen versuchte, auf Portugiesisch mit den Typen zu verhandeln. Als die sie losließen, rief sie sofort «Ajuda» (Hilfe), denn da waren ja genug Leute auf der Straße, und schon fing sie einen Fausthieb ins Gesicht. Dann filzten die Typen den Rucksack der beiden und nahmen das Bargeld aus dem Portemonnaie, das sie gnädigerweise auf den Bürgersteig warfen. Und während Roger wieder zu sich kam und Sabrinas Nase wie der Teufel blutete, bildete sich ein Auflauf von Passanten um die beiden. Sie alle hatten die Szene verfolgt, ohne einzugreifen. Aber das war noch nicht alles, regt sich Sabrina auf. Auf dem Weg zurück ins Hotel hätten ihnen einige Straßenverkäufer allen Ernstes Sonnenbrillen und anderes unnützes Zeug angeboten, andere hätten ihnen sogar hämisch «Welcome to Mozambique» zugerufen, als sie mit blutüberströmtem Gesicht vorbeigegangen sei. Auch die beiden Männer an der Hotelrezeption hätten nicht den Hauch von Mitgefühl gezeigt, als die beiden ins Hotel wankten. Was sagen Sie dazu, Senhora Maputo?

Für den Rest des Tages setzen Sabrina und Roger keinen Fuß mehr vors Hotel und versuchen, ihren Schock wegzuschlafen. Also machen wir uns am Abend allein auf den Weg zur *Africa Bar*. Gestern wären wir wohl noch selbst die paar Querstraßen dorthin gelaufen, aber nach dem Überfall nehmen wir doch lieber ein Taxi. Was dann aber nach zwanzig Minuten vorgefahren kommt, ist eher ein Krankentransport, der Fahrer ein Patient mit riesiger Kopfwunde. Gleich einem Irokesenschnitt hat er ein mächtiges gepolstertes Pflaster auf seinem Schädel und kommt auf uns zugeschwankt, als wäre er total betrunken. Oder hat er so starke Medikamente bekommen? Wir haben keine andere Wahl und steigen in seinen Wagen, denn viele Taxen kommen hier nicht vorbei. Bereits auf den ersten zehn Metern übersieht der narkotisierte Fahrer beim Abbiegen einen heranrasenden Mercedes, der es gerade noch schafft, mit quietschenden Reifen kurz vor uns zum Stehen zu kommen. Glück gehabt. Doch Fahrer und Wagen haben einen gehörigen Linksdrall, sodass wir immer wieder um Haaresbreite an den auf dem Mittelstreifen parkenden Autos vorbeischrammen. Vom Rücksitz brüllen wir auf den Untoten ein. «Don't worry», lallt es von vorne. An der Kreuzung vor der *Africa Bar* rammt er noch beinahe einen fahrenden Polizeiwagen. Mit schlotternden Knien wie nach einer Achterbahnfahrt steigen wir aus. Diese kurze Strecke, nicht länger als einmal die Reeperbahn runter, hat uns bis jetzt die meisten Nerven gekostet. Sieben Minuten blanke Angst!

Die Band in der *Africa Bar* hebt unsere Laune auch nicht. Garrido jr., der Sänger, ist eine Mischung aus Barry White und mediterranem Intellektuellen, ganz in Schwarz gekleidet, mit großen Gesten. Die Musik ist jedoch ein kraftloses Gemisch aus

Soulcoverversionen und brasilianischem Pop, zu schmalzig, zu wenig Rhythmus. Nach dem ersten Set verlassen wir die seltsame Szene. Regen hat Senhora Maputo derweil durchnässt, aber sauberer ist sie dadurch nicht geworden. Dieser Möchtegern-Diva ist nicht zu helfen.

Als wir uns am übernächsten Morgen von Sabrina und Roger, die nach Swasiland wollen, verabschiedet haben und auf unseren Bus nach Johannesburg warten, kommen wir mit einem schwarzen Südafrikaner ins Gespräch. Seit zwei Jahren versucht er, ein Geschäft in Maputo aufzuziehen. Er hat einiges Geld investiert, und doch scheint er nicht Fuß gefasst zu haben. «Ich bin hier schon mehrere Male überfallen worden», sagt er und klingt dabei ziemlich müde. Immerhin scheint die Aggression hier keine Hautfarben zu kennen. Dann bringt er seine Frau in den Bus, der gerade angekommen ist. Als der Bus auf die breite Avenida einbiegt und uns endlich aus dieser traurigen Stadt bringt, sehen wir ihn noch winken.

km 17 820 Das neue Afrika

Die Ankunft in Johannesburg ist nach drei Monaten in Ostafrika ein echter Kulturschock! Ein geradezu britisch anmutendes Downtown, Hochhäuser und alte Fabriken, höllischer Verkehr, Bankpaläste und Shopping Malls, über denen ein dunkelgrauer Gewitterhimmel hängt, das Wetter feucht-kühl. Johannes, ein alter Journalistenkollege, holt uns in der riesigen Park Station ab. Auf dem Weg zu sich nach Hause zeigt er uns Newtown. In diesem Viertel südlich des Bahnhofs reihen sich Kneipen und

Fabrikgebäude aneinander, in denen Konzerte und Raves stattfinden. Da fühlen wir uns sogar ein wenig an das Berlin-Mitte der frühen Neunziger erinnert, an die raue Atmosphäre à la E-Werk oder Tresor. Und doch sind wir immer noch in Afrika.

Als wir dann in Melville ankommen, einem der besseren Stadtteile im Westen, finden wir uns in einem kalifornischen Ambiente wieder: üppige Vorstadtgärten, breite Wohnstraßen, Cafés und Bars, Buchläden, nichts, was mit den Bildern der Verbrechensmetropole «Jo'burg» zusammenpasst. Selbst die Zäune und Gartentore sehen im Vergleich zu den Festungsmauern in Nairobi-Westlands bescheiden aus. Bei Johannes und Merle zu Hause gibt es erst mal ein echtes deutsches Abendbrot mit Wurst, Käse und Gürkchen (!) – großartig nach all den Monaten. Dann fährt Johannes mit uns in eins dieser neuen Einkaufszentren, die in Jo'burgs Stadtteilen intakte Ortskerne simulieren. Im *Moyo's*, einer afrikanisch gestylten Restaurantbar, genießen Betuchte – schwarze und weiße gleichermaßen – ihr «bedrohtes» Leben. Die Schwarzen, die hier trinken, wirken ganz anders als in Ostafrika: viel individualisierter, hipper, weder Provinzler noch Underdogs. Dass die Apartheid erst vor elf Jahren offiziell abgeschafft wurde, kann man kaum glauben.

Erst im Apartheid-Museum bekommt dieses düstere Kapitel der jüngsten Geschichte am nächsten Tag ein Gesicht. Bilder von prügelnden Polizisten in faschistoiden Uniformen, von Burenfrauen am Voortrekker-Denkmal mit seltsam altmodischen Häubchen, von zusammengeschossenen Demonstrationen, dazu nachgebaute Einzelzellen, Galgen und Polizei-Panzerwagen. All das ist hier für den ungläubigen Besucher aus der Ferne in einem beeindruckenden Bau zusammengetragen. Der Kreis schließt sich fast: Mit Auschwitz fing unsere Reise an, mit dem Apartheid-Museum nähert sie sich dem Ende. Im Unterschied zu Auschwitz, das schon lange zurückzuliegen scheint, hat die Apartheid noch Bestand gehabt, als das World Wide Web schon erfunden war, als Beatles und Apollo-Mondlandung bereits Geschichte waren. Ein faschistisches Spiegelbild Europas südlich des Äquators, das in einer Parallelwelt verharrte, als der Westen sich seine Faschismusdämonen schon ausgetrieben hatte.

Als Johannes später mit uns durchs abendliche Soweto fährt, ist auch dieses schon in einer neuen Epoche angekommen. Wir fahren an Winnie Mandelas protzigem Wohnbunker vorbei, auch sie schon eine Figur der Geschichte. Nur die 20 Meter hohen Flutlichtmasten, die überall in Soweto die Nacht zum Tag machen, erinnern daran, dass diese Stadt als Straflager angelegt war. Dann trinken wir im *The Rock* ein Bier. «Das ist die ‹Yuppiekneipe› von Soweto», sagt Johannes augenzwinkernd, der sich von der Kriminalitätsparanoia in diesem Land nicht hat anstecken lassen – ein großartiger Guide in dieser rauen Stadt. Draußen sind tatsächlich einige Mittelklassewagen geparkt. Als wir uns eine Zigarette anzünden, werden wir gar höflich gebeten, doch bitte draußen oder im Raucherzimmer zu schmöken. Das neue westliche Gesundheitsbewusstsein ist demnach auch in diesen Winkel vorgedrungen. Das ist also Soweto, einst Fanal im Kampf gegen die Apartheid und für die Buren Symbol «krimineller» Unregierbarkeit? Soweto 2005 ist eine Stadt, in der die Menschen anfangen, die Vergangenheit hinter sich zu lassen und etwas aus ihrem Leben zu machen. Wenn es für diesen traurigen Kontinent Hoffnung gibt, dann sind Jo'burg und Soweto für uns ihr Symbol. Hier nimmt das neue Afrika seinen Anfang.

Erst zwei Minuten vor Toresschluss – im wahrsten Sinne des Wortes – erreichen wir am folgenden Nachmittag die Park Station, unser Taxifahrer hatte sich mit uns im Feierabendstau verfranst. Mit geschulterten Rucksäcken galoppieren wir durch die Bahnhofshalle und suchen mit gehetzten Blicken den Nachtzug nach Durban. Halt, noch nicht zumachen, wir kommen! Die schweren Bahnsteiggatter setzen sich schon in Bewegung, tatsächlich genau zehn Minuten vor der Abfahrt, wie es auf dem Ticket stand, damit niemand mehr unbemerkt in den Zug schlüpfen kann. Nichts mehr mit afrikanischer Gelassenheit. Auf den letzten Drücker schlüpfen wir noch durch und lassen uns erschöpft, mit Schweißperlen groß wie Pingpongbälle, auf die Sitze in unserem Abteil fallen. Gerade erst abgefahren, geht's auch schon los. Es rasselt an der Tür, sie wird aufgeschoben, und ein freundlicher Zugbegleiter bietet uns Kaffee an. So geht es dann die nächste halbe Stunde, mal ist es die Bettwäsche, mal das Klopapier samt Zahnputzbecher, dann das Abendessen. Entwöhnt von so viel Zuwendung im öffentlichen Leben fühlen wir uns geradezu mütterlich umsorgt.

Die Krönung ist dann der Auftritt des letzten Diensteifrigen: «Hello, my name is Prince. If you need anything just call me. And no, you are not allowed to smoke in here, but you can. Me, I know nothing.» Na, darauf rauchen wir erst mal eine. Zur Nachtruhe gebettet fängt unser Abteilnachbar, der sich die Fahrt mit einer Flasche Whisky geteilt hatte, zu randalieren an, als wolle er den ganzen Laden kurz und klein hauen. Noch einen Mucks, und wir holen den Prince! Doch nachdem er seinen flüssigen Mageninhalt bei voller Fahrt aus dem offenen Zugfenster entleert hat, schläft er endlich ein. Mit vierstündiger Verspätung kommen wir am nächsten Mittag in Durban an, unsere Zugbegleiterschar ist untröstlich und entschuldigt sich etliche Male bei uns. Schon gut, keine Ursache, das schafft die Bahn in Deutschland ja auch nicht. Außerdem sind wir doch in Afrika.

Durban fühlt sich aber eher wie Australien oder Kalifornien an. Am breiten Stadtstrand reiten Surfer auf den Wellen, und hinter der gepflegten Promenade erheben sich die Bürogebäude der Innenstadt. Wirklich quirlig ist nur das indische Viertel mit seinem Basar und den unzähligen kleinen Läden. Trotz seiner malerischen Lage hat Durban einen fast so schlechten Ruf wie Johannesburg. Die lokalen Revolverblätter, in die wir im Guesthouse einen Blick werfen, sind von der ersten bis zur letzten Seite mit Sex & Crime gefüllt, und wenn man genau ist, sind es 5 Prozent Sex und 95 Prozent Crime. Anders als ein in Europa gepflegtes Klischee es will, spielt die Hautfarbe der Opfer keine Rolle. Weiße, Inder, Farbige, Schwarze, jeden kann es treffen, wenn ihre Portemonnaies dick und die Mauern ihrer Grundstücke auffällig genug wirken.

Mit einem Tag Verspätung schafft es die Autovermietung, uns den Wagen beim Guesthouse vorbeizubringen. Wir könnten zwar auch mit Bussen an der Küste entlangfahren, aber unser Sitzfleisch ist aufgezehrt. Jetzt am Ende wollen wir noch einmal die Freiheit haben, uns nicht um das nächste Ticket kümmern zu müssen, den einen oder anderen spontanen Abstecher zu machen, da zu halten, wo es uns gerade gefällt. Und so fahren wir kurzerhand in die südlichen Drakensberge, wo wir in einem Guesthouse unterhalb des Sani-Passes absteigen. Ganz am Ende wollen wir doch nochmal das Road-Movie-Gefühl haben.

km 18 645 Wildes Land

Wenn Tibet das «Dach der Welt» ist, müsste man Lesotho als das «Dach Afrikas» bezeichnen. Einer Festung gleich erhebt es sich auf einer Hochebene über Südafrika, abgeschirmt im Süden von den Dreitausendern der Drakensberge, über deren Gipfeln mörderische Gewitter toben. Über die alte Händlerstraße erreichen wir im keuchenden Landrover unseres Guesthouses in Haarnadelkurven, die sich bis zum Sani-Pass hinaufziehen, diese seltsame, entrückte Welt, die angeblich Tolkien die erste Inspiration zum *Herrn der Ringe* gegeben haben soll. In dem baumlosen Hochland mit seinen gelben Blumenwiesen und Steinhütten ist Südafrika plötzlich wieder so weit weg wie Europa. Viehhirten stapfen, in Wolldecken gehüllt, mit federnden Schritten in Gummistiefeln durch eine weite grüne Landschaft, die ein wenig an die Tundra erinnert. Und während wir leicht kurzatmig und verblüfft über diese atemberaubende Bergwelt in unsere Sandwiches beißen, liegen fünf junge Basotho bäuchlings vor uns im Gras und amüsieren sich über uns seltsame Zeitgenossen.

Hier oben in Lesotho gelten noch andere Gesetze, hat die Moderne kaum den Alltag angekratzt. In den Steinhütten hat das weibliche Geschlecht das Sagen, lernen wir von einer Basothofrau: Selbst der Ehemann darf die Hütte nur betreten, wenn ihm seine Frau Einlass gewährt. «Gogo?», muss der Mann fragen und auf das «Ngena» der Frau warten. Wenn sie ein Kind geboren hat, darf der Mann die Hütte für einen Monat nicht betreten. In dieser Zeit muss er in den steinernen Hirtenunterständen an den Berghängen Zuflucht suchen. Wer eine Basothohütte betritt, setzt sich sofort ungefragt auf den Boden und wartet, bis ihm eine Hand zur Begrüßung gereicht wird. Die ergreift der Besucher dann, ohne aufzuschauen oder sich gar zu erheben, denn beides würde bedeuten, dass er Unredliches im Schilde führt. Vor den runden Steinhütten sind kleine Flaggen aufgesteckt: weiße, wo Sorghumbier verkauft wird, rote für Fleisch, gelbe für Mehl. Anbauen lässt sich auf dem Dach Afrikas allerdings nichts, hier in rund 3000 Metern Höhe gedeihen nicht einmal Kartoffeln oder Rüben im nur 30 Zentimeter tiefen Erdreich. Der Winter ist brutal und treibt die Basotho in ihr «Flachland», das immerhin noch 1500 bis 2000 Meter hoch liegt.

Als wir von unserem Aussichtspunkt zurück zum Jeep laufen, sehen wir plötzlich zwei fast nackte Gestalten auf den Felsen auftauchen. Sie rufen und lachen und stürmen dann hinter uns her. Außer Gummistiefeln und Badehose tragen die beiden Jungen nichts, während wir uns im kühlen Wind des Hochlandes schon unsere Fleece-Jacken bis unters Kinn zugezogen haben. Die Gummistiefel haben die Basotho von den Briten während der Kolonialzeit übernommen und irgendwann zu einem Teil ihrer Tracht gemacht. Selbst Dreijährige mit blitzblankem Po flitzen nicht ohne sie umher. Als wir den beiden Jungs ihr Bild im Display der Digitalkamera zeigen, lachen sie laut los. Lachen sie über sich selbst oder über uns Touristen, die sie für so wichtig halten, dass sie ein Foto von ihnen hinunter in die «Erste» Welt nehmen wollen?

Wenn nicht die Afrikaner in den Straßen wären, könnte man Südafrika für ein Spiegelbild Europas südlich des Äquators halten. Für den Versuch, Europa noch einmal zu erfinden, nur beeindruckender: mit schrofferen Bergen, wilderen Küsten, lieblicheren Tälern, ausladenderen Bäumen, weniger Städten, dazu mit Wüste und Savanne.

Matthew, ein Thirtysomething aus Kapstadt, den wir vom Sani-Pass nach Coffee Bay mitnehmen, sieht das anders. «Ich beneide euch Europäer», sagt er in seiner langsamen, leicht verwirrten Art, und man fürchtet fast, er könnte in der nächsten Minute seinen Namen vergessen haben. «Ihr fahrt einfach ein paar hundert Kilometer, dann seid ihr in einer anderen Kultur mit einer anderen Sprache.» Ein schwarzer Südafrikaner würde darüber nur den Kopf schütteln, denn genau das trifft natürlich auch auf Südafrika mit all seinen Stämmen und Sprachen zu. Aber Matthew ist ein weißer Südafrikaner, seine Muttersprache Englisch. «Als ich in Europa war, hatte ich dieses komische Gefühl, Weißer zu sein und trotzdem nicht dazuzugehören.» Die erste Ankunft hoch oben im Norden, in Zürich, habe ihn überwältigt, schwärmt er. «Ich kannte Europa nur aus Filmen, ich habe all die Bilder im Kopf gehabt, lange bevor ich da war. Aber dann wirklich da zu sein, war unglaublich.» Mit den gleichen Worten beschreiben sonst Europäer ihren ersten Trip in die USA, die «so much larger than life» seien. Aber hier unten hat sogar Europa das Zeug zur Überwelt. Vor allem von der europäischen Punk-Kultur träumt Matthew. Er hätte sie gerne selbst erlebt.

Dunkler Beat. Die sechs Mädchen der Xhosa-Tanzgruppe haben gerade ihre routinierte Vorstellung im *Bomvu Backpacker* in Coffee Bay beendet und das Geld eingesammelt, als zwei Küchenjungen im Essraum auf Congas zu trommeln beginnen. Einfach so. Mit ernsten Gesichtern schlagen sie einen schnellen, harten Beat, lächeln nicht, schauen nicht nach rechts oder links. Und während die anderen Afrikareisenden sich einmal mehr gegenseitig Auskunft über ihren mentalen Belagerungszustand geben, dringen die Trommelschläge langsam in mein Bewusstsein. Das Gespräch der anderen verschwimmt zu einem Gemurmel hinter dem Rhythmus, meine Gedanken wirbeln durcheinander, schwingen mit jedem Schlag wie von einer Membran angestoßen auf und ab, bis ich eine Art Resonanz fühle. «This is Africa», tönen die Trommeln, und es klingt plötzlich ganz anders als diese idiotische Generalentschuldigung, die uns seit Monaten begleitet. Es ist zum ersten Mal ein Statement, und dann setzt ein Film ein: ein Scheißleben ohne Möglichkeiten, durch das euphorische und verständnislose Touristen stolpern, die an einem Tag ganze Monatsgehälter auf den Kopf hauen, aber trotzdem knauserig sind, in dem der Fluch von Kolonialismus und Apartheid wie eine schwere graue Wolkendecke auf die Stimmung drückt, in dem die Moderne nur im Fernsehen existiert, eine Naturkatastrophe zur alltäglichen Wetterlage gehört und AIDS eine dumpfe Plage ist, über die man nicht sprechen kann – oder gar eine Verschwörung? –, in dem das gute Leben ein Ziel ist, zu dem vom gottverlassenen Coffee Bay an der Wild Coast kein Weg führt ... Hypnotisiert versinke ich im Beat der dunklen Trommeln, fühle mich am falschen Ort zur falschen Zeit, nichts begreifend, sosehr ich mich anstrenge, unbehaglich und ultimativ hilflos im Angesicht dieser beiden ernsten Jungen, die sich jetzt mit dem Jackenzipfel den Schweiß von der Stirn wischen, die immer noch nicht lächeln, aber ihre Sicht der Dinge subjektiv und kompromisslos aufs Fell hauen. Dann plötzlich hören sie abrupt auf zu trommeln, der Film reißt, der Flash endet. Now, this was Africa!, denke ich matt und bin ratloser als je zuvor.

Ganz langsam kommen wir von unserem Trip runter. Nach vielen Kilometern durch die wilde schroffe Transkei sind wir nun wieder am Meer, in Cintsa, angekommen. Trinken morgens unseren Kaffee mit Blick auf die wüste Brandung vor der steilen Küste, stehen abends in der Bar des *Buccaneer Backpacker*, eines regelrechten Travellerdorfes, und diskutieren mit anderen über die kommende Welle der Rauchverbote in Europa. Sal, eine Südafrikanerin mit irischen Vorfahren und Managerin des *Buccaneers*, ist von Europa nicht allzu beeindruckt. «Mir ist Europa zu geordnet, zu aufgeräumt. Ich liebe dieses Durcheinander hier in

Südafrika, alles ist bunter. All die Kulturen, die nebeneinander in jeder Stadt leben. Es gibt kein Land, in dem ich lieber leben möchte.»

Nach zwei Tagen geht es weiter. An East London brausen wir vorbei, tanken kurz in Berlin, lassen Potsdam und Braunschweig links liegen, und dann ist das Schild da: «Hamburg 20 km». Die letzten zehn Kilometer geht es über eine Schlaglochpiste, immer aufs Meer zu, über sanft geschwungene, grüne Hügel, bis die breite Flussmündung vor uns liegt. «Welcome to Hamburg» steht am Ortseingang, hinter dem sich einige Bungalows verlieren. Vor dem Liquor Shop auf der Hauptstraße ist Hochbetrieb, denn das Wochenende hat begonnen. Doch kein Hanseat ist weit und breit zu sehen, nur ein paar Afrikaner mit Bier in der Hand und ein paar Jungs, die «Money» zischen.

Das ist Hamburg, Eastern Cape Provinz, Südafrika. Eine jener Siedlungen, die deutsche Auswanderer vor über hundert Jahren an der Sunshine Coast und in deren Hinterland gegründet haben. Der größte Gag: Hamburg/Südafrika hat dieselbe Telefonvorwahl wie Hamburg an der Elbe – 040! Im Unterschied zum hiesigen Berlin, einem Nest mit riesigem Gewerbegebiet, ist das südafrikanische Hamburg ein Juwel. Ein kilometerlanger, menschenleerer Strand, beschauliche Hänge, auf denen ein paar üppige Landhäuser mit Meeresblick thronen – eins sogar mit Reetdach –, Einheimische, die in der Flusslagune hinter dem Strand im Sonnenuntergang angeln, keine Backpackerpartys, nur das Zirpen der Zikaden unterm Sternenhimmel in der Nacht ... so toll hatten wir uns die Rückkehr nicht vorgestellt.

Von Hamburg ist es nicht weit nach Port Elizabeth, oder «PE», wie man hier sagt. Dort holt uns nachmittags unser Guide Msolisi Quza im *Port Elizabeth Backpackers* ab, das ihn uns empfohlen hat. Msolisi macht wie viele andere Führungen durch eines der Townships von PE: das Walmer-Township, das als einziges zwischen weißen Vororten den Bulldozern des Apartheid-Regimes standhielt und heute 60 000 Einwohner unter den obligatorischen Flutlichtmasten zählt. In vielen Straßen sind die Wellblechhütten bereits den einfachen Wohnhäusern des «Reconstruction and Development Program» gewichen. 28 000 Rand pro Haus (ca. 3500 Euro) lässt sich die südafrikanische Regierung die Modernisierung der Townships kosten, erfahren wir von Msolisi. Die neuen Häuser werden den Bewohnern innerhalb von zwei Wochen auf ihren Parzellen errichtet, ohne dass die irgendetwas zurückzahlen müssten.

Wir halten auf einer großen Baustelle und gehen mit Msolisi in eins der zweigeschossigen Häuser. Die werden gerade für schwarze Uniabsolventen gebaut, die dann darin mietfrei wohnen können, bis sie ihren ersten Job gefunden haben. Ob nicht die Gefahr bestehe, dass die Häuser verwohnt würden, wenn niemand dafür zahlen muss, fragen wir Msolisi. Er runzelt nur die Stirn und wundert sich über unser geringes Vertrauen in das Verantwortungsbewusstsein der Townshipler. Die Regierung will bis 2010 sämtliche Hüttendörfer in Südafrika in ordentliche Stadtteile verwandeln. Ehrgeizig. Selbst wenn es 2015 wird, der Aufbruch ist beeindruckend, und wir fragen uns, warum die Regierungen in anderen afrikanischen Staaten nicht auch so energisch sind. Warum passiert dergleichen nicht in Nairobi oder Blantyre? Msolisi versteht es auch nicht. «Dabei sind die anderen lange vor uns unabhängig geworden.»

In einer ungeteerten Gasse setzt er uns auf einmal vor einer Wellblechkneipe, einer «Shebeen», ab. «Just relax and have a beer», sagt er und fährt davon, um den geliehenen Minibus zurückzugeben und das Abendessen vorzubereiten. Topla, Juice und ihre Freunde nehmen uns lachend in Empfang und geben uns die beiden Ehrenplätze vor einer rohen Hauswand: zwei Gartenklappstühle. Hunde schnüffeln und springen an uns hoch, wildes Händeschütteln ist angesagt. Dreimal, wie in vielen Teilen Afrikas üblich: für «peace, rain, prosperity». Topla und die anderen sind so erfreut über die unerwarteten Gäste aus Germany, dass sie uns gleich eine 0,6-Liter-Flasche Castle Lager in die Hand drücken, die wir uns dann brüderlich teilen. Jeder, der vorbeikommt, bleibt mit einem strahlenden Lächeln stehen und schüttelt uns die Hand. Winston, ein junger Typ ohne Schneidezähne, im Fußballtrikot, hält einen Vortrag über Gott. Ja, Gott sei einfach in allem. «Auch in Autounfällen?», stichelt Dorothee, denn inzwischen lachen alle über diese improvisierte Predigt. Topla, ein sympathischer Rasta-Man mit Musketierbart und dem unvermeidlichen Schlapphut zwinkert uns zu und produziert ein recht Dope-beladenes Grinsen.

Und während die Sonne hinter den Bäumen am Rande des Townships untergeht, reden wir über Südafrika, Europa und die neue Zeit. «Wir sind alle Menschen, all das Gerede über Hautfarben ist nur Ideologie», sagt Topla. Was anderswo wie eine Floskel klingt, ist hier und jetzt der Spirit dieses Augenblicks. Keiner will uns anpumpen, keiner lamentiert über Probleme, die sich nicht lösen lassen. Na gut, die ersten Biere am Samstagnachmittag und das schöne Wetter haben mitgeholfen. Trotzdem, wir sind es, die eingeladen werden – noch ein Bier? Und wollt ihr eine Zigarette?

Long lost brother. Als Topla hört, dass ich Wissenschaftsjournalist bin, wird er neugierig. Ob ich wüsste, dass es in Afrika eine uralte Wissenschaft gebe, die die Welt bisher ignoriert habe. Ich kann ihm nicht ganz folgen, als er mich fragt: «Do you know the triangle of death?» Dort hindurch würden wir alle irgendwann in die andere Welt hinübergehen, über die leider keiner berichten könne, weil noch niemand zurückgekommen sei. «Weißt du, dass unter den Ozeanen und Flüssen andere Seelen leben?», meint er mit geheimnisvollem Blick. Rausch und Realität mischen sich in dieser frühen Abendstunde entwirrbar miteinander. «You're my long lost brother», meint er schließlich, und ich stelle mir vor, wie er und ich am Pferdemarkt in St. Pauli über den Aufbau des Universums philosophieren würden.

Dorothee ist unterdes mit einem Älteren, ebenfalls Zahnlosen, ins Gespräch gekommen. Er fragt sich, welche Sprache wirklich noch seine Muttersprache sei. Die, in der du träumst, sagt sie. Als sie meint, dass echte Freunde das Wichtigste im Leben seien und viel Geld einem Feinde, aber bestimmt keine Freunde einbringe, fühlt er sich bestätigt. Er bedankt sich bei ihr für dieses Statement, und sein breites zahnloses Lächeln erinnert ein bisschen an den freundlichen Walhai von Tofo.

Juice, der Bedächtigste von allen, war einmal sieben Wochen in Norddeutschland, in Cuxhaven. Was ihn dort am meisten verblüfft hat, sind die Fußgängerzonen gewesen. «Mitten in der Stadt fahren keine Autos, alle sind zu Fuß oder mit dem Fahrrad unterwegs. Und so viele Fahrräder.» Das habe er ziemlich verrückt gefunden. Dann sagt er plötzlich «auf geht's», das Essen bei Msolisi zu Hause sei fertig, und wir brechen auf. Ein anderer, der zwischendurch hinzugekommen ist, möchte eine der Bierflaschen behalten, die wir mit zum Essen nehmen sollen. Wir wollen ihm eine in die Hand drucken, als Topla abwinkt. Der Mann sei schon zu betrunken und zu gierig. Kommt nicht in Frage. «I was born in a chaotic situation, I sort it out», und dann redet er ernst auf den Älteren ein. Was für ein Satz! Es ist unglaublich, mit wie viel Witz, Stolz und Offenheit diese Leute die «chaotische Situation» betrachten, in die sie die Apartheid gestürzt hat. Sie alle bekräftigen, jene Zeit sei hart, sehr hart gewesen. Aber da ist kein Hass in ihren Worten zu spüren. Und so, fast am Ende unserer Route, leuchtet im Walmer Township wieder kurz der African Spirit auf, den zu finden wir auch aufgebrochen sind, den wir hin und wieder erhascht haben und der doch zu oft verborgen blieb.

km 20 160 Zielgerade

Es ist, als hätten wir seit Port Elizabeth Hummeln im Hintern, während wir die Garden Route entlangbrettern. Wir wollen nicht mehr verweilen, können keine neuen Eindrücke mehr verarbeiten, wollen nur noch ankommen. In Knysna halten wir kurz, aber diese Puppenstube, angeblich ein Juwel dieser gehypeten Garden Route, ist nur eine amerikanisierte Touristenfalle. Nein, weg von der Küste, rauf in die Berge und über den Pass, und – wow! – was für eine Landschaft öffnet sich da: die kleine Karoo, eine weite Ebene, eingefasst von wilden Bergketten, über die Wolken wie Wasserfälle in Zeitlupe stürzen. Rein nach Oudtshoorn, in die Straußenstadt, wo wir abends Straußensteak und morgens Straußenrührei essen, und wieder raus. Überall rechts und links der Landstraße grasen Strauße, das ist ein friedliches Nest, Oudtshoorn, hier müssen wir später nochmal her, aber nicht heute, nur noch eine Tageslänge von Kapstadt entfernt, nichts kann uns halten, weiter, weiter, wieder rauf in die Berge, über Pässe und runter, dazwischen ein Kaffee in Ladismith. Am Nebentisch sitzen vier ältere Afrikaner, alle in ihren Fünfzigern, was die wohl vor 20, 30 Jahren gemacht haben? Haben sie von der Apartheid profitiert, oder waren sie dagegen? Fragen, die sich jeder Deutschlandbesucher in den Fünfzigern wohl auch gestellt hat, wenn er in Essen oder Frankfurt mittelalte Leute sah, war dieser, war jener Nazi oder nicht?

Bloß weiter, Barrydale, Swellendam fliegen vorbei, wir heizen über weite Hügel nach Kap Agulhas, dem südlichsten Punkt Afrikas. Ein schlimmes Kaff ist das, keine Bäume und freier Blick bis zur Antarktis, der Wind pfeift schon, es ist frisch und erinnert mehr an Island im Sommer als an Afrika, auch da wollen wir nicht bleiben. Am liebsten würden wir durchfahren bis Kapstadt, aber das ist zu weit für heute, und in der Abenddämmerung eines herrlichen Sommertages erreichen wir immerhin Hermanus. Trinken einen Sundowner in *Shimmi's Bar*, cool und stylish, könnte auch in Hamburg – das an der Elbe natürlich – sein. Und plötzlich purzeln alle diese Bilder durcheinander, Mensch, wir sind fast da, Beirut, Kairo, der Turkanasee, Sansibar, der Malawi-See ... Wir sind euphorisch, darauf einen Rosé, olé, und ein Springbocksteak, und eine Zigarette, morgen wird es so weit sein.

Als wir aufwachen, brennt die Sonne noch wilder, kein Lufthauch weht vom Meer herüber, auf geht's, nur noch 150 Kilometer, wir nehmen die Küstenstraße als Zielgerade, wegen all der abgefahrenen Kurven. Das macht uns gar nichts, plötzlich überkommt uns diese zufriedene Ruhe, wir haben das Rennen in der Tasche und alle Zeit der Welt, schauen ein paar Robben beim Toben im Meer zu, biegen am ersten Kapstädter Township links ab, noch ein Umweg, warum nicht, umkurven Chapman's

Peak, durchfahren die atemberaubende Bucht von Hout Bay, die Sonne scheint immer noch, nur noch wenige Kilometer, Bakoven, Bantry Bay ... dann sind wir da.

20840 Kilometer, 5 Monate, durch den Nahen Osten, durch Afrika, das verrückte Afrika. Wir haben es geschafft. Wir sind in Kapstadt. Heil angekommen.

Aber die Stadt sperrt sich, hat nicht auf uns gewartet. Kein Zimmer frei, heißt es fast unisono, weil hier irgendein komisches Radrennen stattfindet. Und Kapstadt ja überhaupt immer Hochsaison habe. Die Zielgerade streckt sich auf den letzten Metern lang und länger, es ist, als ob jemand das Zielbanner ständig vor uns herschiebt, während wir durch die Stadt kurven, da, aber doch noch nicht da. Irgendwann, es wird gerade dunkel, ergattern wir in der Long Street ein Bett, heiß, stickig und spottbillig, aber das passt eigentlich zu der ganzen Zeit, die hinter uns liegt.

Ein halbe Stunde später sitzen wir in einer Bar im geöffneten Fenster, während vom *Mama Africa* der Beat einer Band herüberschallt, und dann ist da auf einmal – nur Leere. Als ob die ganze Euphorie der letzten zwei Tage sich nichts für das Ziel aufgespart hat. Das war's, und draußen ist Dienstagabend in Kapstadt, die Nachtschwärmer trinken wie immer und wissen nichts von unserer Tour, die Grande Dame am Kap der Guten Hoffnung hat keine Ahnung, wie wir hierhergekommen sind, aber wie sollte es auch anders sein.

Der Schlaf ist unruhig, die Luft in unserem winzigen Zimmer steht, die Klimaanlagen von Downtown veranstalten ein Summkonzert, das zum Gotterbarmen laut ist. No sleep in Kapstadt. Nicht nur Reisen, auch Ankommen will gelernt sein. Der morgendliche Lärm der Metropole bringt uns endgültig auf die Beine, wir schauen aus dem hochgeschobenen Fenster, und gegenüber prangt ein Graffito mit dem Schriftzug «Africa Village». Beim Frühstück in einem Coffee Shop in der Long Street sehen wir den Tafelberg über den Häusern thronen. Da müssen wir jetzt rauf, wird uns klar, dort ist das Ziel, nicht hier unten in der Innenstadt. Eine Stunde später sitzen wir auf einem Mäuerchen 1067 Meter über dem Meeresspiegel, und unter uns liegt die Grande Dame, jetzt doch ganz ansehnlich, wir prosten uns zu und sind glücklich. Wir sind endlich angekommen.

«Cape Town is pretty», sagt Neo, der liebenswerte Jazzer, den wir am letzten Abend noch auf einen Wein treffen, «but it's got no edge like Jo'burg.» Recht hat er. Kapstadt ist zu schön für diese Welt, mit der spektakulären Felskulisse und all seinen Stränden, seinen geschniegelten Surfern und Wellness-Fanatikern, den amerikanisierten Blondinen und diesem kräftigen Schuss deutscher BWL- und Jurastudenten. Aber es befreit sich langsam von seinem alten Geld und dessen Betulichkeit. Kapstadt ist auf dem Weg zur Weltstadt.

In der Long Street und ihren Seitenstraßen ist das vorweggenommen, im Schatten der paar Wolkenkratzer von Downtown ist eine Partymeile auf 300 Meter komprimiert. Trinken, Feiern bis zum Umfallen. Nichts für nachdenkliche Gemüter, die Intellektuellen ziehen gerade erst ans Kap, wo sich die kritische Masse erst noch aufbauen muss, sagt Neo, der seinen Teil dazu beitragen will. Aber der Spaß ist schon gewaltig: Im *Ivory Room* groovt die Menge zu erstklassigem Hip-Hop, schnörkellos, nur die Mikrofone beim Rap-Contest fallen aus, macht nichts. Weiter geht's ins *Marvel*, das ist schon St. Pauli pur. O.k., nun ein Guinness im *Jo'burg* – ist es nicht ein bisschen wie das *Wiener Blut* in Kreuzberg? –, in dem Bands spielen, die auf den Durchbruch hoffen. So weit ist «The Son of a Thousand Blues» noch nicht, da fehlt noch die Kraft, auch das ist noch zu schön, The Doors für Teetrinker. Im *Orchard Bank*, einer Bar mit Ledersesseln und Glasbausteinen, aber genug Patina – die gute alte «Lounge» auf dem Kiez lässt grüßen – stürzen wir ein Hunter's Dry hinunter und entdecken auf der anderen Straßenseite diesen langen Gang. Zwischen zwei Häusern, zwei Brandwänden gehen wir dann «den langen Gang entlang», wie Niels Frevert mal sang, Hausnummer 196 1/2, das steht wirklich auf dem Schild, und dann öffnet sich ein Innenhof mit einer total durchgestylten Bar: das *Myam Myam*. Langer Tresen, coole House-Musik, schöne Menschen, ach, was soll's, der Barkeeper zaubert uns einen Daiquiri auf den Tresen. Und wenn wir jetzt nicht so erschöpft wären, würden wir es noch im *Snap*, im *Deluxe*, im *Sowiet* probieren, auf diesem ultimativen Game Drive der Nacht am Kap der Guten Hoffnung.

Freue sich, wer kann. Wir waren gespannt auf Neues, manchmal genervt von dem, was wir hinter uns ließen, aber immer angetrieben von der Vorfreude auf das Unbekannte, das noch keine Bilderflut in unseren Köpfen auslöste, keine Projektionen der Tourismusindustrie, reduziert auf die Vorzeigeattraktionen. Gibt es überhaupt das wahre Gesicht eines Landes?

Es sind die kleinen Momente, die im Gedächtnis bleiben, die Freude an der Wirklichkeit, das Leben um einen herum, mit denen kein Urlaubskatalog werben kann. Deswegen ist es auch kein Zufall, dass uns gerade die Gegenden am besten gefallen haben, die auf der touristischen Landkarte noch nahezu unerschlossen sind: das schroffe Afrika im Sudan, der ungekünstelte Alltag in Malawi, das wilde Rift Valley in Südäthiopien und Kenia. Landstriche, in denen die Menschen noch unter sich sind und ihrem ganz normalen Leben nachgehen können. Und kommt dort mal ein Tourist daher, wird er zwar angestaunt, aber das Interesse gilt vor allem seinem Anderssein.

Und nun geht's nach Hause. Nach dieser Reise ist es nicht viel mehr als ein Erinnerungsalbum aus Bildern und Gefühlen, gefüllt mit Erlebtem, Kindheit, Freunden und positiven Assoziationen. Wer weiß, wie es sich jetzt anfühlen wird.

Das beste Gefühl war immer neben mir – und lachte. Mein zu Hause auf zwei Beinen. Und wir lachen immer noch. Let's burn!

Letzte Worte vom Kap. In 20 Stunden werden wir in Good Old Europe landen. Wir verlassen das Kap tief zufrieden. Was ist das bisschen Touristenstress, verglichen mit dem Gemetzel, das in Europa alle mit diesem Kontinent verbinden, das zwar unbestreitbar stattgefunden hat und an manchen Orten immer noch stattfindet. Aber wir haben ein anderes Afrika gefunden, eins, in dem die meisten Menschen versuchen – die einen schneller, die anderen, nun ja, langsamer –, zu Potte zu kommen, ein besseres Leben zu erreichen, ohne sich dabei die Köpfe einzuschlagen. Ein Afrika, das auch nichts mit den Klischees der Bildbände und Postkarten zu tun hat, sondern wie alle anderen die Probleme von heute meistern muss. Mir fallen die eleganten Kaffeeverkäuferinnen im Sudan wieder ein, Nasser, der Beduine in Ägypten, der in seinem eigenen Mix aus Moderne und Tradition angekommen ist, Kapo Kansa, der Waldläufer aus Arba Minch (der allerdings immer ein paar Schritte zu schnell ist), die Elmolo, die am Turkanasee von Gemüse träumen, die entspannte Dhaubesatzung von Pangani, die würdevolle Mrs. Makhumula aus Blantyre, Pedro und Ricardo aus Chimoio, so liebenswürdig und hilfsbereit, ja, und Topla mit seinen Kumpels im Walmer-Township von PE, «in a chaotic situation», und natürlich Bezabeh und Daniel, unsere lieben «Weihnachtsmänner» – noch viele Gesichter ziehen vorbei ...

Dieser Kontinent ist riesig, wild und schön, kein Albtraum, aber eine Erfahrung, bei der man auf die harte Tour lächeln lernt. Und für die man nicht zu alt sein kann: Ob mit Kindern im Gepäck oder ohne, auf der Kap-Kairo-Linie sind Eltern genauso wie Kinderlose unterwegs. Es gibt keinen Grund, diese Weltgegend nicht zu erkunden – aber sehr viele dafür. Hier könnt ihr die Globalisierung in all ihren Schattierungen mit eigenen Augen sehen, und Südafrika ist ihr Labor, stolz und voller Mut. Seid auch mutig.

Was ist Reisen?

Traveller glauben, die besseren Reisenden zu sein. Ihre Ideologie ist die Suche nach dem Authentischen. Die trenne sie von den Touristen, denken sie. Denn diese dickbäuchigen, rotgesichtigen Zeitgenossen mit ihren Sonnenhüten, Tennissocken und Khakihosen würden sich mit den vorverdauten und mundgerecht zubereiteten Kulturhäppchen begnügen, die ihnen die Reiseveranstalter vorsetzen. Und so wird kurzerhand jeder Ort, jeder Pfad, an dem die Zahl der Mzungu und Faranji sprunghaft zunimmt, für verdorben erklärt. Hier habe der Tourismus authentische Kulturen angefressen, ja, zerstört, versichern sich die Traveller, und es klingt wie eine Beschwörung. Das ist bestenfalls Naivität, eher aber maßlose Ignoranz.

Die Wohlmeinenden halten einen Ort wie Pangani an Tansanias nördlicher Küste für authentischer als Nungwi in Sansibar, nur weil dort das Geschäft mit den Fremden noch nicht angekommen ist. Aber die jungen Checker und Glücksritter der Swahiliküste (nur ein Beispiel für viele Weltgegenden), sie sind genauso echt wie der Dhau-Käpten, der noch Mangos und Bananen mit dem Wind verschifft. Auch sie sind das Afrika von heute, und unsere Enttäuschung über ihr Gehabe und Gequatsche entlarvt nur die große Travellerillusion, es gebe noch andere, ja bessere, weil ursprünglichere Zivilisationen, die dem von sich selbst entfremdeten Westen etwas voraushätten. Mehr Spiritualität, mehr Gemeinschaftssinn, weniger Materialismus. Oder so.

Das ist vorbei. Ob in Indien, Kambodscha oder Tansania, der große Traum, der die junge Generation eint, ist derselbe wie im Westen: ein gutes Leben ohne Mangel und Krankheit, in dem alles zur Hand ist in dem Augenblick, da man es sich wünscht. Nicht im Jenseits, sondern jetzt. Der Traveller ist genauso wie der Tourist ein willkommenes Mittel, dieses Leben schneller zu erreichen als durch jahrelanges Pflügen, Fischen oder anderweitiges Schuften. Es ist absolut folgerichtig, dass niemand in der «Dritten Welt» einen Unterschied zwischen Travellern und Touristen macht. Reich sind sie im Vergleich mit den Einheimischen beide.

Der vermeintliche Unterschied zwischen ihnen ist eine Illusion. Die Realität des Reisens ähnelt eher der Quantenmechanik: So wie hier der Beobachter immer durch den Messvorgang im Experiment die Welt der Atome und Elementarteilchen verändert, die er eigentlich untersuchen will, kann auch der Traveller nie nur reiner Gast, stiller Beobachter sein. Wo immer er auftaucht mit seinem Rucksack, den er für bescheideneres Gepäck hält als die Koffer der Touristen, wird er zur Attraktion, zur Gelegenheit, die den Ort verändert. Jeder «authentische» Einheimische, der clever genug ist, wird sich sofort auf die Gegenwart weiterer Mzungus einstellen und sich höchstens wundern, warum ein Fremder sich in einen schrottreifen Bus zwängt oder in einem Hotel mit dreckigen Klos und kaputten Duschen schläft.

Die Vorstellung authentischer Kulturen ist nur ein Relikt aus dem Zeitalter der Entdecker und Romantiker, als Europäer zum ersten Mal in für sie fremde Weltgegenden vordrangen und einige wohlmeinende Patres den «edlen Wilden» vor dem Sündenfall entdeckt zu haben glaubten. Der wurde im Kolonialismus schnell zum Untermenschen abgestempelt. Grund genug für alle Antiimperialisten unter den Travellern, den edlen Wilden im Fremden zu rehabilitieren. Was aber ist falsch daran, wenn diese «authentischen Kulturen» sich genauso verändern wollen wie wir, die wir begeistert Sushi und Thai-Currys essen, im Sommer mit Sarongs oder Lungis um die Hüften unsere Großstadtstrände bevölkern oder zu Hause Buddhafiguren oder afrikanische Masken in unsere Wohnzimmer stellen?

Im 21. Jahrhundert, in dem Bob Marley und Beckham, Hip-Hop und Hotmail in jeden Weltwinkel vordringen, sind wir alle Touristen, sobald wir uns in die Fremde begeben, um neue Erfahrungen zu machen – und immer auch hoffen, weiter zu uns selbst vorzudringen und loszulassen vom Rat Race des Kapitalismus. Ob im verrosteten Dala-Dala-Toyota in Tansania oder im klimatisierten Bus eines Fünf-Sterne-Resorts auf Bali, ist am Ende unerheblich. Denn Reisen entspringt immer auch einer gehörigen Portion Egoismus, die wir uns leisten, indem wir von zu Hause verschwinden und eine Lücke hinterlassen, zur selben Zeit aber in der Fremde anderen unsere Gegenwart zumuten. Wir sollten aber unser Bestes geben, dass aus der Zumutung für die anderen mehr als eine finanzielle Bereicherung wird.

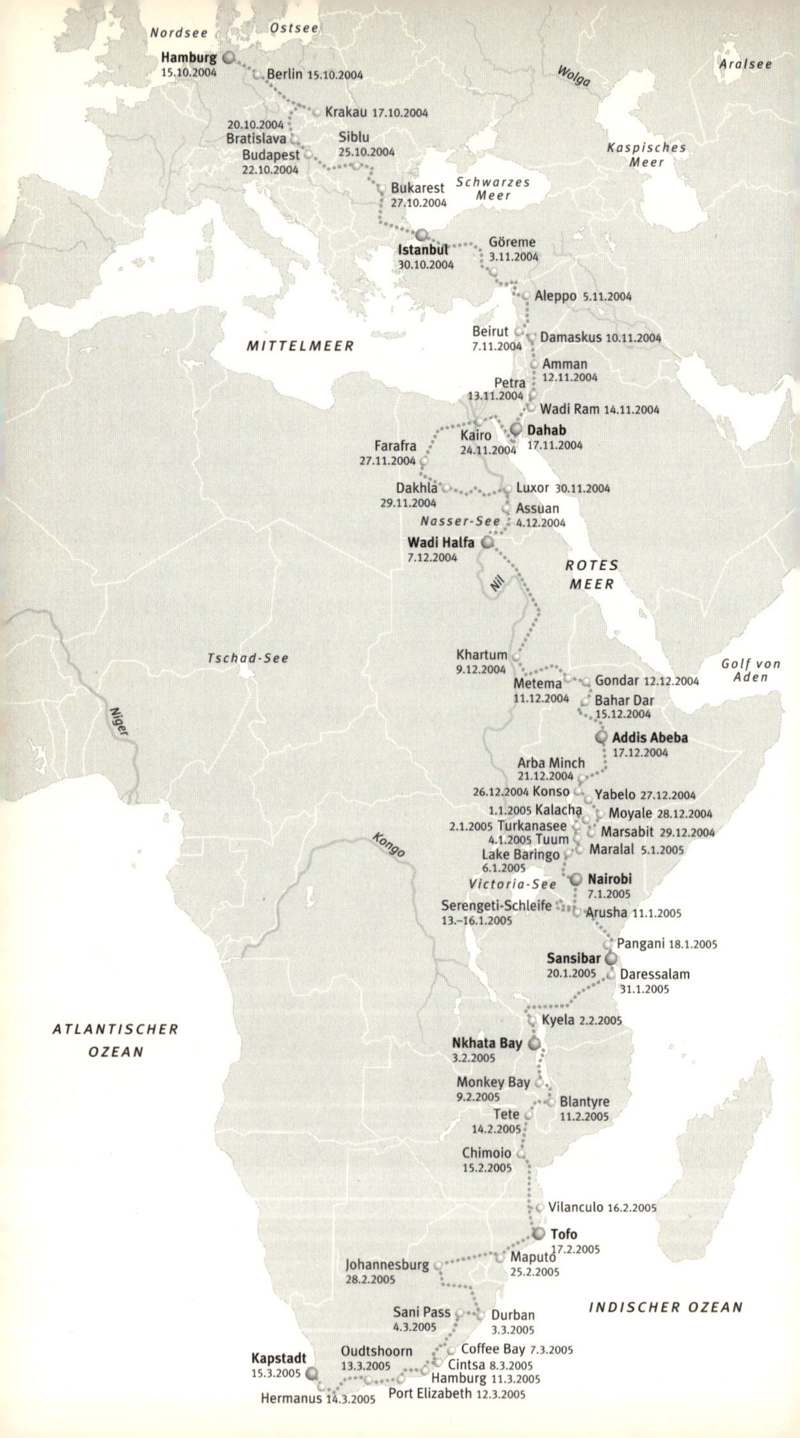
Nordsee
Ostsee
Hamburg
15.10.2004
Berlin 15.10.2004
Wolga
Aralsee
Krakau 17.10.2004
20.10.2004
Bratislava
Siblu
25.10.2004
Budapest
22.10.2004
Kaspisches
Meer
Bukarest
27.10.2004
Schwarzes
Meer
Istanbul
30.10.2004
Göreme
3.11.2004
Aleppo 5.11.2004
Beirut
7.11.2004
Damaskus 10.11.2004
MITTELMEER
Amman
12.11.2004
Petra
13.11.2004
Wadi Ram 14.11.2004
Kairo
24.11.2004
Dahab
17.11.2004
Farafra
27.11.2004
Dakhla
29.11.2004
Luxor 30.11.2004
Assuan
4.12.2004
Nasser-See
Wadi Halfa
7.12.2004
ROTES
MEER
Nil
Khartum
9.12.2004
Tschad-See
Golf von
Aden
Metema
11.12.2004
Gondar 12.12.2004
Bahar Dar
15.12.2004
Niger
Addis Abeba
17.12.2004
Arba Minch
21.12.2004
26.12.2004 Konso
Yabelo 27.12.2004
1.1.2005 Kalacha
Moyale 28.12.2004
2.1.2005 Turkanasee
Marsabit 29.12.2004
4.1.2005 Tuum
Maralal 5.1.2005
Kongo
Lake Baringo
6.1.2005
Nairobi
7.1.2005
Victoria-See
Serengeti-Schleife
13.–16.1.2005
Arusha 11.1.2005
Pangani 18.1.2005
Sansibar
20.1.2005
Daressalam
31.1.2005
Kyela 2.2.2005
ATLANTISCHER
OZEAN
Nkhata Bay
3.2.2005
Monkey Bay
9.2.2005
Blantyre
11.2.2005
Tete
14.2.2005
Chimoio
15.2.2005
Vilanculo 16.2.2005
Tofo
17.2.2005
Johannesburg
28.2.2005
Maputo
25.2.2005
INDISCHER OZEAN
Sani Pass
4.3.2005
Durban
3.3.2005
Coffee Bay 7.3.2005
Kapstadt
15.3.2005
Oudtshoorn
13.3.2005
Cintsa 8.3.2005
Hamburg 11.3.2005
Port Elizabeth 12.3.2005
Hermanus 14.3.2005

Die Route

Aleppo – Beirut (Libanon) Seite 53
Bus & Minibus, 6 Std., 400 km

Beirut – Damaskus (Syrien) Seite 61
Bus, 3 Std. 30 Min., 150 km

Damaskus – Amman (Jordanien) Seite 64
Servicetaxi, 3 Std. 30 Min., 240 km

Amman – Petra Seite 68
Servicetaxi, 3 Std., 220 km

Petra – Dahab (Ägypten) Seite 70
Bus, Fähre, Servicetaxi, 15 Std. 30 Min., 240 km

Dahab – Kairo Seite 82
Bus (Nachtbus), 9 Std., 500 km

Kairo – Farafra Seite 91
Bus, 7 Std. 30 Min., 490 km

Farafra – Dakhla Seite 94
Servicetaxi, 4 Std. 30 Min., 300 km

Dakhla – Luxor Seite 95
Servicetaxi, 7 Std., 540 km

Luxor – Assuan Seite 97
Bahn, 4 Std., 200 km

Moyale – Marsabit Seite 150

Servicetaxi, 10 Std., 200 km

Marsabit – Kalacha – North Horr – Loyangalani/ Turkanasee – Tuum – Baragoi – Maralal – Lake Baringo – Nairobi Seite 154

Jeep, 7 Tage, ca. 950 km

Nairobi – Arusha (Tansania) Seite 168

Bus, 5 Std., 270 km

Schleife von Arusha durch Serengeti und Ngorongoro-Krater zurück nach Arusha Seite 169

Jeep, 4 Tage, ca. 600 km

Arusha – Pangani Seite 175

Bus, 10 Std. 30 Min., 520 km

Pangani – Nungwi (Sansibar, gehört zu Tansania) Seite 179

Dhau (Segelboot), 9 Std., 60 km

Nungwi – Stone Town (Sansibar) Seite 187

Dala-Dala (Pritschenwagen mit Sitzreihen; offen, aber überdacht), 1 Std. 30 Min., 50 km

Stone Town – Daressalam Seite 191

Fähre, 2 Std., 50 km

Daressalam – Mbeya Seite 193

Bahn (Nachtzug), 20 Std. 30 Min., 870 km

Mbeya – Kyela
Seite 195

Minibus, 3 Std., 115 km

Kyela – Nkhata Bay (Malawi)
Seite 196

Servicetaxi, 10 Std. 30 Min., 300 km

Nkhata Bay – Monkey Bay
Seite 200

Fähre, 43 Std., 350 km

Monkey Bay – Blantyre
Seite 204

Pritschenwagen & Minibus, 5 Std., 250 km

Blantyre – Tete (Mosambik)
Seite 207

Minibus, 7 Std., 225 km

Tete – Chimoio
Seite 208

Bus, 5 Std. 30 Min., 370 km

Chimoio – Vilanculo
Seite 210

Bus, 7 Std., 460 km

Vilanculo – Tofo
Seite 211

Minibus & Fähre, 6 Std., 250 km

Tofo – Maputo
Seite 217

Bus, 7 Std., 490 km

Maputo – Johannesburg (Südafrika)
Seite 221

Bus, 7 Std., 550 km

Johannesburg – Durban Seite 224

Bahn (Nachtzug), 16 Std., 590 km

Durban – Sani Pass (Lesotho) – Coffee Bay – Cintsa – Hamburg – Port Elizabeth – Oudtshoorn – Hermanus – Kapstadt Seite 225

Mietwagen, 11 Tage, ca. 2400 km

Helge Timmerberg

Shiva Moon

Eine Reise durch Indien

208 Seiten, gebunden
€ 17,90 / sFr 31,70
ISBN 978 3 87134 541 8
Rowohlt • Berlin

Der Ganges ist Indiens Schicksalsstrom – heiliger Fluss und Lebenselixier. Vom Himalaya ergießt er sich über zweieinhalbtausend Kilometer in das bengalische Land nach Kalkutta. Helge Timmerberg ist dem Strom gefolgt, von der Quelle auf viertausend Metern Höhe, wo der Ganges aus dem Eis bricht, bis zum Delta am Indischen Ozean – zu Fuß, auf dem Boot, mit dem Zug, wie es gerade kam.

Mit großer Kraft und feinem Humor erzählt Helge Timmerberg von einer Reise, die seinen Blick auf sich und die Welt verändert hat.